中东欧国家林业概况

江泽平　雷静品 等◎编著

中国林業出版社
CFPH China Forestry Publishing House

本书编著者

江泽平	雷静品	常二梅
史胜青	刘建锋	赵秀莲
贺云龙	杨秀艳	熊　敏
肖　琼	傅一敏	邓　楠
王艳娜	胡靖依	

前　言

P r e f a c e

推进“丝绸之路经济带”和“21世纪海上丝绸之路”（以下简称“一带一路”）建设，是中国领导人统筹国内国际两个大局，顺应地区和全球合作潮流，契合沿线国家和地区发展需要，立足当前、着眼长远提出的重大倡议和构想。“一带一路”贯穿亚欧非大陆，把沿线相关国家连接起来，将推动各方共同发展，共享繁荣。2012年，中国首次提出的中国—中东欧国家合作（以下简称“16+1”合作），是在“一带一路”倡议下，本着平等协商、优势互补、合作共赢的原则，在促进中欧和平、增长、改革、文明四大伙伴关系建成的道路上平稳前进。

林业是关系到人类生存环境和维系经济社会可持续发展的重要行业。作为“16+1”合作的重要组成部分，林业在社会、经济、文化和生态文明建设等诸多方面起着无可替代的作用。基于这些共识，《布加勒斯特纲要》（2013）、《贝尔格莱德纲要》（2014）、《苏州纲要》（2015）、《里加纲要》（2016）都把生态环境友好的理念始终贯穿在“16+1”合作中，将森林可持续经营、湿地和野生动植物保护、绿色经济、生态文化等列为重要合作领域。2016年5月通过的《中国—中东欧国家林业合作协调机制行动计划》，这是双方林业合作的重要里程碑，有关各方均看好林业合作的前景。

随着“一带一路”倡议和“16+1”合作机制的积极开展和落实，占欧盟面积1/3、人口1/4的中东欧地区作为“一带一路”的沿线国家，成为中国林业合作的重点区域，并持续散发强劲活力。在新中国的对外关系史上，中东欧国家（阿尔巴尼亚、波黑、保加利亚、克罗地亚、捷克、爱沙尼亚、匈牙利、拉脱维亚、立陶宛、马其顿、黑山、波兰、罗马尼亚、塞尔维亚、斯洛伐克和斯洛文尼亚）是一个较为特殊的群体，是不同国家类别的组合体，处理与发展好同中东欧国家的关系是建构新型国家间关系的一种创举，具有重要的示范价值。中国与中东欧国家关系经历60多年的曲曲折折之后，当前已经进入网状式全面发展阶段。中国发展与中东欧国家关系必须加强“顶层设计”和“战略规划”，积极探索互信合作、机制建设、平台搭建、软实力建设以及加强智库研究等方面的新思路。

为了响应我国林业发展战略的需要，积极促进“一带一路”倡议和“16+1”合作机制的有序推进，加强中国与中东欧国家在保护森林、湿地和野生动植物，发展绿色经济和生态文化方面的合作与交流，分享林业发展成功经验，增进了解、促进合作，本书第一次全面整理了东欧剧变以来中东欧16国的林业发展情况，客观统计并分析了中东欧地区的森林资源状况、森林经营管理、林业教育与科研以及林产品贸易等情况，总体认为中东欧自然资源状况优良，林业管理机制较为完善，林业产业基础较好，具备良好的林业合作基础。本书是我国和中东欧国家开展林业合作的重要研究成果之一，作为中国与中东欧林业合作的基石，整合资源，凝聚共识，为分析中国与中东欧加强林业合作的前景及风险，进一步加强中国与中东欧国家在森林可持续和多功能经营、林业科研教育、木材加工和林产品贸易领域的合作，促进17国全方位、均衡发展提供参考与智力支持。

本书的经费、资料搜集、分析整理等得到了国家林业和草原局国际合作司的鼎力支持。

本书在编写过程中得到了许多领导、国际组织、专家和学者们的大力支持，如夏军先生、孔田平先生、刘金龙先生等，在此对他们的支持表示衷心的感谢。

本书受“中央级公益性科研院所基本科研业务费专项资金”（CAFYBB 2018GD001）、国家林业和草原局国际合作司项目：中国中东欧林业合作制度框架和实现路径研究、中国—中东欧国家关系研究基金“中国与中东欧林业合作战略研究”（KT201603）的资助。

由于时间和经验等方面的原因，书中疏漏和不足之处在所难免，敬请广大读者不吝指正。

编著者
2018年12月

目 录

C o n t e n t s

第2章 | 阿尔巴尼亚

第3章 | 爱沙尼亚

第16章 | 斯洛文尼亚

第17章 | 匈牙利

第1章　概　述

中东欧16个国家，即阿尔巴尼亚、爱沙尼亚、保加利亚、波黑、波兰、黑山、捷克、克罗地亚、拉脱维亚、立陶宛、罗马尼亚、马其顿、塞尔维亚、斯洛伐克、斯洛文尼亚、匈牙利，其总面积134万km^2，总人口1.22亿人，分别占欧洲总面积的13.2%和人口总数的16.5%，与我国东北地区（包括内蒙古东部）面积和人口总数相当。

中东欧地区（Central and Eastern Europe，CEE）是政治、经济和文化都很独特的地带，作为欧洲的新兴力量和亚欧大陆的重要纽带，是中国“一带一路”倡议与欧洲投资计划的对接区和通往欧洲大陆的门户。自2012年以来，中国和中东欧16个国家合作（以下简称“16+1”合作）深受有关各方拥护，举世瞩目。

林业是“16+1”合作不可分割的重要组成部分。森林作为陆地生态系统的主体，具有经济、生态和社会三大效益，对生态环境建设、旅游、道路防护等领域承担着不可替代的支撑和保障作用。正是基于这些共识，《布加勒斯特纲要（2013）》《贝尔格莱德纲要（2014）》《苏州纲要（2015）》《里加纲要（2016）》《布达佩斯纲要（2017）》《索菲亚纲要（2018）》《杜布罗夫尼克纲要（2019）》都把生态环境友好的理念始终贯穿在“16+1”林业合作中，并把森林可持续经营、湿地和野生动植物保护、绿色经济、生态文化等列为重要合作领域。2016年5月24日，第一次中国—中东欧国家林业合作高级别会议通过了《中国—中东欧国家林业合作协调机制行动计划》，这是双方林业合作的重要里程碑，也标志双方的林业合作发展步入新的阶段，参会各方代表均表示看好双方林业合作前景。

目前，开展中国同中东欧国家林业合作研究，面临三个方面亟待解决的问题。一是对中东欧国家自1989年以来的森林和林业情况不十分了解，难以确定合作重点或优先领域。例如，时下最权威的《当代世界林业》（中国林业科学研究院，2001）仅涉及爱沙尼亚、立陶宛、波兰、捷克、斯洛伐克、罗马尼亚和保加利亚7个中东欧国家，且21世纪的数据缺乏。近年来，虽然有个别文章涉及中东欧国家的林业概况（如爱沙尼亚），但都涉及方面少，并且缺乏林业年际动态数据。二是对中东欧国家林业合作的需求、意愿和合作能力不十分清楚，缺乏应对预案，影响沟通效率。三是对中东欧国家之间的差异性认识不充分，如国力、文化、政策、营商环境、对华关系亲疏等，致使表面可行的合作实际上很难操作。而上述问题严重制约了“16+1”林业合作开展的针对性、可操作性和有效性。

为确保中国—中东欧林业合作顺利进行，率先要从两个方面着手：一是与中东欧国家林业部门建立友好合作关系，可及时了解对方的合作需求和意愿，如斯洛文尼亚农林和食品部、罗马尼亚布拉索夫大学、匈牙利林业研究所等；二是比较全面地认识中东欧国家林业情况、森林自然禀赋和国家间差异性，为制定林业合作战略提供科学依据。

本书通过整理中东欧16国最近15年数据，完成了各国林业资源分析，其中9个国家为首次系统整理，爱沙尼亚、立陶宛、波兰、捷克、斯洛伐克、罗马尼亚、保加利亚7个国家更新了最近15年的数据，这是国内首次比较全面地介绍了东欧剧变以来中东欧16国的林业发展情况。此外，在上述数据整理的基础上，我们还进行了一些初步的分析。

1.1　中东欧国家森林资源分析

1.1.1　中东欧16国的森林资源及其变化情况

中东欧国家总体来讲属于森林资源丰富的国家，而且处于不断上升的趋势。虽然在20世纪90年代经历了政治剧变，但16个国家总体森林面积均呈现不断增长的态势，已接近4500万hm^2。

从所有制结构看，16个国家经过东欧剧变，森林所有制从原来的国家所有逐步过渡到国有、私有并存的状态。16个国家由1990年的90%的森林为国有，发展到2010年30%左右的私有和70%的国有。虽然总体上以国有为主，但其发展趋势是由国有向私有转变，而且将形成以私有为主的结构模式（图1–1）。

16个国家森林面积较大的几个国家包括：波兰第一，占16国森林总面积的21%；罗马尼亚第二，占16国森林总面积的15%；其次是保加利亚、拉脱维亚、塞尔维亚、捷克、爱沙泥亚、立陶宛、波恩黑、匈牙利、斯洛伐克、克罗地亚，面积较小的包括：斯洛文尼业、阿尔巴尼亚、马其顿和黑山。

根据16个国家的森林面积，把16个国家划分为：

森林资源丰富的国家：波兰、罗马尼亚、保加利亚、拉脱维亚、捷克、塞尔维亚。

森林资源相对丰富的国家：爱沙尼亚、立陶宛、波黑、匈牙利、斯洛伐克、克罗地亚、斯洛文尼亚。

森林资源相对贫乏的国家：阿尔巴尼亚、马其顿、黑山。

森林覆盖率最高的是斯洛文尼亚和黑山，达到60%以上，其次是拉脱维亚、爱沙尼亚、斯洛伐克、波黑，都达到40%以上。截至2013年年底，即第八次森林资源清查，我国森林覆盖率达到21.63%，虽然相比第六次和第七次森林资源清查，我国森林覆盖率有明显提高，但与中东欧16国的平均森林覆盖率34%和欧盟的平均森林覆盖率45%相比，仍存在很大的差距。

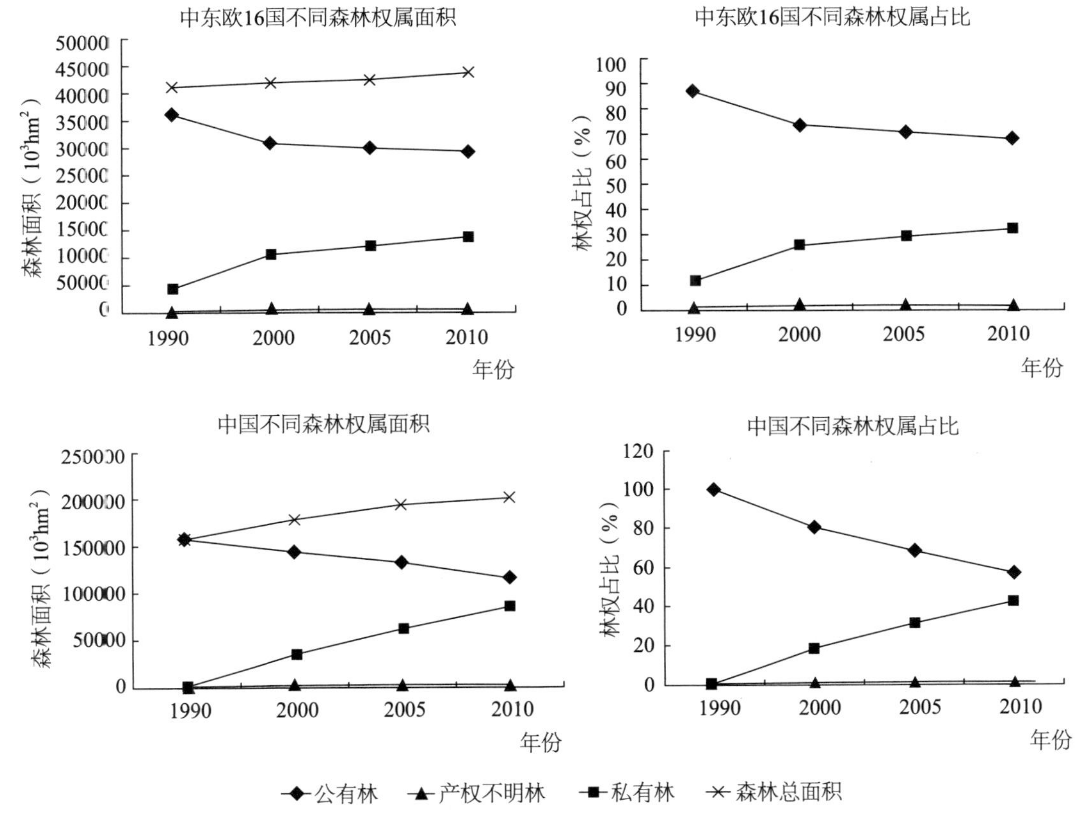

图1-1 中国与中东欧16国森林权属面积及比例

自1990年以来，中国森林面积表现出强势的增长态势，这主要归功于大力发展人工造林和积极保护天然林。而中国森林的所有制结构与16国表现出相似的趋势，即以国有为主向国有、集体和个体经营的多种所有制模式发展。中国现有林地面积中，国有占37.89%、集体经营占18.31%、个体经营占43.80%。最近3次清查结果显示，随着集体林权制度改革等政策的全面推进和实施，农户（小林主）正成为集体林经营的主体，个体经营林地面积比例提高23%，中国森林经营主体向多元化方向发展。

1.1.2 中东欧16国的林权私有化进程

中东欧16国从20世纪90年代经历东欧剧变后，森林所有制结构发生变化，普遍由国有逐步转变为国有和私有并存的所有制形式，但不同国家的私有化进程存在很大差别。根据私有化改革进程可划分为以下几种类型：

1.1.2.1 林权改革相对较早，私有化进程迅速

主要包括：爱沙尼亚、拉脱维亚、立陶宛、斯洛伐克、匈牙利、捷克6个国家（图1–2）。

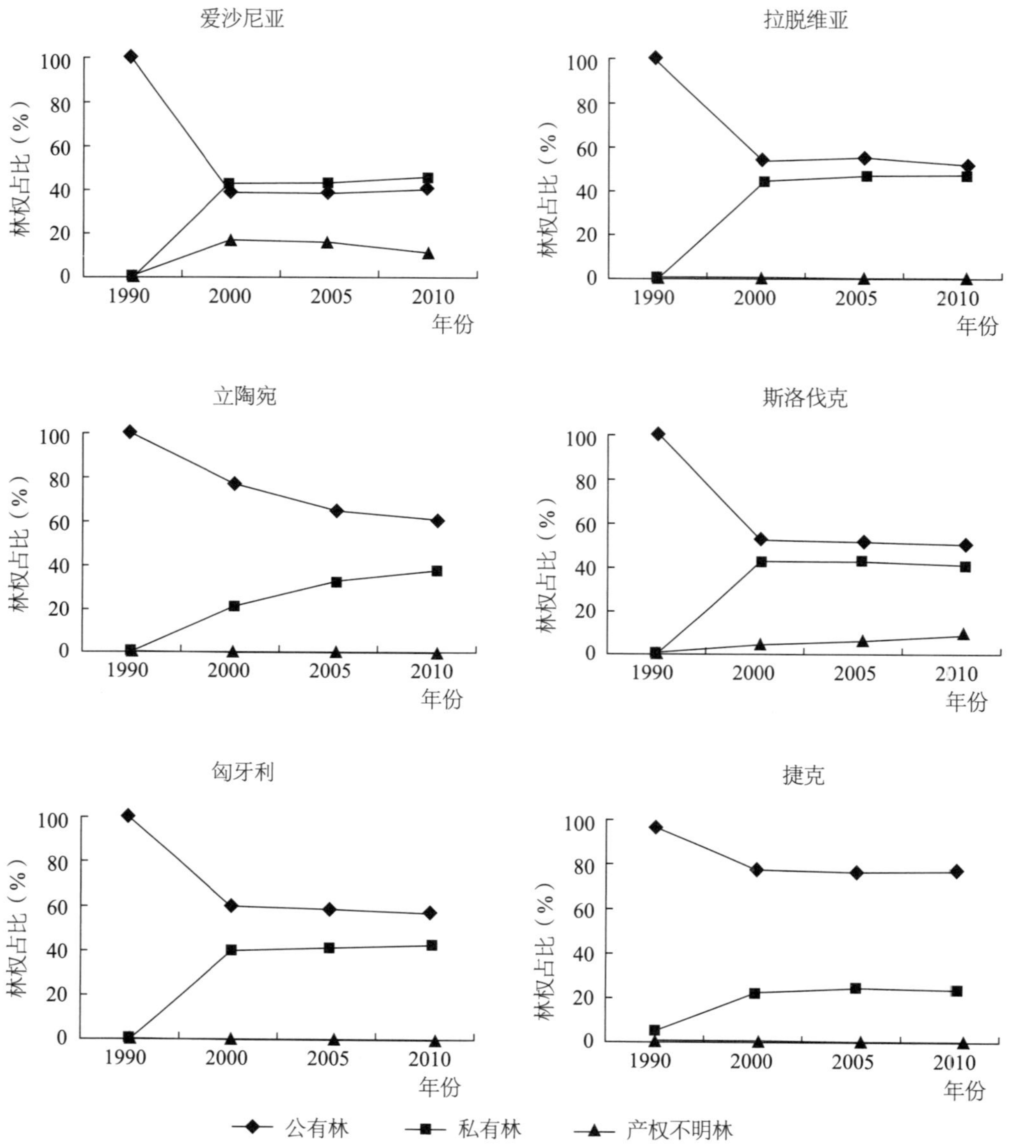

图1–2　爱沙尼亚等国家林权改革进程

主要特点：1989年东欧剧变后，这些国家的森林所有制结构改革速度比较快，改革成效显著，在短时间内完成了私有化进程。主要表现在从1990年开始到2000年的10年时间，很快完成森林私有化，之后森林权属相对稳定，国有和私有的比例基本没有较大变化，虽略微调整，但不影响整体的国有和私有比例。

合作建议：这些国家对政治局势的变动比较敏感，而且能很快适应政局变动，变化后又能很快恢复稳定局面，对于中东欧的长期合作和发展来讲，应该属于优先合作的国家类型，建议将这些国家作为前期合作的重要国家。

1.1.2.2 林权改革相对较早，私有化进程缓慢

主要包括：保加利亚、罗马尼亚、斯洛文尼亚、波黑4个国家（图1–3）。

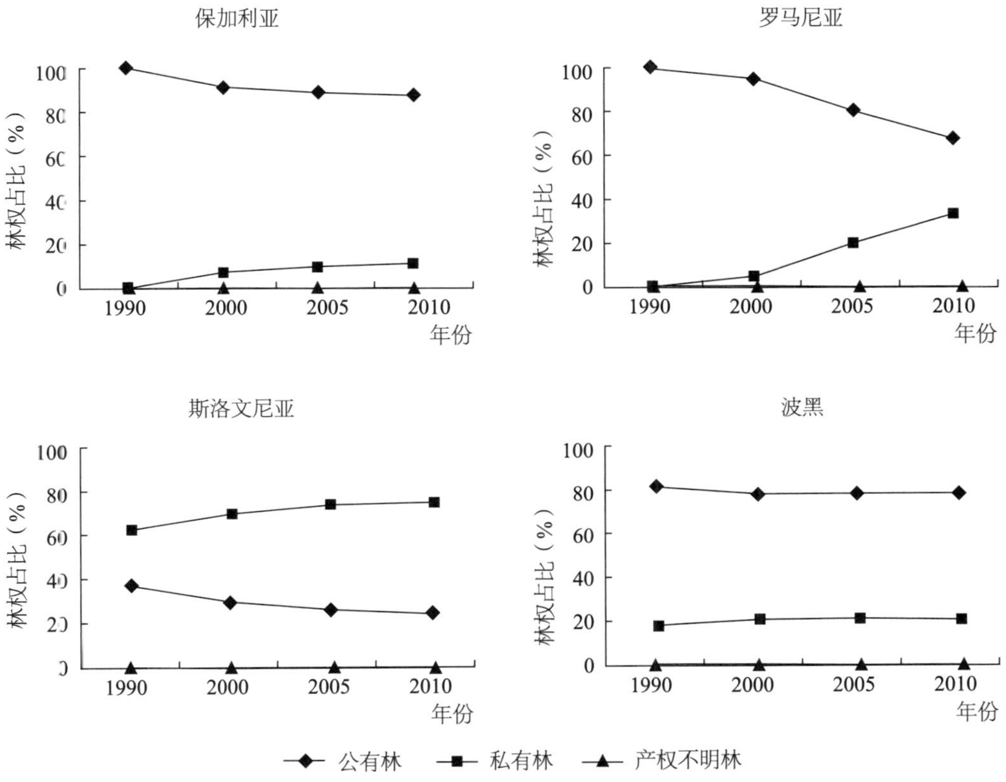

图1–3 保加利亚等国家林权改革进程

主要特点：20世纪90年代东欧政治剧变后，这些国家开展了一定程度的私有化改革，但是改革进展缓慢，私有化进程阻力比较大。不仅在1990—2000年的10年时间内完成了所有制改革，而且在随后的很多年间所有制形式都在不断发生变化，没有稳定的格局。

合作建议：这些国家可能受政治动荡的影响，或者政治结构复杂，国内不同派别的意见不一致等原因，对其林权所有制改革影响较大。因此，与这些国家合作一定要关注其长期影响，结合他们国家森林资源的状况，从长远合作的角度出发，建议将这些国家作为中期和长期合作对象。

1.1.2.3 林权改革迟缓，私有化进程严重滞后

主要包括：马其顿、塞尔维亚、克罗地亚、黑山、阿尔巴尼亚、波黑6个国家（图1–4）。

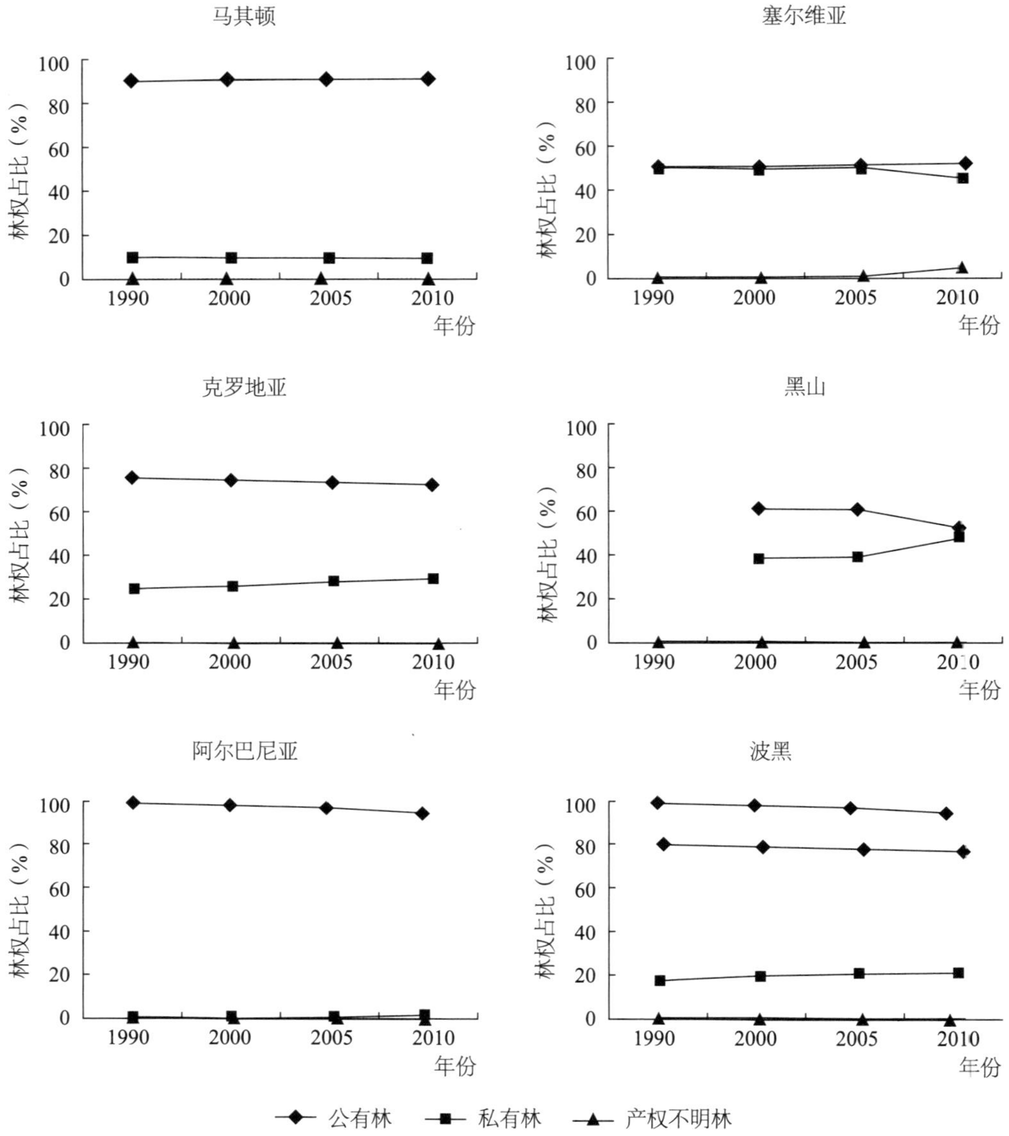

图1-4　马其顿等国家林权改革进程

主要特点：政治变革对这些国家影响很小，对森林所有制结构的改革没有产生太大影响。其中马其顿和阿尔巴尼亚虽然受到一些影响，但森林所有制结构的改革非常缓慢；有一些国家森林所有权结构几乎至今都没有受到影响。例如：塞尔维亚在政治变革20年之后，2010年才表现出微弱的变化。另外，黑山等一些国家由于国内政局动荡，连年战乱导致的森林所有权变动小。

合作建议：森林的所有权结构受政治变革影响很小，说明这些国家在森林经营、资源培育等方面对国家政局动荡反应不敏感，适合于长期合作，建议这些国家作为长期合作战略中重点考虑的对象。

上述林业合作建议仅是基于中东欧16国森林资源和森林所有权结构方面考虑而提出的。由于语言文字或者资料来源的限制，对中东欧16国各国家的发展目标、国家对外贸易政策、国家的投资环境等方面收集的资料不够完整，结合中东欧16国林业发展规划和森林资源发展目标的综合发展制定建议还存在一定困难，这也是今后研究中需要不断深入和完善的地方。

1.1.3 中东欧16国的森林蓄积量

1.1.3.1 单位面积蓄积量

中东欧16国均属于森林资源相对比较丰富的国家，森林单位面积蓄积量平均水平为204m^3/hm^2，远高于中国的89m^3/hm^2。其中，斯洛文尼亚森林单位面积蓄积量最高，为332m^3/hm^2，其他国家单位面积蓄积量超过平均水平的国家：捷克、斯洛伐克、波兰、立陶宛、克罗地亚、罗马尼亚。因此，这些国家都属于森林生产力高的国家。

森林生产力高的国家：斯洛文尼亚、捷克、斯洛伐克、波兰、立陶宛、克罗地亚、罗马尼亚。

1.1.3.2 人均蓄积量

中东欧16国人均森林蓄积量平均水平为75m^3/人，远高于中国森林人均蓄积量。其中，超过人均蓄积量平均水平的国家：爱沙尼亚、拉脱维亚、斯洛文尼亚、立陶宛、黑山、克罗地亚、斯洛伐克、波黑、保加利亚。

森林资源丰富的国家：爱沙尼亚、拉脱维亚、斯洛文尼亚、立陶宛、黑山、克罗地亚、斯洛伐克、波黑、保加利亚。

合作建议：中东欧16国森林单位面积蓄积量平均水平是我国3倍左右。较高的森林生产力一方面说明这些国家森林资源得到了很好的保护；另一方面说明在森林经营、管理、可持续利用方面技术相对成熟并能够得到很好的落实。因此，“16+1”林业合作存在巨大的潜力和合作空间，并且重点应该放在森林保护、森林经营、木材采伐利用等方面。

1.2 中东欧国家林业投资环境分析

根据2015年联合国粮农组织（Food and Agriculture Organization of the United Nations，简称FAO）公布数据，选取27个具有代表性的林业投资环境指标，通过相关分析、模糊聚类分析、因子分析等综合评价，认为16个国家的林业投资环境可以分为4个类别，分类结果与其地理位置紧密相关。通过建立综合评价模型，得出16个国家林业投资的综合投资排序（彩图1-1、表1-1），其中爱沙尼亚的综合得分最高，排名第一；其次是拉脱维亚、捷克、立陶宛等；而波黑的得分最低，其次是塞尔维亚、阿尔巴尼亚等国。这些分析结果为中国-中东欧国家林业合作战略制定和林业企业经贸合作提供了一定的参考。

表1-1　中东欧16国林业投资环境综合得分及排名

国家	得分	排名	国家	得分	排名
爱沙尼亚	0.792980617	1	黑山	−0.000246149	9
拉脱维亚	0.590111285	2	罗马尼亚	−0.052297565	10
捷克	0.433426063	3	马其顿	−0.123022754	11
立陶宛	0.361613949	4	保加利亚	−0.311640698	12
斯洛文尼亚	0.253793731	5	克罗地亚	−0.333607785	13
波兰	0.236030195	6	阿尔巴尼亚	−0.520257529	14
匈牙利	0.145701904	7	塞尔维亚	−0.728457069	15
斯洛伐克	0.074031136	8	波黑	−0.818153787	16

通过对16国相关林业投资环境参数的分析比较，将这16个国家所划分的几个区域与各国地缘位置基本相似。其中，位于巴尔干半岛的塞尔维亚、波黑、马其顿和阿尔巴尼亚的综合评分比较低，这些国家之间具有较高的相似性，即均属于前南斯拉夫国家，其林业资源、政策、宗教等条件很接近；其次，这些国家面临着民族冲突、政党冲突，国家林业管理机构和林业相关政策很不完善，例如，波黑的林业资源清查至今还未完成，许多林区还遗留着内战时期的地雷；另外，这些国家有着繁冗复杂的法律体系，上述均说明了这类国家相对不利于林业投资。但是，这些国家由于地理环境相对受限，以小农经济为主，这为大型公司整合初级生产商提供了机会；同时这些国家山地较多，森林资源也比较丰富，也是林业投资的一个优势。因此，在这些国家进行林业投资既具有机遇，也面临着挑战。

爱沙尼亚、立陶宛、拉脱维亚等位于中东欧中北部的一类国家的综合得分枉对较高。实际上，这些国家大多鼓励外来投资，同时具有丰富的林业资源，人均森林持有量排名前列。如爱沙尼亚，由于其国内的政治环境较为稳定，政府提供了大量的优惠政策，同时与我国的交流合作较为频繁，森林资源丰富，其人均拥有木材量达到362m^3，居欧洲第三。因此，类似爱沙尼亚的这些国家相对来讲非常适合我国进行林业投资。

近几十年来，中国与中东欧国家的关系在中欧关系框架中未获得重视，也是未得到充分开发的领域。全球性金融危机和欧洲主权债务危机发生后，两方寻求合作的意愿上升，交流也逐渐频繁，建立“16+1”林业合作机制已是大势所趋、迫在眉睫。因此，对中东欧16国的林业投资环境的评价分析能够初步帮助我们了解这些国家林业投资环境的基本情况，从而有针对性地进行相关经济活动，也对双方今后的林业投资、合作等具有重要的意义。

1.3　中东欧国家旅游竞争力分析

根据2007—2015年世界经济论坛（World Economic Forum，简称WEF）和世界旅游及旅行理事会（World Travel & Tourism Council，简称WTTC）发布的全球旅游竞争力报告中所提供的指标和数据，应用区域旅游竞争力理论，构建了中国与中东欧旅游动态竞争力评价指标体系。运用动态集对同一度矩阵对中国与中东欧旅游动态竞争力进行实证分析，结果显示（表1-2），中国地区旅游竞争力较强，中东欧各国内部差异明显，其中捷克、克罗地亚、匈牙利三国旅游业发展较好，并且旅游业对经济促进作用明显。

基于WEF和WTTC的数据，对中国与中东欧16国旅游竞争力基本格局分析表明，中国与中东欧16国之间差异较为明显，其中中欧地区和波罗的海区域竞争力相对较好，东南欧区域除克罗地亚和保加利亚竞争优势相对明显外，其他国家相对较弱。这主要与数据结构、旅游产业发展的重要程度、各国经济发展水平不一致有关。因为，中东欧地区在环境的可持续性、健康和卫生状况、旅游基础服务设施等方面具有良好的优势，但在旅游业发展对经济的贡献程度、交通和通讯条件、自然和人文资源等方面问题突出。

动力系统理论分析显示，中国与中东欧旅游合作在市场需求的扩大、旅游产业经济规模化、交易成本节约等方面拉力作用明显；此外，客源市场扩充带来的旅游经济提升、旅游资源差异性和共享性、宏观环境良好等方面为双方旅游合作提供了重要支持，但不能忽视意识形态的差异、中东欧内部差异、政治环境复杂等因素所带来的阻力。

因此，在“一带一路”背景下，中国与中东欧地区开展旅游合作建议具体可以从加强中国与中东欧旅游宣传推广，实现信息联通；推动中国与中东欧旅游线路多层次、多形式、多角度联动，完善旅游资源整合；提升中国与中东欧旅游距离通达，加快交通互联互通；提高中国与中东欧旅游人才建设，增加知识互动等4个方面展开。

表1-2 中国与中东欧国家旅游竞争力排名

地区		WEF数据分析结果	WTTC数据分析结果
中国	中国大陆	2	1
	中国香港	1	2
	中国台湾	3	3
中东欧	阿尔巴尼亚	18	13
	爱沙尼亚	5	12
	保加利亚	12	9
	波黑	19	17
	波兰	10	4
	黑山	13	18
	捷克	4	5
	克罗地亚	7	7
	拉脱维亚	8	16
	立陶宛	11	14
	罗马尼亚	15	8
	马其顿	16	19
	塞尔维亚	17	15
	斯洛伐克	14	11
	斯洛文尼亚	6	10
	匈牙利	9	6

1.4 中国—中东欧国家林业合作的意义

1.4.1 林业合作是“16+1”国家合作不可分割的重要组成部分

森林作为陆地生态系统的主体，是可更新的自然资源。随着全球气候变化和资源危机的加剧，森林生态系统具有可持续性，生态服务价值备受人们关注，并在生态环境建设、林产品生产、就业、文学艺术、旅游、道路防护、农业防护等多领域发挥着不可忽视的支撑和保障作用。生态环境成为中国和中东欧16国共同关注的重要问题。2013—2019年，中国和中东欧16国联合签署的《布加勒斯特纲要（2013）》《贝尔格莱德纲要（2014）》《苏州纲要（2015）》《里加纲要（2016）》《布达佩斯纲要（2017）》《索菲亚纲要（2018）》《杜布罗夫尼克纲要（2019）》始终把生态环境友好的理念贯穿其中，并把森林可持续经营、湿地和野生动植物保护、绿色经济、生态文化等列为重要的合作领域。

2016年5月通过的《中国—中东欧国家林业合作协调机制行动计划》是双方林业合作的重要里程碑，标志着双方林业合作发展将进入新的阶段，并为“16+1”国家林业合作不断注入新的活力。

1.4.2 林业合作是双方的迫切需求

中东欧国家森林资源丰富。2015年森林总面积45.2万km^2，森林覆盖率34.5%（我国为21.63%），森林单位面积蓄积量204m^3/hm^2（最高达332m^3/hm^2），远高于我国的89m^3/hm^2，森林植被分布地带性明显，主要有温带阔叶林、山地森林和地中海森林，其中温带阔叶林分布最广，结构和类型类似我国华北的落叶阔叶林。

林业在中东欧占有十分重要的地位，尤其波罗的海3国和中欧各国。2011年中东欧林业就业占总劳动力2.0%，远高于中国和全球平均水平；林业产值占其GDP之比高于欧洲及全球水平，其中几个国家高于我国，包括拉脱维亚、爱沙尼亚、斯洛伐克、立陶宛等。

中东欧林产品贸易在欧洲占有重要位置（仅次于北欧）。中国与中东欧国家资源禀赋不同，林产品贸易互补优势明显，合作潜力巨大，促进双方林产品贸易务实合作符合各自的发展特点和合作需求，符合双方的共同愿望和利益。但大多数中东欧国家的个体体量有限，需要携手开拓中国市场。

总之，中国与中东欧都有林业合作的强烈愿望，但“16+1”国家林业合作才刚刚起步。例如，2014年林产品贸易额15亿美元，仅占我国贸易总额的1%左右（国家林业局，2015）。因此，开展“16+1”国家林业合作十分必要。

1.5 中国—中东欧国家林业合作的原则和目标

中国—中东欧国家林业合作是“16+1”国家合作的组成部分和“一带一路”倡议的

重要内容，也是中国—欧盟合作的重要组成部分。因此，中国—中东欧林业合作以构建人类命运共同体为目标，坚持“平等协商、互惠互利、开放包容、共创共享”的原则。

1.5.1 中国—中东欧国家林业合作原则

中国—中东欧林业合作应坚持3个原则：

① 遵循“16+1”国家合作原则；

② 遵循中国林业与中东欧整体或各国签署的相关协议；

③ 应当与其他行业“16+1”国家合作相互配合。

1.5.2 中国—中东欧国家林业合作目标

中国—中东欧林业合作3个目标：

① 推动合作双方的森林可持续经营进程。要注重促进林业可持续发展的经验和理念的分享，为推动全球森林可持续经营贡献力量。

② 扩大双方林业投资与林产品贸易的规模。应注重绿色投资与发展绿色经济，充分发挥中小企业在林业投资中的作用。支持中方资本流入中东欧国家林业企业、生态环保产业，促进企业按属地化原则经营管理。双方应促进林产品贸易便利化，积极筹建符合双方利益的自由贸易区。

③ 提升合作双方在全球森林治理中的制度性话语权。双方在森林经营管理、湿地保护、生物多样性保护方面应加强相互沟通，达成共识。在全球森林与环境治理的国际公约、国际规则的制定和相关国际谈判中尊重对方，寻求共同利益，相互支持，提升双方在全球森林治理中的话语权。

1.6 中国—中东欧国家林业合作的思路和重点领域

1.6.1 中国—中东欧国家林业合作的思路

1.6.1.1 建立中国—中东欧国家林业合作的主体

形成政府主导、民间参与的合作模式。中国和中东欧国家应加强林业领域的信息交流，分享科研成果，推动技术革新，促进产品贸易，发展绿色经济，建立林业全方位合作机制；在民间层面，中国与中东欧企业、民间团体、个人资本、人员等要素相互流动，促进民间互动，增进了解和互信。

1.6.1.2 建立中国—中东欧国家林业合作的平台

建立“16+1”林业合作平台，充分利用已有合作资源。要致力于组建官方、科研单位、高校、企业、民间等多层次、宽领域的合作模式，充分借助现有合作网络（如农业、教育、科技等），扩展双方的合作平台；要形成从中央到地方、从官方到民间，涵盖诸多领域的多元沟通、交流方式；同时，要为民间团体的交流与合作提供便利。

1.6.1.3　采用多元中国—中东欧国家林业合作机制

双边合作机制：采取以点带面，巩固双边合作成果，树立合作示范的合作模式。

多边合作机制：要充分借助国际论坛，强化多边合作机制的作用。

民间合作机制：要重视民间交流与合作，将民间互动视为有效的合作机制。中国与中东欧国家重要城市共结“生态友好”城市，相互举办林业专项投资、林产品贸易、生态文化交流等活动，加强人员往来。

1.6.2　中国—中东欧国家林业合作的内容

在中国—中东欧的合作内容方面，要形成覆盖林产工业、林产品贸易、林业投资、林业设备研发、林业基础设施建设、林业科技、生态文化等多个领域（表1–3）。推动在森林可持续经营、发展多功能林业、湿地和野生动植物保护方面的合作；交流森林、湿地和野生动植物保护以及森林—木材产品产业链方面的信息、最佳实践和合作项目；分享在林业和木材加工业方面的知识和研究的科学合作；促进林产品贸易，交流林业和木材加工业方面的知识和技术，推广绿色产品和技术，推动绿色经济中的林业发展。

重点在以下方面加强合作：① 国际主张互认；② 官方政策互通；③ 区域贸易畅通；④ 绿色资本融通；⑤ 民间交流互动。

1.7　中国—中东欧国家林业合作的潜力分析

1.7.1　中国—中东欧国家林业合作的潜力分析

1.7.1.1　中国—中东欧国家林业合作优势分析

① 林业国际经济与贸易合作互补优势明显。中国与中东欧国家资源禀赋不同，经济高度互补，双边经贸合作前景广阔。斯洛文尼亚、波兰等中东欧国家森林覆盖率高，森林资源丰富，林业附加值较高，大多数国家的木材及木制品进出口均呈现增长趋势，林产品贸易额是国家生产总值的重要组成部分。但一直以来，中东欧国家林产品贸易市场开发较为滞后，原木、人造板、家具等优势产业主要出口集中在欧洲。受国际金融危机的影响，欧洲市场需求迅速萎缩，中东欧国家林业贸易也遭遇困境，亟待寻求新的合作者。

② 绿色经济产业的投资与合作空间宽广。由于经济转轨及欧债危机的影响，还有部分如捷克、克罗地亚等中东欧国家虽林业资源丰富，但由于缺乏资金来引进国外先进技术和发展木材加工业，目前多数企业缺乏融资渠道，负债经营，技术装备十分落后，亟需吸引国际投资。而中国资本过剩，金融投资正在实行“走出去”战略，如能

表1-3 中国—中东欧国家林业合作相关协议和具体内容

名称		文件	内容
2012年4月	第一次中国—中东欧国家领导人会晤	无	时任国务院总理温家宝宣布了中国关于促进与中东欧国家友好合作的12项举措，并就推进中国与中东欧国家关系提出四条原则建议
2013年11月	第二次中国—中东欧国家领导人会晤	《中国—中东欧国家合作布加勒斯特纲要》	加强中国与中东欧国家在保护森林、湿地和野生动植物、发展绿色经济和生态文化方面的合作与交流
2014年12月	第三次中国—中东欧国家领导人会晤	《中国—中东欧国家合作贝尔格莱德纲要》	加强中国与中东欧国家在保护森林、湿地和野生动植物、发展绿色经济和生态文化方面的合作与交流，分享林业发展成功经验，增进理解，促进合作
2015年11月	第四次中国—中东欧国家领导人会晤	《中国—中东欧国家合作苏州纲要》 《中国—中东欧国家合作中期规划》	① 支持斯洛文尼亚牵头组建中国—中东欧国家林业合作协调机制。 ② 2015年11月中国同斯洛文尼亚签署关于建立中国—中东欧国家林业合作协调机制的谅解备忘录。 ③ 2016年5月在斯洛文尼亚召开第一次中国—中东欧国家高级别林业合作会议拓展合作渠道，鼓励全方位林业交流，支持建立中国—中东欧国家林业合作协调机制，定期轮流在中国和中东欧国家举办中国—中东欧国家高级别林业合作会议
2016年5月	第一次中国—中东欧国家林业合作高级别会议	《中国—中东欧国家林业合作协调机制行动计划》	中国—中东欧国家林业合作协调机制将在三个层面开展合作：行政管理、科研教育合作、工商和投资机会，具体合作领域如下： ① 森林可持续和多功能经营。就不同类型森林的可持续和多功能经营开展经验交流；保护森林，在考虑社会文化特性和传统空间利用方式的基础上开展森林保护；森林和林业在湿地和野生动物栖息地保护方面的重要性；森林和森林工业在绿色经济中的重要性；自然资源可持续管理，促进人与自然和谐共处。 ② 就林业科研以及森林学在林业产业链中的作用开展信息、经验和项目交流。评估现有研究机构和项目，提升现有体系建立森林工业最佳实践公共数据库，鼓励研究机构共同申请并实施国际合作项目。 ③ 推动林业贸易、专业知识和技术发展，包括木材加工、绿色产品和绿色科技。合作的基础是"木材是绿色经济中重要的可再生资源"。寻求林业木材产业的投资机会和经济合作交流，发展绿色经济的最佳实践，开展公共和私营部门间的跨境和跨部门合作，鼓励利用创新技术促进木材加工业现代化，确保林业产业价值链的竞争力，为木材加工业经营者和在第三市场的合资企业创建联络机制

（续）

	名称	文件	内容
2016年11月	第五次中国—中东欧国家领导人会晤	《中国—中东欧国家合作里加纲要》	① 鼓励中国和中东欧国家继续为签署输华动物和动物源性产品及植物和植物源性产品检验检疫相关议定书而努力。 ② 赞赏斯洛文尼亚牵头组建中国—中东欧国家林业合作协调机制。支持落实《中国—中东欧国家林业合作协调机制行动计划》，进一步加强中国和中东欧国家在森林可持续和多功能经营、林业科研教育、木材加工和林产品贸易领域的合作。支持定期举行中国—中东欧国家高级别林业合作会议。 ③ 落实了2016年5月在斯洛文尼亚卢布尔雅那举行首届中国—中东欧国家高级别林业合作会议和中国—中东欧国家林业经贸合作论坛
2017年2月	中国—中东欧林业合作协调机制联络小组第一次会议	会议	① 一致通过了林业合作协调机制联络小组的工作章程。 ② 着手建立中国—中东欧国家林业合作网站，开展线上林业合作的推广，网站已于2018年正式开通。 ③ 对40个意向性的林业经济和科学合作项目进行讨论、分组，由有合作意愿的国家牵头进行可行性研究，推动林业科研、教育方面的合作
2017年11月	第六次中国—中东欧国家领导人会晤	《中国—中东欧国家合作布达佩斯纲要》	① 欢迎中国和中东欧国家林业学科带头人积极参与"16+1"林业合作。各方期待早日正式开通中国—中东欧国家林业合作网站，为中国和中东欧国家在林业领域加深了解、促进合作搭建平台。 ② 2018年在塞尔维亚举行第二次中国—中东欧国家林业合作高级别会议
2018年5月	第二次中国—中东欧国家林业合作高级别会议	会议	① 近年来，在各方的共同关注和努力下，17国林业合作进展顺利，林业科研教育、经贸投资合作得到稳步推进，并成为中国—中东欧国家合作的重要组成部分。 ② 中方愿意在深化现有合作、发展优先领域的基础上，进一步建立并拓展双边和区域林业合作机制，为科研院校和企业搭建合作平台，促进信息共享，实现优势互补。 ③ 会议期间，就"21世纪气候变化与林业"进行探讨，并通过了《关于森林与气候变化的声明》并共同见证了中国—中东欧国家林业合作协调机制中英文网站（www.china-ceecforestry.org）的正式开通
2018年5月	中国—中东欧林业合作协调机制联络小组第二次会议	会议	中国—中东欧国家林业合作协调机制联络小组第二次会议和中国—中东欧国家科研合作研讨会在贝尔格莱德召开，会议审议并通过了2018—2020年行动计划和合作内容

（续）

名称		文件	内容
2018年7月	第七次中国—中东欧国家领导人会晤	《中国—中东欧国家合作索菲亚纲要》	① 各方赞赏塞尔维亚承办第二次中国—中东欧林业合作高级别会议，支持定期举行高级别会议，进一步加强中国与中东欧国家在林业科研教育、林业贸易投资等领域的合作。 ② 欢迎中东欧国家代表来华参加林业相关展会和活动，促进相互了解。 ③ 落实了2018年5月第二次中国—中东欧国家林业合作高级别会议、中国—中东欧国家林业合作协调机制联络小组第二次会议、中国—中东欧国家林业科研合作研讨会在塞尔维亚举行，“16+1”林业网站正式启动
2016年5月	中国与中东欧国家林业产业贸易与投资研讨会	会议	① 搭建了“16+1”林业产业及贸易投资平台。 ② 张建龙局长对工商界人士提出3点希望：一是大力创新林业投资贸易合作模式；二是拓宽双边合作重点领域；三是重视保护生态环境。双方共同见证了大自然家居控股有限公司与斯洛文尼亚林业企业战略合作协议的签署
2017年10月	中国—中东欧林业科研教育合作国际研讨会	会议	① 鼓励各国林业学科带头人开展理论学术研讨，共同开展国际科研合作项目，构建科研成果信息共享平台。加强人员交流，培养专业人才，加强成果转化和应用型人才培养，开展能力建设。鼓励开展林业教育合作，探索建立联合培养机制，共同建立林业高校联盟，充分挖掘各国优势学科潜力，拓展双方人才培养空间。加强17国在森林资源开发、林产品贸易和林业产能等方面的合作，发挥各自在创新领域的优势，促进中国和中东欧国家的企业家在森林资源开发等领域形成务实性推进。 ② 斯洛文尼亚将努力推动各国在林业领域通过信息交流、政策对话、搭建交流平台等增强共识、促进合作。 ③ 期待未来在森林可持续经营、林产品贸易、应对气候变化以及科研教育领域与中国加强合作。 ④ 国家林业局科技司副司长杜纪山、斯洛文尼亚卢布尔雅那大学生物技术学院院长米哈·胡梅尔、中国社会科学院欧洲研究所研究员孔田平分别作题为《中国林业科研概况》《中东欧国家林业科研概况》《中国—中东欧合作的思考》报告 ⑤ 就“森林培育”“森林生态、环境与保护”“森林监测与评估”“林业生物经济”和“林业教育与培训”5个议题交流了科研成果及进展，探讨了合作的内容、途径和方式，达成了相关合作共识
	科学研究教育合作院校		中国林业科学研究院、浙江农林大学、西北农林科技大学、国家林业局管理干部学院、北京林业大学、南京林业大学、东北林业大学、西南林业大学
	商业合作		大兴安岭神州北极木业有限公司、大自然家居（中国）有限公司、青岛豪中豪木工机械有限责任公司、双丰林业局、苏州苏福马机械有限公司、天格地板、长兴机械（临沂）有限公司、浙江世友木业有限公司、中国福马机械集团有限公司、北京霍尔茨门业股份有限公司

在政策上有效地对接，为中方资本的进入提供优惠与支持，将更多的资本和中国林业企业家吸引到中东欧国家办林业企业，会很好地弥补这一缺陷。

③ 林业改革和经营理念可相互借鉴和推广。由于历史原因，中国与中东欧地区的林业经营与管理体制类似，都经历了由计划经济向市场经济转轨的过程，但又在各自的发展过程中形成自身的特色。

1.7.1.2 中国—中东欧国家林业合作风险分析

中东欧16个国家之间经济发展、文化交流、社会稳定等各个方面均存在很大的差异。林业行业本身的特点决定了中国与中东欧16国之间的合作不是短期的，而是着眼长期的战略合作。因此，开展林业合作要综合考虑从政策、营商环境、人力资源素质等多方面所带来的风险。

1.7.1.3 中国—中东欧国家林业合作的现状分析

目前，中国已与包括斯洛文尼亚等5个中东欧国家的林业主管部门签署了林业合作谅解备忘录（表1-4）。在此基础上，中国将全面拓宽与中东欧16国在林业领域的合作与交流，积极建立中国—中东欧国家林业合作协调机制，并支持斯洛文尼亚牵头成立并担任该机制的执行协调机构。

与中东欧国家深化林业合作将有力地配合我国林业国际合作战略布局，有利于我国输出资金和技术，有助于林业企业利用“跳板”深入欧盟大市场，也为“中国—中东欧国家合作”开辟了广阔的绿色空间。

表1-4 中国—中东欧国家已经签署的与林业相关的协议

时间	签署部门	对方部门	签署内容
2015	国家林业局	斯洛文尼亚农业、林业和食品部	关于林业合作的谅解备忘录
2014	国家林业局	波兰环境部	关于林业合作的谅解备忘录
2014	国家林业局	罗马尼亚环境和气候变化部	关于森林、湿地保护、野生动植物保护的合作谅解备忘录
2007	中国林业科学研究院	斯洛伐克国家林业中心	林业合作协议
2005	国家林业局	斯洛伐克经济部	林业领域合作谅解备忘录
2003	国家林业局	斯洛伐克农业部	关于在造林领域的合作备忘录
2005	国家林业局	捷克农业部	关于林业合作的协议
2001	国家林业局	捷克林业部	动植物检疫协定
1997	中国政府	斯洛伐克政府	科学技术合作协定

1.7.1.4 中国—中东欧国家林业合作的前景分析

今后中国—中东欧国家林业合作还可以在以下几方面进行：① 林业部门应参与目前中农公司在中东欧国家建立规模宏大的示范区建设工作，设计和营造农田防护林工作；② 中东欧国家森林资源丰富，珍贵木材多，可在中东欧国家建立木材加工厂，就地生产优质家具和地板以及人造板，在当地销售或出口其他国家，使双方都受益；③ 相互派遣林业专家培养苗木，改良品种，提高苗木质量和产量。

1.7.2 推动中国—中东欧国家林业合作的路径选择

（1）推进“16+1”林业合作的国际平台建设：实现部长对话和互访常态化、签署合作备忘录、合作纲要等、共同编制双边林业合作发展规划、充分利用现有国际论坛平台、鼓励共结“森林友好”城市，宣传生态旅游；

（2）推动“16+1”贸易合作：举办“16+1”林业经贸合作论坛、建立中国—中东欧国家林业合作促进联合会、优化中国与中东欧国家林业投资环境；

（3）充分发挥科学技术交流的纽带作用：构建中国—中东欧国家森林保护与经营网络、促进中国—中东欧国家的林业科研交流；

（4）鼓励通过林业技术合作促进贸易发展：森林产品标志互认、促进双方林业科技成果国际转移；

（5）林业教育合作：双方学位互认、双向培养机制、双方定期互派访问学者、举办林业官员研修班、交流林业管理理念；

（6）建立林业智库；

（7）促进林业民间合作。

1.8 中国—中东欧国家林业合作展望

1.8.1 中国—中东欧国家林业合作前景十分广阔

《中国—中东欧国家林业合作协调机制行动计划》的参与方包括中国及16个中东欧国家，这将大大促进各国间双边和多边合作。中东欧国家林业资源丰富但个体体量有限，在该机构协调下，中东欧国家可以携手开拓中国市场。因此，中国—中东欧林业合作前景十分广阔。

1.8.2 中国—中东欧国家林业人文和科教合作大有所为

中国—中东欧林业人文和科教合作可通过项目合作或互派留学生等方式加强我国与中东欧在木材加工领域的科研合作与交流；另一方面，在我国现有的优势研究领域，可通过资助高校在读学生或科研人员来华留学等方式促进双方林业教育和科研领域的交流与合作。

1.8.3 中国—中东欧国家林业生态合作必须由政府主导

政府主导加强国际林业合作以应对全球环境危机符合国际社会的根本利益，有利于全球经济、社会、环境、文化可持续发展目标的实现。

1.8.4 中国—中东欧国家林业经贸合作机会与挑战并存

中东欧16国中大部分国家林业资源丰富，同时对林产品的需求量逐渐增加，具有很大的合作潜力。但是当今多边贸易仍然存在着保护主义，使我国的许多林产品出口受到影响，减缓中国经济增长步伐。

1.8.5 中国—中东欧国家林业民间合作亟待加强

非政府组织善于实践和创新，具有独立性、专业性、参与性和独特的影响力。林业部门与涉林境外非政府组织开展了全方位、宽领域的合作，项目活动涉及森林可持续经营、湿地和野生动植物及其生物多样性保护、气候变化、社区发展、能力建设和公众宣传等。

第2章 阿尔巴尼亚

阿尔巴尼亚，全称阿尔巴尼亚共和国（The Republic of Albania），位于东南欧巴尔干半岛西岸，北与塞尔维亚（科索沃地区）和黑山、东与马其顿、南与希腊接壤，西临亚得里亚海，隔奥特朗托海峡与意大利相望。

阿尔巴尼亚国土面积2.87万km^2，人口286.2万人（表2-1）。官方语言为阿尔巴尼亚语，主要流行的外语是希腊语、意大利语、德语和英语。阿尔巴尼亚56.7%的居民信奉伊斯兰教，6.75%信奉东正教，10.1%信奉天主教。人口构成中阿尔巴尼亚族占82.7%，希腊族占0.9%，吉卜赛族占0.3%（马细谱等，2004）。阿尔巴尼亚全国共分为12个州36个区。

首都地拉那人口约89.5万人，是全国第一大城市，也是阿尔巴尼亚的政治、经济、文化中心。阿尔巴尼亚为欧洲中最不发达和低收入的贫困国家之一，全国一半的人口依然从事农业种植。据阿尔巴尼亚财政部统计，2017年国内生产总值（GDP）约362亿美元，人均GDP为12582美元。

表2-1　阿尔巴尼亚行政区划面积和人口数量

行政区	阿尔巴尼亚语	面积（km^2）	人口（人）
斯库台	Shkodër	3562	202895
库克斯	Kukës	2374	76594
莱什	Lezhë	1620	125195
都拉斯	Durrës	766	290126
迪勃拉	Dibër	2586	118948
地拉那	Tiranë	1652	895160
爱尔巴桑	Elbasan	3199	274982
费里	Fier	1890	294747
培拉特	Berat	1798	125157
科尔察	Korçë	3711	207889
发罗拉	Vlorë	2706	189311
吉诺卡斯特	Gjirokastër	2884	61423
合计		28748	2862427

资料来源：www.instat.gov.al/en/，阿尔巴尼亚统计局2019年1月人口统计数据。

2.1 森林资源状况

阿尔巴尼亚森林分布范围广泛。从亚得里亚海和爱奥尼亚海岸到海拔2000 ~ 2200m的丘陵和群山，到处都可见大片的森林，尤其是其北部、中部和南部山区。

2.1.1 森林分布及面积

阿尔巴尼亚的森林主要分布在东部和中部。根据阿尔巴尼亚统计局数据，阿尔巴尼亚森林面积为105.2万hm^2（约占国土面积的36%），牧场面积478.18万hm^2。总的来说，阿尔巴尼亚2005—2015年森林覆盖率变化趋势一直稳定，但2011年牧场面积有所下降（5万hm^2），减少了8%（图2-1）。

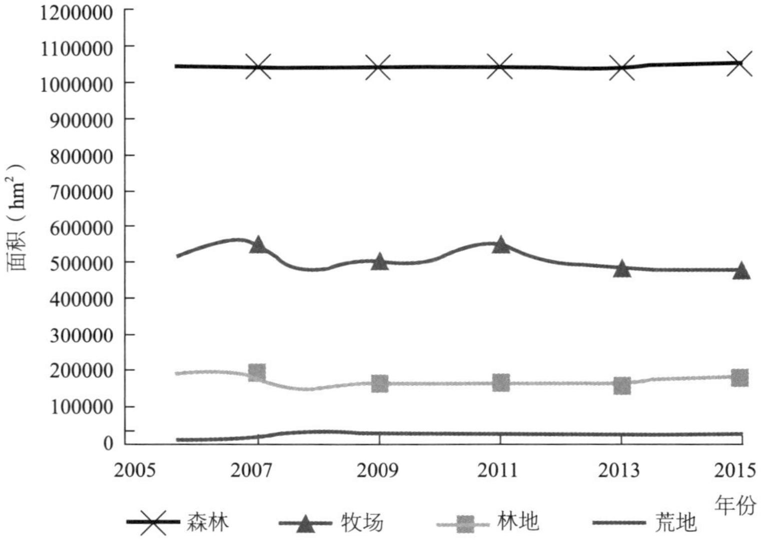

图2-1　2005—2015年阿尔巴尼亚森林和牧场面积的变化情况

根据阿尔巴尼亚环境部和联合国粮农组织报告的数据分析，双方在森林面积及其随时间变化趋势的统计上存在差异。联合国粮农组织在2015年的森林资源评估报告中指出，阿尔巴尼亚的森林面积为77.2万hm^2（表2-2），仅占国土面积的28.2%。这种差异是阿尔巴尼亚当前法律框架和联合国粮农组织对森林的定义不同造成的。

表2-2　1990—2015年阿尔巴尼亚的森林面积变化

年份	森林面积（10^3hm^2）	年度森林面积净变化	
		面积（10^3hm^2）	年度百分比（%）[A]
1990	788.8		
2000	769.3	−19.5	−2.5
2010	776.3	7.0	0.9
2015	771.5	−4.8	−0.6

注：A按复合年度增长率计算。

资料来源：FRA 2015报告，Global Forest Resources Assessment 2015−Country Report Albania。

阿尔巴尼亚的森林覆盖率在1990—2015年间发生了很大变化（图2-2）。1990年、2000年和2005年人工更新造林面积分别为2890hm^2、90hm^{2}和220hm^2。人工种植外来树种面积也在增大，1990年、2000年和2005年的人工种植外来树种的面积分别为10hm^2、80hm^{2}和120hm^2（表2-3）。

表2-3　1990—2015年阿尔巴尼亚森林资源变化情况

类别	年森林面积增减（10^3hm^2）					其中年外来树种面积（10^3hm^2）				
	1990	2000	2005	2010	2015	1990	2000	2005	2010	2015
造林	2.89	0.09	0.22	N/A	N/A	N/A	N/A	N/A	N/A	N/A
其中：人工造林	2.89	0.09	0.22	N/A	N/A	0.01	0.08	0.12	N/A	N/A

资料来源：FRA 2015报告，Global Forest Resources Assessment 2015–Country Report Albania。

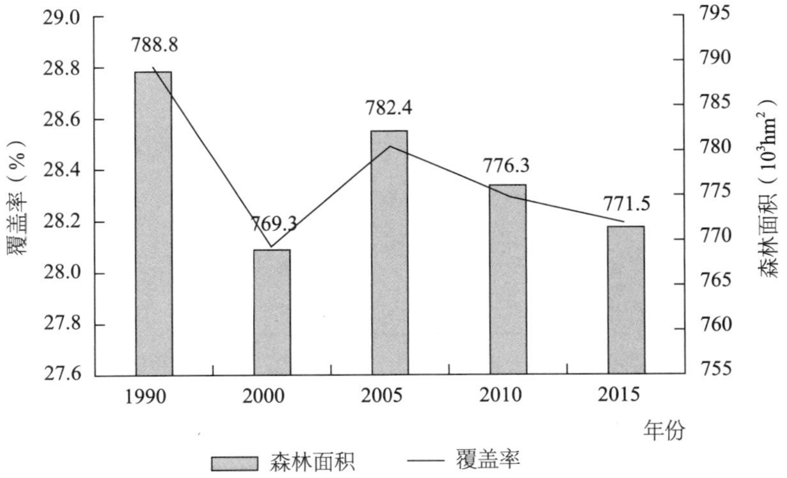

图2-2　阿尔巴尼亚森林面积及其覆盖率

2.1.2　森林蓄积量

阿尔巴尼亚森林地籍（Albanian Forest Cadastre）是全国森林面积和森林蓄积量数据发布的主要信息系统。该系统显示，阿尔巴尼亚全国2015年森林蓄积量为5520万m^3。1990—2000年，森林蓄积量增加了12.3万m^3（表2-4）；在2006—2015年间，森林蓄积量大幅减少了32%。图2-3表明，乔木林、灌木林的活立木蓄积量与矮林呈相反的趋势。

阿尔巴尼亚乔木林在2009年前受到了采伐和破坏的影响，而矮林蓄积量增加主要由于其收获量减少，蓄积量出现明显增高。过去30年间，森林资源管理方式出现偏差，造成2007—2009年以及2012—2015年森林年蓄积生长量呈负值（图2-4）。根据森林地籍数据，1990—2005年的年可采伐量约为152万m^3，而2006—2015年的年可采伐量为115.2万m^3。

表2-4 1990—2015年阿尔巴尼亚活立木蓄积量及其净变化

年份	活立木蓄积量（m^3）	年活立木蓄积量净变化（m^3）
1990	82697000	—
2000	82820000	123000
2005	79883000	−2937000
2010	76504000	−3379000
2015	55247000	−21257000

资料来源：FRA 2015报告，Global Forest Resources Assessment 2015−Country Report Albania。

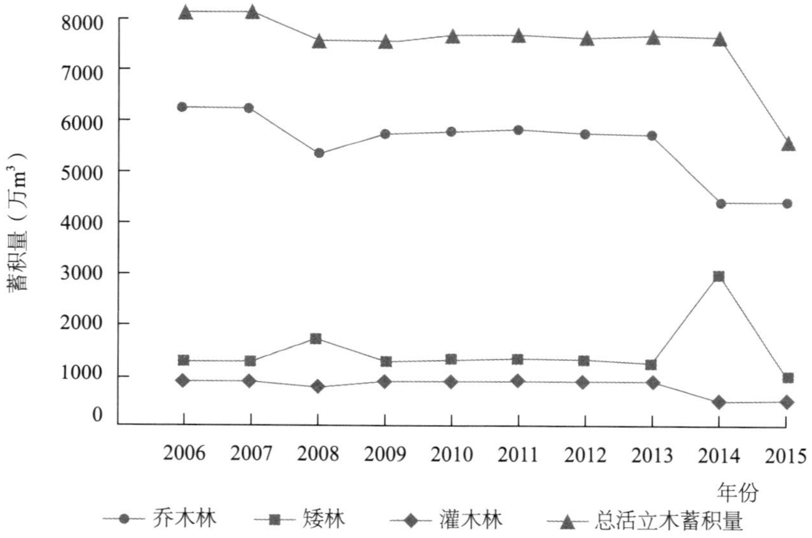

图2-3 2006—2015年阿尔巴尼亚活立木蓄积量变化趋势

如图2-4所示，2006—2015年的森林蓄积量的差异为-2580万m^3，相当于每年减少258万m^3。该值比计算的各期年度可采量高2.23倍。

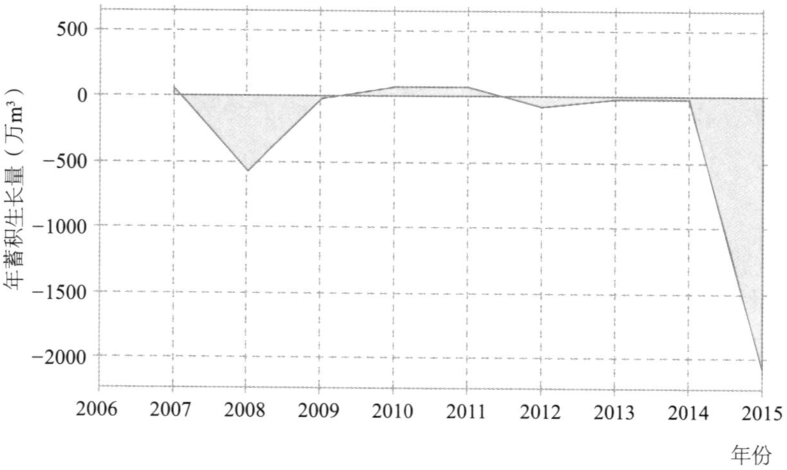

图2-4 2006—2015年阿尔巴尼亚年蓄积生长量变化

2.1.3　森林类型

森林的自然度表明森林生态系统发展过程中受到人为干扰的强度。表2–5的数据显示，虽然天然林、天然次生林和人工林之间的面积有浮动，但森林总面积基本保持稳定。

表2–5　1990—2010年阿尔巴尼亚不同森林类型及其面积　10^3hm^2，%

年份	森林面积	天然林		天然次生林		人工林	
		面积	所占比例	面积	所占比例	面积	所占比例
1990	1046	257	24.6	686	65.6	103	9.8
2000	1031	262	25.4	673	65.3	96	9.3
2005	1043	261	25.0	684	65.6	98	9.4
2010	1043	122	11.7	827	79.3	94	9.0

资料来源：Gjëndja e pyjeve në Shqipëri AKM（2013）。

阿尔巴尼亚森林类型较多，森林生态系统活力较好。阿尔巴尼亚大部分森林生态系统由1～2个主要树种组成，例如山毛榉（*Fagus sylvatica*）、栎类（*Quercus* spp.）、欧洲黑松（*Pinus nigra*）等组成的天然林。根据国家环境局（2010）的报告数据，约64%的森林为纯林，30%的森林是由2～4种树种组成的混交林，只有6%的混交林树种组成超过6个树种。阿尔巴尼亚自然保护区内的物种多样性最高。INSTAT（2017）数据显示，针叶林占森林总面积的16.6%，占总蓄积量的21%，其中欧洲黑松林面积占10%左右，其次是银杉（*Cathaya argyrophylla*）（1.6%）；阔叶林占森林面积的83.4%，蓄积量5500万m^3，占总蓄积量的79%（表2–6～表2–8）。

表2–6　2012—2015年阿尔巴尼亚针叶林面积和活立木蓄积量

年份	森林面积（10^3hm^2）				活立木蓄积量（10^3m^3）			
	欧洲黑松	银杉	其他针叶树	总面积	欧洲黑松	银杉	其他针叶树	总蓄积量
2012	109.00	15.18	51.18	175.36	9028	3203	3874	16105
2013	108.49	15.18	51.180	174.85	9029	3203	3874	16105
2014	108.49	15.18	51.18	174.85	9029	3203	3874	16105
2015	108.47	15.18	51.16	174.81	6543	2321	2808	11672

资料来源：INSTAT（2017）。

表2–7　2012—2015年阿尔巴尼亚阔叶林面积　10^3hm^2

年份	森林面积							
	山毛榉	栎类	杨树	其他落叶树	草莓木	鹅耳枥	其他灌木	总计
2012	196990	343620	1790	66500	58600	96700	101830	866030
2013	196990	343620	1790	66500	58600	96700	101830	866030
2014	196990	343620	1790	66500	58600	96700	113721	877921
2015	196841	343471	1790	66447	58600	96700	113598	877447

资料来源：INSTAT（2017）。

表2-8 2012—2015年阿尔巴尼亚落叶树种活立木蓄积量 10^3m^3

年份	山毛榉	栎类	杨树	其他落叶树	草莓木	鹅耳枥	其他灌木	立木总蓄积量
2012	34055	15182	98	3954	2884	2728	1478	60378
2013	33815	15182	98	3954	2884	2728	1478	60138
2014	33655	15182	98	3954	2884	2728	1478	59978
2015	24500	11001	71	2865	2090	1977	1071	43574

资料来源：INSTAT（2017）。

NEA研究数据（2010）表明，阿尔巴尼亚的森林组成包括25个树种，其中由10个树种构成的森林面积占全部森林面积的97%左右。该研究表明，1990—2010年，森林的物种多样性和树种组成没有显著变化。阿尔巴尼亚森林树种组成的多样性与它们在5个植物区系里的地理位置及其分布密切相关。

树种动态变化数据显示，2010—2012年，针叶林面积增加，2012年之后这种增加趋缓（图2-5）。

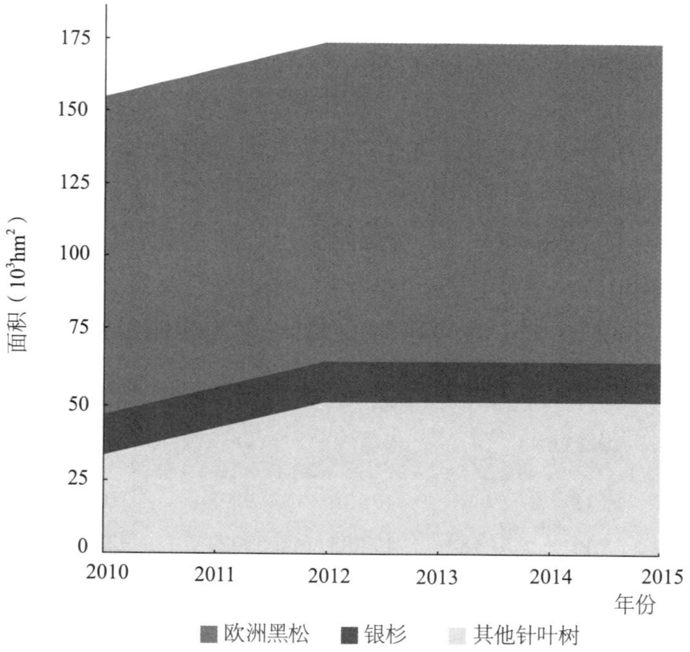

图2-5 2010—2015年阿尔巴尼亚针叶林面积的变化

另一方面，彩图2-1表明山毛榉面积自2011年以来有所下降，栎类面积在2015年以前则稳步增长。山毛榉林面积减少的主要原因是原木采伐增加和野火时有发生。草莓木（*Arbutus unedo*）为杜鹃花科的一种常绿灌木，其面积有所减少。低谷地区和丘陵地带的其他落叶树的面积反而增加。

2.1.4　森林采伐量

1990—2015年，阿尔巴尼亚各类型森林采伐量的变化见表2-9。90年代后采伐量减少的原因较为复杂，与许多因素有关。开辟新林道需要的国家财政资金投资不足，导致偏远地区许多林区的森林经营措施受到限制，影响了森林面积及主伐的收获量。另一方面，许多私营木材加工企业投入大量资金用于制造业，增加了对原木的需求。薪材是重要燃料资源，特别是农村和公共机构（如学校、幼儿园等）的主要燃料来源。

表2-9　1990—2015年阿尔巴尼亚森林采伐量

年份	木材原料（m^3）					工业原材（m^3）	薪材（m^3）		原材合计（m^3）
	原木	建筑材	矿柱材	枝丫材	合计		木炭材	薪柴	
1990	249882	5933	103493	48454	407762	502260	1156288	693634	1195894
1991	127374	4405	53256	31361	216396	247440	835752	501351	748791
1992	49222	1998	16574	7365	75159	87261	427333	256349	343609
1993	57011	5564	6676	1866	71117	84790	600900	536941	621731
1994	54729	6420	21348	2041	84538	98875	439024	263362	362249
1995	64816	4479	3029	894	73218	89488	324588	194714	292285
1996	57591	4840	2373	71	64875	78462	300045	179991	258857
1997	19280	2677	2600	581	25138	30303	178188	106891	137335
1998	31036	3066	2698	6084	42884	51363	238905	143314	194785
1999	53780	5515	2129	71	61495	73212	307107	184227	259451
2000	62585	5000	1018	96	68699	82536	279888	167899	253282
2001	52332	5576	632	24	58564	70457	242381	145400	220001
2002	53464	5068	808	38	59378	71673	302279	181331	262806
2003	62086	9355	3466	239	75146	82272	318501	191062	280325
2004	49967	6927	1621	130	58645	64243	452724	271580	347169
2005	33970	6467	886	322	41645	45584	344238	206501	259924
2006	15542	2667	640	59	18908	20699	200193	120092	141765
2007	10544	1604	420	48	12616	13815	135472	81267	95430
2008	35318	3881	318	34	39551	43365	258417	155019	202340
2009	29606	3309	527	32	33474	36695	201840	121080	157922
2010	23510	3459	670	34	27673	30313	158971	95364	126609
2011	18425	4011	524	32	22992	25159	104197	62506	90208
2012	17867	3615	868	47	22397	24506	1356467	813717	838223
2013	24436	5167	613	0	30216	33069	1380369	828056	866268
2014	31497	5449	700	0	37646	40156	1315746	787872	825518
2015	10754	1727	241	0	12722	14345	1264232	757025	769747

森林地籍数据中年均森林采伐量（288万m^3）和表2-9提供的2006—2015年的数据间存在差异，这是由非法采伐和森林火灾（特别是2007年）造成的。

1990—1993年，森林采伐由有相关设备和资质的国有采伐企业进行。从1993年9月至今，森林木材采伐业务通过拍卖采购原木的私有采伐公司进行。私有采伐公司在采伐和运输木材到林班外的过程中需遵守相关技术标准。

工业用材仅占采伐量的2%，而薪材是主要的商品材，原因是阿尔巴尼亚（特别是农村地区）以薪柴为重要供热来源（表2-9）。联合国粮农组织（FAO，2017）关于阿尔巴尼亚木材燃料消耗的研究结果表明，平均每个家庭的薪材消费量为5.36m^3，农村家庭消费要高出5%，城市地区消费比平均水平低8.9%。该研究表明，阿尔巴尼亚直接用于薪材的森林总消耗量达2479093m^3。

2.1.5 森林生产力

2010年阿尔巴尼亚森林生产力为97m^3/hm^2，远低于中东欧16国的平均森林生产力。阿尔巴尼亚人均森林蓄积量为27m^3，比中东欧16国人均水平75m^3明显偏低。根据欧洲森林保护部长级会议（MCPFE）2005年统计数据，阿尔巴尼亚的木材采伐/生长比大于80%。

2.2 林业管理体制与政策

2.2.1 林业管理部门

2.2.1.1 政府机构

1990—2005年，森林和牧业由农业部负责，具体由林牧总署（General Directorate of Forests and Pastures）负责森林资源的管理。地方森林资源管理工作由36个地区的林务署（Forest Service Directorates）负责。2006—2013年，森林和牧业一直由环境部（现称旅游与环境部）负责。森林资金管理在中央层面由以下3个部门负责：① 森林和牧场政策主管部门；② 自然保护部门；③ 森林警察（作为国家环境、森林和水资源监察局的一部分）。在2013年重组之后，森林资源管理仅由2个单位管理：一个是森林管理和保护署，另一个是森林警察署。由于实施国土改革，同时建立了新行政机构的61个自治市，森林资源管理权从政府下放到自治市。最新的管理情况是，每个自治市负责管理其境内的森林资源，几乎所有自治市都雇佣林业专家管理和保护森林与牧场。

林业部门的另一个政府管理机构是国家环境局。该机构负责监测、保护和改善国家环境。国家环境局还管理有关科研工作，具体由技术推广局负责，它还负责开展国家森林清查和森林覆盖的动态监测。

国家保护区管理局负责管理自然保护区和其他自然网络（如Natura 2000 管理计划）。国家保护区管理局监督检查这些地区的动植物种群动态，提升保护区的旅游、娱乐、文化、美食、美学、健康和精神价值。

2.2.1.2 非政府组织

林业和牧业产业协会属于地方组织，其任务是协调村级森林的开发利用，它们从事行政单位的相关森林经营活动的执行工作。这些协会属于地区级组织，包括林业和牧业区域联合会（Regional Federation of Forests and Pastures），都属于全国林业和牧业联合会的分支机构，也属于非营利组织，代表阿尔巴尼亚所有森林和牧场主的利益。

阿尔巴尼亚连接自然价值和人民基金会（Connecting Natural Values and People，简称CNVP）是阿尔巴尼亚森林资源开发的另一个重要合作伙伴，它与公共机构、私人组织、捐助者合作，通过数据分析及相关工作来改善农村社区的生计。CNVP的工作重点包括：森林可持续经营、气候变化、环境与自然资源管理、农村发展、可再生能源和废弃物管理6个主要领域。阿尔巴尼亚还有许多其他非政府组织在野生动物和环境保护等方面开展活动。

2.2.2 林业就业

尽管林业和牧业占整个阿尔巴尼亚国土面积的51%，但直接从事森林资源管理工作的人数有限。林业部门从业人数从1990年的1726人大幅减少到2010年的1028人。表2–10表明，林业从业人员总数减少了40%左右。其中，1990—2010年，森林经营专业从业人数下降了64%，而森林警察和保护区的专家人数则下降了29%。此外，隶属于原林业与牧业研究所的科研人员的数量也减少了48%。

表2–10 1990—2010年阿尔巴尼亚各林业从业人员数量

年份	1990	2000	2005	2010
森林经营专业人员	583	353	313	210
森林警察和保护人员	897	897	650	635
其他专业人员	225	100	80	72
科研工作者	21	18	12	11
地方林业专业人员	0	0	0	100
合计	1726	1368	1055	1028

2.2.3 林业所有制结构

2.2.3.1 森林所有权的面积和百分比

20世纪末至本世纪初阿尔巴尼亚的森林所有权结构发生了巨大变化。在20世纪90年代，所有森林都是国有林，后来私有化和分权化使所有权发生变化。森林地籍统计数据显示，目前森林面积50%属于自治市，47%属于国家，私人拥有3%（图2–6）。

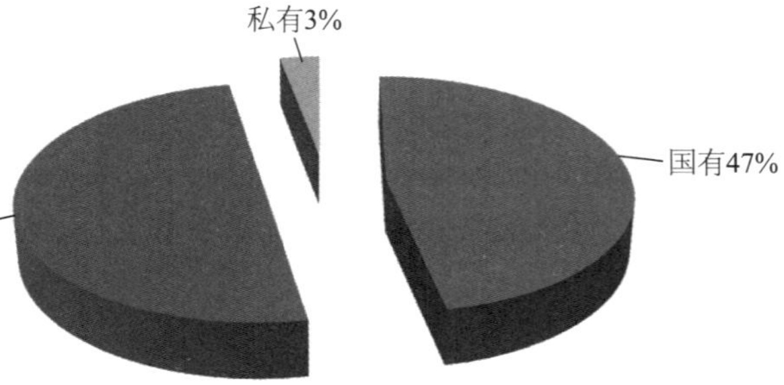

图2-6 阿尔巴尼亚不同林权类型所占比例

2.2.3.2 森林权属比例动态

森林所有权的动态变化与权力下放进程密切相关。表2-11显示，自2006年私有化改革进程开始以来，所有权结构发生了变化。最大变化发生在与国有林面积变化密切相关的两个主要权属形式之间。因此，2006—2017年，国有林面积减少约27%（188044hm²），而地方所有森林面积增加了55.6%，即186757hm²。

表2-11 2006—2017年阿尔巴尼亚林地所有权类型及其面积和所占比例

年份	林权类型					
	国有		地方所有		私有	
	面积（hm²）	所占森林面积比例（%）	面积（hm²）	所占森林面积比例（%）	面积（hm²）	所占森林面积比例（%）
2006	688910	66	335850	32	18550	2
2007	679955	65	339242	33	24520	2
2008	529200	51	482600	46	28400	3
2009	528740	50	487230	46	26820	3
2010	525810	50	489530	47	27420	3
2011	523440	50	490490	47	28620	3
2012	527930	51	486630	47	26830	3
2013	520636	50	487944	47	32302	3
2014	501126	47	522867	50	28780	3
2015	500866	47	522607	50	28780	3
2016	500866	47	522607	50	28780	3
2017	500866	47	522607	50	28780	3

2.2.4 林业政策

2.2.4.1 森林相关的政策法规

20世纪90年代以来，实现欧盟一体化是阿尔巴尼亚外交政策的重中之重。为实现这一目标，必须按照欧盟的要求，改进和规范阿尔巴尼亚的森林环境立法。为此，阿尔巴尼亚开展了起草关于林业的政策和法律，并将继续进一步发展完善，以达到欧洲森林保护及其可持续经营的标准。为使林业政策具有可操作性，建立了完整的法律框架。阿尔巴尼亚使用最早的森林法规，即在15世纪颁布的《社会科学法》。与阿尔巴尼亚林业有关的第一个法律是1923年1月27日通过的《林业和牧业法》。它对森林三类所有权（国家、社区和私人）做出了规定。第二次世界大战结束后，阿尔巴尼亚共产主义政权执政，私有森林和牧场被彻底改变其权属，所有森林和牧场都成为国有。随着阿尔巴尼亚国家制度的发展，议会于1992年通过了《森林法》，其重点涉及：① 森林管理的重组进程；② 森林采伐企业私有化；③ 将森林和牧场归还给以前个人所有者。第9385号新的法律《关于森林和森林服务》于2005年颁布。这项涉林法律已经修改多次，以适应新的变化，反映新的实际情况。此外，2004年部长会议通过了《林业与牧业发展战略》，提出主要目标是：保护森林基金，实现森林可持续经营，市场经济原则在林业部门各个方面的应用，森林利用向社区转移，促进旅游业的发展。阿尔巴尼亚林业政策和法律改革的基本方针是：① 林业部门向市场化发展；② 森林所有权归还个人所有；③ 管理权从政府下放到地方。

2.2.4.2 资源的调查和监测

国家环境局负责阿尔巴尼亚林业资源的调查和监测工作。该政府机构根据泛欧进程的6个标准和35个指标进行森林资源监测，为森林资源可持续管理监测政策的制定、评估和报告提供支撑。有关数据信息来自森林地籍、INSTAT、森林状况监测网络以及联合国粮农组织、欧洲经委会、联合国环境署、世界自然基金会等国际组织提供的报告或研究。

2.3 林业教育与科研

林业科学院属于地拉那农业大学（Agriculture University of Tirana）的一部分，它是林业领域唯一的高等院校。林业技术学校位于Shkodra镇，是另一个教育机构，以不同项目方式培养造林、再造林、采伐等林业技术人才。创立于1951年，于1991年改名为地拉那农业大学并沿用至今，其主要院系及研究领域见表2-12。

阿尔巴尼亚林业科学院成立于1959年，是阿尔巴尼亚唯一的高等教育机构，已有1800多名毕业生成为公共或私人林业部门的森林工程师或营林专家。该学院不仅为阿尔巴尼亚学生提供培训课程和暑期学校，还为国际学生提供培训课程和暑期学校，并积极参与国家或国际的各类交流项目。

表2-12 阿尔巴尼亚林业教育情况

学校	机构设置	研究领域
地拉那农业大学 Agricultural University of Tirana (Universiteti Bujqësori Tiranës)	主要院系包括： 农业与环境学院、生物技术与食品学院、经济和农业学院、林学院、兽医学院	农学园艺与植物保护、经济和农业政策、农业环境与生态水果和蔬菜、畜牧和商务畜牧业、水产养殖和渔业管理、林业工程、木材加工及兽医等

地拉那农业大学林学院（Faculty of Forestry Sciences）是唯一根据“高等教育法”负责林业领域科学研究的机构，其主要任务是发展林业教育和科学研究。国家环境局也从事科学研究活动，主要通过技术推广局实施监测森林状况、生物多样性、水土保持等方面的动态研究。

2.4 林产品贸易

2.4.1 主要林产品

阿尔巴尼亚约有35家木材加工厂，生产纸浆、纸制产品、胶合板、刨花板、家具等。20世纪90年代初，年消费原木约100万m^3。但是，由于社会经济体制转轨的影响，1996年其生产能力下降了16.7%。由于未对生产和销售进行调整，采伐的原木无法按计划运出，大多放置任其腐朽，损失了大量资源。

根据2004—2013年阿尔巴尼亚木材及木制品的生产情况，原木生产量较大，从2004年的29.6万m^3增长到2013年的118万m^3（表2-13），这主要是由于乱砍滥伐造成的。2013年原木生产中尤以木炭的生产量所占比重最大，占到93.22%，木浆、其他纤维浆、回收纸、纸和纸板等的生产量为零，这为中国与阿尔巴尼亚木材贸易提供了契机（表2-14）。

表2-13 2004—2013年阿尔巴尼亚木材及木制品生产量

年份	2004	2005	2006	2007	2008	2009	2010	2011	2012	2013
原木（10^3m^3）	296	296	296	430	430	430	430	1180	1180	1180
木屑及颗粒（10^3m^3）	2	2	2	2	2	2	2	2	2	2
木材剩余物（10^3m^3）	2	2	2	3	3	3	3	3	3	3
木炭材（10^3t）	55	55	55	60	60	60	60	60	60	60
锯材（10^3m^3）	97	97	97	8	8	8	8	8	8	8
木浆（10^3t）	0	0	0	0	0	0	0	0	0	0
其他纤维浆（10^3t）	0	0	0	0	0	0	0	0	0	0
回收纸（10^3t）	0	0	0	0	0	0	0	0	0	0
纸和纸板（10^3t）	3	3	3	0	0	0	0	0	0	0

表2-14 2004—2013年阿尔巴尼亚木材及木制品进出口贸易量

年份		2004	2005	2006	2007	2008	2009	2010	2011	2012	2013
原木（10^3m^3）	出口	57	57	57	57	57	57	57	16	79	79
	进口	1	1	1	1	1	1	1	7	6	6
木屑及颗粒（10^3m^3）	出口	56	56	56	56	56	56	56	7	76	76
	进口	0	0	0	0	0	0	0	0	1	1
木材剩余物（10^3m^3）	出口	2	2	2	2	2	2	2	11	37	37
	进口	0	0	0	0	0	0	0	0	0	0
木炭材（10^3t）	出口	2	2	2	2	2	2	2	2	2	2
	进口	0	0	0	0	0	0	0	0	0	0
锯材（10^3m^3）	出口	55	55	55	4	4	3	3	2	1	1
	进口	24	24	24	24	24	24	24	94	77	77
人造板（10^3m^3）	出口	0	0	0	0	0	0	0	0	1	1
	进口	112	112	112	112	80	97	98	188	177	177
木浆（10^3t）	出口	0	0	0	0	0	0	0	0	0	0
	进口	4	4	4	4	4	4	4	4	4	4
其他纤维浆（10^3t）	出口	–	–	–	–	–	–	–	0	0	0
	进口	0	0	0	0	0	0	0	0	0	0
回收纸（10^3t）	出口	0	0	0	0	0	0	0	1	1	1
	进口	0	0	0	0	0	0	0	0	0	0
纸和纸板（10^3t）	出口	1	1	1	1	1	1	1	2	3	3
	进口	18	18	18	18	18	11	11	32	29	30

2.4.2 与林业相关的产业链

林产品产业链最重要的一个方面涉及森林资源可持续管理、木材产业的需求与木材生产之间的平衡。木材供应充足取决于森林生产力和森林经营。反过来说，上游木材生产的可持续性以及许多其他产品和环境服务的安全性取决于良好的森林经营，这样才能确保所有森林产品和服务的平衡。阿尔巴尼亚由于幼龄林面积占森林面积的55%，生产力低于$59.1m^3/hm^2$，导致全国森林资源的生产潜力极低。因此，木材工业部门为确保木材原料充足，转为依靠木材进口。木制品进口统计资料显示，全国木材工业年均进口量为221260m³，进口额为2.2亿美元。

根据最新的国家森林资源清查结果，阿尔巴尼亚全国年木材产量约为115万m³，年采伐木材平均28212m³，薪材采伐量约38.22万m³。研究表明，薪材消耗量远高于官方统计数量，联合国粮农组织最近的研究（FAO，2017）表明，直接来自阿尔巴尼亚森林的木材总消耗量估计为2479093m³。除木材之外，直接来自森林的另一种产品是芳香植物和药用植物，它们是林产收入的重要来源（特别是农村家庭经济），年收入超过1900万美元。参与芳香植物和药用植物采集的人员估计在7.5万人到10万人，使之成为当地社区最重要的产业。几乎所有农村地区的家庭都以此作为收入来源之一，占其家庭收入的15%~20%。产业链主要以出口为导向，约60%运往德国和美国。阿尔巴尼亚是部分芳香植物和药用植物产品的主要国际品牌所在地，如：鼠尾草、百里香、牛至和冬香薄荷。过去10年的出口统计显示，这些产品的出口销量在2009年全球经济危机发生后急剧下降，之后又稳步回升。现在的出口量每年增长23%，相当于9100吨，产值达到2000万美元以上，年增长率18%。

2.4.3 林产品贸易情况

阿尔巴尼亚进出口木材包括：薪材、木炭材、原木、锯材、木材剩余物、中高密度纤维板、机械木浆、其他纤维、刨花板和定向刨花板、胶合板、单板。2006—2010年，阿尔巴尼亚木材进出口数量变化不大，2011年进口数量猛增，而出口数量明显下降，2012年之后进口数量稳步增长，出口数量变化不大（图2-7）。2016年全部木材及木制品出口经济价值为816万美元，比2006年增加156万美元（表2-15）。2011年全部木材出口量及经济价值大幅增加，出口经济价值达到3.43亿美元，2013—2015年有所下降，到2016年，出口经济价值重新回到3亿美元，为3.21亿美元（表2-16）。

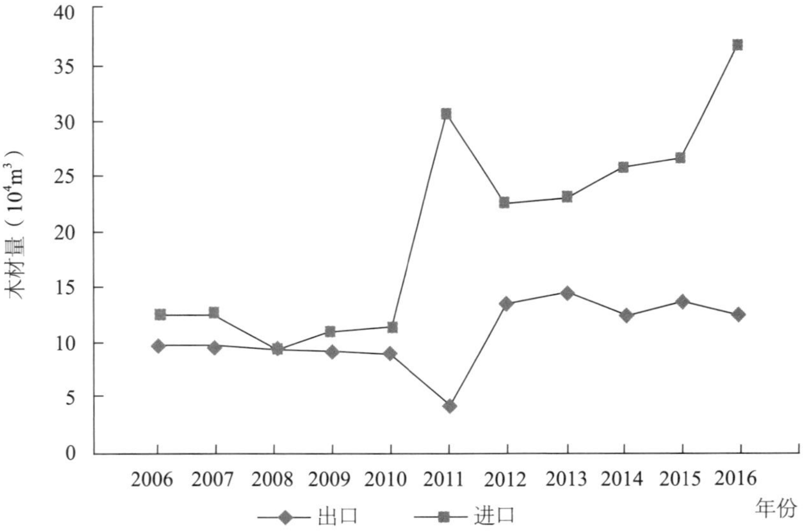

图2-7　2006—2016年阿尔巴尼亚木材进出口数量

表2-15　2006—2016年阿尔巴尼亚木材产品出口量及经济价值

年份	木材					其他木制品						经济价值（美元）
	薪材（m^3）	木炭材（m^3）	原木（m^3）	锯材（m^3）	木材剩余物（m^3）	中高密度纤维板（m^3）	机械木浆（m^3）	其他纤维（m^3）	刨花板和定向刨花板（m^3）	胶合板（m^3）	单板（m^3）	
2006	56300	13160	467	21409	3900		1	0	0	0	0	6601000
2007	56300	13160	467	21409	3900		1	0	0	0	0	6601000
2008	56300	13160	467	21409	3900		1	0	0	0	0	6601000
2009	56300	9212	467	21409	3900		1	0	0	0	0	6270000
2010	56300	8883	467	21409	3900		1	0	0	0	0	6305000
2011	7452	6580	8466	5862	13400		0	0	0	0	0	7630000
2012	75900	10805	2641	6546	39000	1200	10	0	0	0	0	8124000
2013	80801	13270	3000	6550	39000	1200	10	0	0	0	0	8124000
2014	68523	4957	3000	6550	39000	1200	10	0	0	0	0	8124000
2015	88142	3290	3000	850	39000	1200	10	0	0	0	0	8737806
2016	75900	3291	3000	850	39000	1200	10	0	0	0	0	8161186

表2-16　2006—2016年阿尔巴尼亚木材产品进口量及经济价值

年份	木材					其他木制品						经济价值（美元）
	薪材（m^3）	木炭材（m^3）	原木（m^3）	锯材（m^3）	木材剩余物（m^3）	中、高密度纤维板（m^3）	机械木浆（m^3）	其他纤维（m^3）	刨花板和定向刨花板（m^3）	胶合板（m^3）	单板（m^3）	
2006			652	23890		5600	0	2400	91600	748	291	138225000
2007			652	23890		5600	0	2400	91600	748	291	138225000
2008			652	23890		5600	0	2400	60000	748	291	117489000
2009			652	23890		5600	0	2400	77000	748	291	135134000
2010			1860	23890		5600	0	2400	78000	748	291	136565000
2011	6	65.8	7336	110365		40000	7	64000	78000	2770	1285	343085000
2012	817	89	4642	43870	64	42000	20	52000	79000	1476	1252	217726984
2013	5513	65	4572	43598		42000	20	52000	79000	1378	881	217845816
2014	8706	71	25352	45281		42000	20	52000	79000	1825	1190	220423715
2015	3705	749	41130	41948		42000	20	52000	79000	2133	656	220834796
2016	100000	0	20000	73100		42000	20	52000	79000	1000	1290	320636000

资料来源：REC（2015），INSTAT（2017）；联合国粮农组织统计数据（http://www.tao.org/taostat/en/#data/FO）。

2.4.4　林业对国内生产总值的贡献

阿尔巴尼亚的森林在经济和社会发展中发挥着重要作用。森林除了具有经济效益外，还具有环境、社会和文化效益。2016年，阿尔巴尼亚的国内生产总值（GDP）为119.3亿美元，2017年GDP为130亿美元，2018年GDP为151亿美元。由于林业传统上与农业密切结合，所以缺乏林业对国家经济贡献的单独的数据。统计显示，农业部门对国内生产总值的年度贡献从1992年的42.5%降至2016年的21.6%。

林业部门的总附加值在2000—2011年并没有太大变化，年均价值为6620万美元（扣除物价因素），年均数据在5%上下浮动。在木材产品两个子行业中，林业行业占GDP的比例最大，约0.55%。如果考虑非木材产品的总附加值，估计每年为2000万美元，林业部门的年贡献率每年增加0.8%。2000—2011年，林业和木材产业两个子行业的单位产出增加值因森林资源的过度开发而呈现出下降趋势（图2-8）。

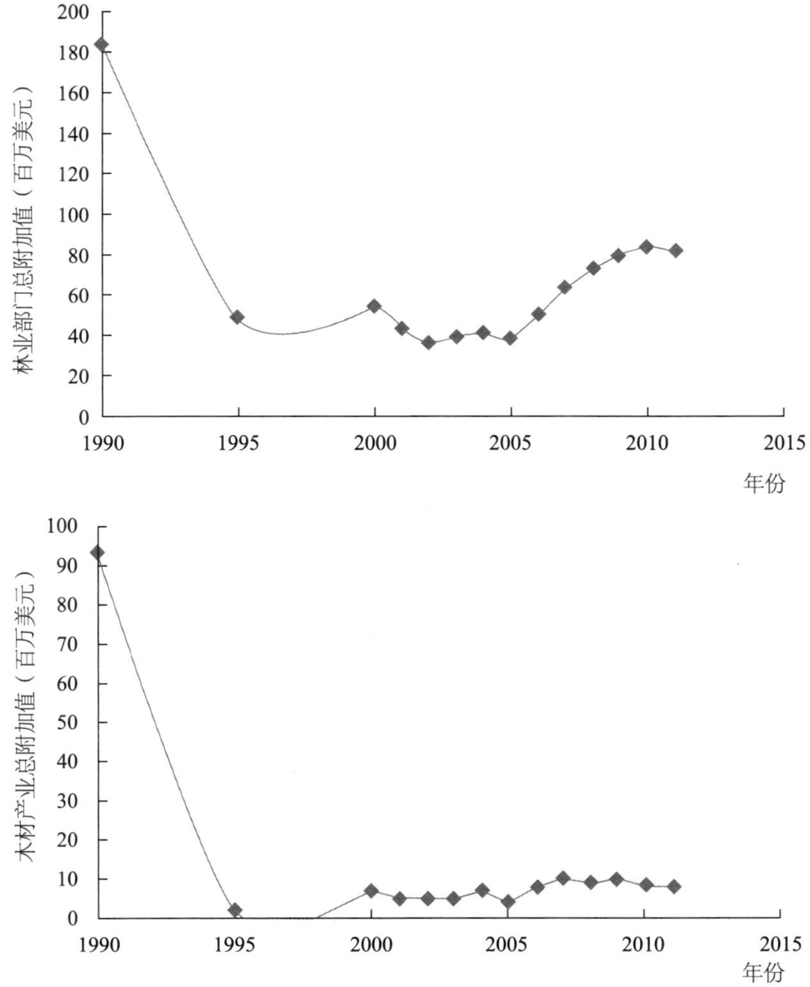

图2-8　1990—2015年阿尔巴尼森林和林产业总附加值

资料来源：FAO，2014。

2.4.5 同中国合作情况

1964年初，周恩来总理访问阿尔巴尼亚时，了解到当地的油橄榄出油率很高，可以有效解决人民食用油的问题，阿方当即赠送给我国1万株油橄榄树苗。经过广大林业职工和农民多年的努力，油橄榄在我国的引种获得成功，如在甘肃陇南白龙江沿岸成功引种。

“一带一路”倡议发起以来，两国交往频繁。2013年11月，李克强总理在布加勒斯特会见出席中国—中东欧国家领导人会晤的阿尔巴尼亚总理拉马。2014年，中阿共同庆祝建交65周年。9月，李克强总理在天津会见来华出席夏季达沃斯论坛的阿尔巴尼亚总理拉马。12月，李克强总理在贝尔格莱德会见出席中国—中东欧国家领导人会晤的尔巴尼亚总理拉马。2015年11月，阿尔巴尼亚总理拉马来华出席第四次中国—中东欧国家领导人会晤，习近平主席集体会见，李克强总理双边会见。2016年11月，阿尔巴尼亚总理拉马赴拉脱维亚里加出席第五次中国—中东欧国家领导人会晤，李克强总理同其举行双边会见。2017年5月，阿交通和基础设施部长德尔维沙伊来华出席首届“一带一路”国际合作高峰论坛高级别会议，中阿签署《中华人民共和国政府与阿尔巴尼亚部长会议关于共建“丝绸之路经济带和21世纪海上丝绸之路”的谅解备忘录》。

参考文献

阿尔巴尼亚统计局. INSTAT. 2017. http://www.instat.gov.al

李永全. 2015. 丝路列国志. 北京: 社会科学文献出版社.

联合国粮农组织. 2000–2015. Yearbook Forest Products.

马细谱, 郑恩波. 2004. 列国志（阿尔巴尼亚）. 北京: 社会科学文献出版社.

木材网. 阿尔巴尼亚林业现状. http://www.ahrzsd.cn/a/mucaizhishi/2013/0929/2474.html

欧盟统计局. EUROSTAT. http://ec.europa.eu/eurostat/

施昆山. 2001. 当代世界林业. 北京: 中国林业出版社.

中国林业信息网. http://www.lknet.ac.cn/

中国社会科学院俄罗斯东欧中亚研究所. http://euroasia.css.cn/

中华人民共和国外交部. 阿尔巴尼亚国家概况. 2015. https://www.fmprc.gov.cn/web/gjhdq_676201/gj_676203/oz_678770/1206_678772/1206x0_678774/

中华人民共和国驻阿尔巴尼亚大使馆. http://al.chineseembassy.org/

6th European Framework Programme in Research and Development. http://sites.uclouvain.be/cpdr-refgov/

ALBANIA – FOREST AND PASTURE RESEARCH INSTITUTE. http://medomed.org/featured_item/forest-and-pasture-research-institute/

A List of Agriculture Research Institutions. http://www.agrowebcee.net/awal/research-centres/

ANFI. 2004. ANFI Project. Final Report. Agrotec Consortium: 1-140.

Euro Forest Portal (EFI). http://forestportal.efi.int/

European Forest Institute. http://dataservices.efi.int/medbase/

FAO. 2015. FAO Forestry statistics. http://www.fao.org/forestry/

FAO. 2015. Global Forest Resources Assessment.

FAO. 2017. Wood Fuel Consumption in Albania.

FRA. 2015. Global Forest Resources Assessment−Country Report Albania.

第3章 爱沙尼亚

爱沙尼亚，全称爱沙尼亚共和国（The Republic of Estonia），地处欧洲东北部，位于波罗的海东岸，东与俄罗斯接壤，南与拉脱维亚相邻，北邻芬兰湾，与芬兰、瑞典隔海相望，是中东欧16国的最北部国家。国土面积4.35万km^2，境内地势低平，平均海拔为50m。爱沙尼亚气候属海洋性气候，春季凉爽少雨，夏秋季温暖湿润，冬季寒冷多雪，年均气温6.7℃，1月平均气温-7.7℃，7月平均气温17.8℃。

爱沙尼亚于1991年脱离苏联宣布独立。同年联合国宣布接收爱沙尼亚共和国为成员国。2004年正式加入北约，同年正式加入欧盟，2007年爱沙尼亚加入欧洲《申根协定》。2011年1月1日，爱沙尼亚加入欧元区，成为欧元区第17个成员国。爱沙尼亚全国共分15个省，首都塔林是全国的政治、经济、文化中心。据爱沙尼亚统计局初步统计数据，爱沙尼亚人口总计为131.8万人（表3-1），人口分布特点是北多南少。各民族人口规模为爱沙尼亚族（69%）、俄罗斯族（25%）、乌克兰族（2%）和其他（4%）。爱沙尼亚语为官方语言，英语、俄语亦被广泛使用（李兴汉，2003）。据2011年数据显示，爱沙尼亚全国约有1/3的人信仰宗教，主要包括基督教和东正教。

爱沙尼亚的主要资源有森林、油页岩、石灰石、泥煤、磷矿、海产品等。东北地区油页岩储量丰富，爱沙尼亚油页岩已探明储量约为48亿t。按照每年2000万t的开采量，爱沙尼亚具备工业价值的油页岩资源可供利用25～30年。泥煤储量约为40亿t，磷矿储量约40亿t。爱沙尼亚淡水资源丰富，拥有大小河流7000多条，其中长度在100km以上的有16条。

表3-1 爱沙尼亚行政区划面积和人口数量

行政区	爱沙尼亚语	面积（km^2）	人口（人）
希尤	Hiiu maakond	1032.44	9387
莱内	Lääne maakond	1815.57	20646
哈留	Harju maakond	4326.70	589610
西维鲁	Lääne-Viru maakond	3695.72	59791

（续）

行政区	爱沙尼亚语	面积（km^2）	人口（人）
东维鲁	Ida–Viru maakond	2971.55	138266
拉普拉	Rapla maakond	2765.06	33299
耶尔瓦	Järva maakond	2674.14	30661
约格瓦	Jõgeva maakond	2544.86	29119
萨雷	Saare maakond	2937.64	33231
派尔努	Pärnu maakond	5418.73	85756
维尔扬迪	Viljandi maakond	3420.04	46782
塔尔图	Tartu maakond	3349.30	151122
瓦尔加	Valga maakond	1917.09	28669
珀尔瓦	Põlva maakond	1823.34	25290
沃鲁	Võru maakond	2773.14	36133
合计		43465.32	1317762

资料来源：www.stat.ee，爱沙尼亚统计局2018年人口统计数据。

3.1 森林资源状况

爱沙尼亚位于北纬59°，属于北半球温带地区，其温和的海洋性气候非常适合森林生长。爱沙尼亚2016年森林面积为231.3万hm^2，森林覆盖率达53%，森林蓄积量4.66亿m^3。森林类型主要有4种，其中原始林35%、天然林56%、天然次生林9%、人工林0.2%。如果没有人类的影响，大部分爱沙尼亚大陆将被森林覆盖，景观非常多样。

3.1.1 森林分布及面积

爱沙尼亚森林资源丰富，森林分布除东南部相对较少外，其他地区分布比较均匀。具体来讲，爱沙尼亚森林分布呈3个分布带，西部森林带以希乌马岛和阿布鲁卡岛的森林为主，以维亚伊纳梅里海峡为界与大陆分开；中部森林带北部以拉赫马斯基国家公园开始，中间是特萨卢斯基自然保护区，南至里加湾；东部森林带北起纳尔瓦湾，经沃尔茨湖北部，一直延伸至西南与拉脱维亚交界处。

20世纪50年代到2005年，爱沙尼亚的森林总面积持续增加。2005—2015年，森林面积维持在较为稳定的状况下缓慢下降，其原因主要是林业用地转变成居住地，这与社会发展和城市扩充有关。最初的森林面积增长主要由于20世纪90年代的土地改革，即退耕还林和其他用地（废弃的农田和草地）树木增多，逐步转变为森林。如今，这种改革的红利逐渐消失，森林面积增长趋势已显著放缓（表3–2）。

表3-2 1990—2015年爱沙尼亚主要的土地类型及其面积 10^3hm^2

年份	1990	2000	2005	2010	2015
森林	2206	2243	2252	2234	2232
其他林地	196	208	213	219	224
其他土地	1837	1788	1774	1786	1783
内陆水域	284	284	284	284	284
合计	4523	4523	4523	4523	4523

资料来源：FRA 2015报告，Global Forest Resources Assessment 2015−Country Report Estonia。

3.1.2 森林蓄积量

由于1999—2000年的森林采伐量非常大，2000—2005年的森林蓄积量呈现下降的态势（表3-3）。2001年、2002年和2005年的暴风雪导致了森林总蓄积量下降，枯死木蓄积量持续显著增加。

表3-3 1990—2015年爱沙尼亚森林活立木蓄积量 10^6m^3

种类	森林					其他林地				
	1990	2000	2005	2010	2015	1990	2000	2005	2010	2015
针叶林	208.3	242.3	246.9	252.0	256.6	3.0	3.1	3.2	3.3	3.4
阔叶林	185.0	215.9	208.1	218.3	219.7	3.3	3.5	3.6	3.7	3.8
合计	393.3	458.2	455.0	470.3	476.3	6.3	6.6	6.8	7.0	7.2

资料来源：FRA 2015报告，Global Forest Resources Assessment 2015−Country Report Estonia。

按照树种划分，爱沙尼亚森林类型主要包括松树林、云杉林、桦木林、落叶林。主要树种有欧洲赤松、欧洲云杉、欧洲垂枝桦、欧洲山杨、欧洲桤木、灰桤木等（表3-4）。分布最广泛的三大树种分别是欧洲赤松、欧洲云杉、欧洲垂枝桦。

表3-4 1990—2010年爱沙尼亚主要树种活立木蓄积量 10^6m^3

树种	1990年	2000年	2005年	2010年
欧洲赤松（*Pinus sylvestris*）	111.4	127.7	138.5	139.3
欧洲云杉（*Picea abies*）	96.8	114.1	108.2	112.8
欧洲垂枝桦（*Betula pendula*）	87.5	102.7	100.3	106.4
欧洲山杨（*Populus tremula*）	32.2	37.6	34.9	35.8
灰桤木（*Alnus incana*）	31.8	37.1	32.6	33.6
欧洲桤木（*Alnus glutinosa*）	17.6	21	21.8	23.7
欧洲白蜡（*Fraxinus excelsior*）	5.3	5.9	5.9	5.4
黄花柳（*Salix caprea*）	4.1	4.5	4.8	4.6
夏栎（*Quercus robur*）	2.4	2.7	2.8	2.7
其他树种	4.2	5.0	5.2	6.0
总计	393.3	458.3	455	470.3

资料来源：FRA 2015报告，Global Forest Resources Assessment 2015−Country Report Estonia。

爱沙尼亚的森林蓄积量三大主要树种，2010年分别占总蓄积量的29.6%、24.0%和22.6%，合计占总森林蓄积量的76.2%（表3-5），而且其比例呈上升趋势。

按照森林类型划分，针叶林和阔叶林蓄积量相当（表3-5），阔叶林呈微弱的增长趋势，针叶林呈波动趋势，但变化幅度不大。

表3-5　1990—2015年爱沙尼亚森林活立木蓄积量及年度净增量　$m^3/(hm^2·a)$

森林类型	1990年	2000年	2005年	2010年	2015年
针叶林	4.99	5.70	5.59	5.74	5.73
阔叶林	5.23	5.36	5.21	5.38	5.40
森林年净增量	5.10	5.53	5.41	5.56	5.57

资料来源：FRA 2015报告，Global Forest Resources Assessment 2015-Country Report Estonia。

3.1.3　森林类型

按照森林起源划分，爱沙尼亚的天然林面积虽然不大，但仍稳步增长，主要是因为其龄级较老，森林和被保护森林较多。2005年天然次生林的面积最大，占森林总面积的89.9%，2015年人工林面积较2010年无变化（表3-6）。

表3-6　1990—2015年爱沙尼亚不同森林类型的森林面积　10^3hm^2

年份	1990	2000	2005	2010	2015
天然林	40	48	52	55	58
天然次生林	1994	2020	2024	2005	2000
人工林	172	175	176	174	174
人工林中外来物种的造林面积	2	2	2	2	2
合计	2206	2243	2252	2234	2232

资料来源：FRA 2015报告，Global Forest Resources Assessment 2015-Country Report Estonia。

按照森林用途划分，爱沙尼亚的森林可以分为商品林和多功能用途林（表3-7）。商品林面积的变化与立法保护森林面积的变化有关。

表3-7　1990—2015年爱沙尼亚森林主导功能类型及其面积　10^3hm^2

年份	1990	2000	2005	2010	2015
商品林	1629	1746	1556	1668	1657
多功能用途林	297	104	309	201	199

资料来源：FRA 2015报告，Global Forest Resources Assessment 2015-Country Report Estonia。

3.1.4　森林采伐量

爱沙尼亚森林采伐包括私有林和国有林两部分。对于私有林来讲，由于受市场的影响，20世纪末21世纪初爱沙尼亚私有林的采伐量明显增加。自2001年以来，爱沙尼亚的森林采伐量一直低于可采伐水平（1310万m^3）。国有林采伐量相对稳定，但是总采伐量随着私有林的采伐量下降而出现了明显下降态势。爱沙尼亚森林采伐主要以更新采伐为主，总采伐量由2001年的1200万m^3下降到2008年的554万m^3，其中，460万m^3来自于更新采伐，94万m^3来自于抚育伐（图3-1）。

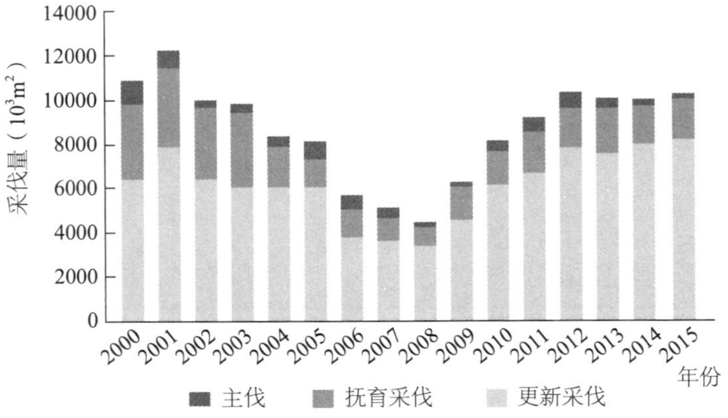

图3-1　2000—2015年爱沙尼亚森林采伐量变化

3.2　林业管理体制与政策

3.2.1　林业管理部门

爱沙尼亚国家林业局是国家林业主管机构，隶属于环境部。国家林业局管辖15个林管局、185个林区和塔尔图林业研究中心。林业局的主要职责是组织和协调森林政策和狩猎政策的制定和实施，主要职能包括管理和协调国家森林政策、林业项目的确定和融资、发展战略等；收集和分析林业相关信息，包括林业注册机制的运行和管理；支持私有林发展，包括财政支持，与森林所有者协会合作分析私有林主咨询系统的效率，并提出修改意见；保护林区珍贵的生物栖息地；经营森林；管理狩猎区（谭鑫浩等，2014）。

爱沙尼亚国有林由不同的政府机构和组织进行管理。环境部管理的国有林面积为80万hm^2，比例最大。科教部管理国有林面积大约1.4万hm^2，主要用于科研教育。国防部管理国有林用于军事训练和国防。农业部管理的国有林面积仅500多hm^2。

利益相关者参与林业管理的最高机构是林业委员会。本届林业委员会成立于2012年11月1日，由环境部部长担任主席，其主要目的是支持执行《爱沙尼亚2020年林业发展战略规划》，并吸纳不同的利益相关者来解决林业战略中的问题。委员会成员包括爱沙尼亚生命科学大学、爱沙尼亚环境署（Estonian Environment Agency）、爱沙尼亚私有林联盟（Estonian Private Forest Union）、爱沙尼亚环境非政府组织理事会（Estonian Council of Environmental NGOs）、爱沙尼亚森林和木材工业协会（Estonian Forest and Wood Industries Association）、国家森林管理中心（State Forest Management Centre）、私有林中心（Foundation Private Forest Centre）、经济事务和通信部（Ministry of Economic Affairs and Communications）、议会（Parliament）、农业部（Ministry of Agriculture）和环境部（Ministry of Environment）等。

3.2.2 林业就业

林业是爱沙尼亚国民经济中的重要组成部分，对国民经济发展做出了重要贡献。2006年林业部门生产总值高达5.36亿美元，对国民生产总值的贡献率为3.7%；直接提供就业岗位约2.8万个，占总劳动力的3.6%。2016年爱沙尼亚林业部门共有员工6500人；另外有19100人从事木材加工业，占全部劳动力的4.3%（表3-8、彩图3-1）。

表3-8 2016年爱沙尼亚林业相关行业就业人数

行业	人数（人）
林业	6500
木材加工业	19100
纸浆及造纸产业	1200
家具业	8900
合计	35700（占总就业人数的5.5%）

3.2.3 林业所有制结构

3.2.3.1 森林所有权结构及其变化

爱沙尼亚森林所有权在1990年之前全部为国有林，经过东欧剧变，森林所有权结构发生了巨大变化，到2000年，私有林所占比例已经超过国有林所占比例。东欧剧变对爱沙尼亚的森林所有权结构产生了深远的影响。

2000年后，虽然国有、私有和产权不明确的森林结构有所调整，但整体已经形成以私有和国有为主导的森林所有制构架，波动不大；由于私营商业实体所拥有的森林面积增加，个人所有的森林面积略微减少；未知权属的森林面积直至土地改革项目完成为止都一直呈下降趋势（表3-9）。具体来讲，2016年爱沙尼亚51%的森林为国有林，47%为私有林，其他所有制类型占2%（表3-10）。

表3-9 1990—2010年爱沙尼亚林地所有权类型及其面积 10^3hm^2

年份	1990	2000	2005	2010
国有林	2206	899	894	923
私有林	0	953	978	1038
其中：个人所有	0	793	783	746
私营商业实体和机构	0	160	195	292
所有权不清晰	0	391	380	273
总计	2206	2243	2252	2234

资料来源：FRA 2015报告，Global Forest Resources Assessment 2015−Country Report Estonia。

表3-10 2016年爱沙尼亚林地所有权类型的面积和占比

森林所有权类型		面积（10^3hm^2）	所占森林面积比例（%）
国有林（51%）	国有林经营管理中心	1056.3	46
	其他国有林	115.3	5
私有林（47%）	私人	664.3	29
	合法实体	430.3	18
需要私有化森林面积		46.3	2

3.2.3.2 森林经营管理

爱沙尼亚地方性森林所有者组织类型是多元的，包括商业性、非营利性、民间合作组织及其之间的组合。根据需要，人们可以自愿加入这些组织。林场所有者的第一个代表性组织是爱沙尼亚森林联合会（EFU），成立于1992年，联合了全国范围内的林场主。2002年EFU重组成为爱沙尼亚私有林联合会（EPFU），现在包含40多个地方性组织。地方林场主组织拥有2500个成员，管理着20多万 hm^2的森林，占私有林总面积的21%以上，大约4/5的资金来源于国家。EPFU不断与欧洲林主联盟（CEPF）和欧洲土地所有者组织（ELO）等机构开展合作，而且还是国际家庭森林联盟（IFFA）的成员，通过这些国际合作提高了爱沙尼亚森林所有者的影响力和地位。

利益相关者不参与国有林的规划、经营和评审，国有林管理决策会告知利益相关者。但利益相关者可以参与国家林业圆桌会议（林业委员会）、政策制订过程（森林发展计划、远程桌面协议和其他国家政策）和立法制订过程，即他们通过参与制定政策和立法间接影响森林管理。

森林经营规划是公开的，森林所有者可以从森林管理机构和国家注册的森林资源报告中获得信息。森林面积超过1000hm^2的国有林经营者必须每年提交审批未来5年的造林面积。爱沙尼亚环境机构分析最佳造林区域，并由环境部长通过批准。大部分国有林地是由国家森林管理中心（RMK，国家盈利机构）进行管理的。国家森林管理中心在编制了所有利益相关者代表共同参与的新的森林决策后，通告当地所有利益相关者，同时会在他们的网站上发布未来3年可能再造林的伐区，有关计划性的采伐和发生严重森林危害的信息，这些信息都可以在公共的GIS网络服务中找到。

3.2.4 森林资源监测

参与爱沙尼亚森林资源监测的机构主要包括：爱沙尼亚自然基金会（ELF，Estonian Fund for Nature）和爱沙尼亚自然保护信息系统（EELIS，Estonian Nature Information System）。

ELF是一个非盈利机构，在全国自然保护区建设方面具有重要作用，主要活动包括濒危物种及其生境保护、独特景观及其生境保护、促进自然资源可持续利用、提高公众环保意识、环境问题解决措施等。ELF开展过湿地、原始林、草甸等资源清查，参与Natura 2000保护区网络设计等活动，同时还参与环境教育、公共环境意识宣传等活动。

EELIS是国家的中心数据库，由爱沙尼亚环境资讯中心（Estonian Environment Infocentre）和自然资源局（Nature Bureau）维护，主要包括自然保护区、自然遗产、登记物种名录、保护物种生境登记、保护立法、水体数据库等内容。EELIS是全国各县自然保护专家和国家保护区管理部门的信息来源，亦有环境监察局、国家森林管理中心和各种科研机构等用户（表3-11）。

表3-11 爱沙尼亚林业统计数据

数据种类和来源	内容	时间	备注
全国森林资源清查	森林清查	1999—2012	每年一次
Standwise 森林资源清查在国家登记册中的森林资源账户数据	其他实地评估	连续的	10年一次
爱沙尼亚可持续森林经营（森林保护和培育中心）	标准和指标报告	2003	MCPFE①会议报告
全国森林资源清查年鉴（Eesti metsad）	其他类型森林报告	2004—2010	
林业统计年鉴（Mets）	其他类型森林报告	2002—2011	
林业部门概述，爱沙尼亚森林	定期的国家森林报告	2009，2011	2009年世界林业大会

注：① MCPFE（The Ministerial Conference on the Protection of Forests in Europe）。

爱沙尼亚有关林业的报告包括提交泛欧进程的森林可持续经营标准与指标报告、国家林业发展报告、《林业统计年鉴》（Mets）和国家渔业研究所（NFI）年鉴（Eesti metsad）。国家报告当中包含了爱沙尼亚国家报告的有联合国粮食及农业组织（FAO）、MCPFE和GHG报告。国家报告为不定期召开的欧洲森林会议（MCPFE）编制的标准和指标报告。大多数MCPFE SFM标准和指标的数据都能从《林业统计年鉴》（Mets）或NFI年鉴森林资源部分中找到。近几年，环境部已编制《爱沙尼亚2020国家林业发展战略规划》的执行报告。

森林资源清查主要是为所有者提供作为最终输出的森林资源评估和森林经营规划。在清查过程中，航片用到小班区划以及林分组成评估。国家森林管理中心进行连续清查，但其他森林所有者则进行周期性清查（数据不能超过10年）。国家登记册中的森林资源清查数据是伐区造林、疏伐和择伐的基础。对于私有林所有者，森林资源清查不强制进行。

爱沙尼亚的森林经营规划中包括水土管理、重点保护价值森林的划定和社区参与等内容。森林资源清查数据是森林管理活动的重要依据，包括森林经营现状和相关建议。详细的森林立地类型划分与土壤类型和水文情况相关，是森林资源清查数据的强制性指标，没有具体的保护和生产计划。森林资源清查数据和森林管理计划按照权属单位进行编制，其中就可能包含了森林生产和保护。

私有林所有者有权参与森林经营方案的编制（特许的公司必须充分考虑利益相关

者的利益）。所有有效的森林资源清查数据在一定程度上在公共网络服务上公开。国家森林管理中心（大部分国家森林经理）在FMP编制完成后通知当地利益相关者，特殊事件和公共计划在网站上公布。

3.2.5 林业政策

爱沙尼亚林业发展得益于不同时期的国家林业政策和相关法规。林业作为一个独立的组成部分，其发展始于18世纪末。第一部爱沙尼亚《森林法》于1934年问世。1987—1988年爱沙尼亚出现了森林经营新理念，在森林经营实践的良好基础上，议会于1993年通过了《森林法》，成为爱沙尼亚第二部森林法。1993年的《森林法》对私有林的经营管理产生了重大影响，承认私有林地所有权的存在，为私有林的发展与利用创造了条件。

1995年通过了《可持续发展法》，1997年对该法进行了修订，规定林业部门必须制订长期的林业可持续发展规划。1997年通过了爱沙尼亚第三部《森林法》，明确了国家和公共森林管理机构的作用和责任，该法的一个重要目标是支持私有林的发展。为了达到这个目标，1999年建立了私有林中心基金会（PFC），旨在通过提高私有林主的经营能力和增加财政资助等措施使爱沙尼亚森林环境变得友好并得到有效管理。

1998年通过的第四部《森林法》，侧重于特殊价值森林的保护，赋予森林所有者管理森林更多的权利和自由。2006年第五部《森林法》通过，新法调整了林业研究和管理的方向，完善了对破坏环境的惩罚措施和补偿机制，更加强调森林多功能的发挥。第五部《森林法》于2007年生效，2009年曾做过修订。针对如何推动2011—2020年的林业发展，爱沙尼亚环境部制定了新的林业发展规划，2011年已获政府批准。该计划强调森林经营活动必须保证森林资源的可持续增长，其中生物多样性和森林更新是森林经营的重点。该计划规定，采伐后至少一半的采伐区需要更新，10%的林地必须划为保护区，以保护自然环境及生物多样性。

《爱沙尼亚2020年林业发展战略规划》包括了私有林和国有林，其中具体的政策文件主要是针对国家森林管理公司的《国家森林管理中心2011—2014年发展计划》、私有林业庇护和支持机构的《2014—2020年爱沙尼亚私有林联盟发展项目》和《私有林基金会发展项目》、以及2009—2013年的私有林支持体系。

3.2.6 森林经营

1890—1910年由于市场的作用，爱沙尼亚私有林的采伐量明显增加，为了限制采伐量，管理部门运用第五部《森林法》（2006年）中规定的行政手段，如采伐量限制、强制性管理计划和较长的轮伐期等加强森林管理，但由于木材市场的高需求使得这些行政管理手段效果受限。《林业政策》（1997年）强调，要通过税收政策加快私有林的发展。2001—2010年的国家林业发展规划明确支持再造林、幼龄林维护、退耕还林、生物多样性保护、林业机械购买、森林改善等活动。2006—2009年的私有林业发展规划强调与代表性林主组织（如EPFU，非营利性组织）和其他林业利益相关群体合作，以达到提高森林生产力、改善森林健康状况、保护森林文化价值和提高森林所有者地位等目标。

为了解决环境问题，RMK引入了符合ISO9001和ISO14001标准的综合质量和环境管理体系，并符合森林管理委员会（FSC，Forest Stewardship Council）和森林认证体系认可计划（PEFC，Programmme for the Endorsement of Forest Certification Schems）的可持续森林管理认证标准。爱沙尼亚森林认证委员会成立于2001年，与科研机构和当地政府组织合作起草了国家森林认证标准，该标准与PEFC要求一致。2009年EPFU成为爱沙尼亚第一个获得PEFC认证的机构，2010年12月国家森林管理中心成为PEFC可持续森林发展认证机构。FSC爱沙尼亚标准于2008年4月24日通过，所有的国有林和一些大型企业拥有的林地都通过了FSC国际标准认证。2000—2012年爱沙尼亚通过FSC和PEFC认证的森林面积情况见表3-12。

表3-12　2000—2012年爱沙尼亚不同森林认证机构认证的森林面积　10^3hm^2

认证体系	2000	2002	2005	2006	2007	2008	2009	2010	2011	2012
FSC	0	1082.6	1083.0	1083.3	1063.9	1083.2	1082.9	1081.9	1086.9	1106.5
PEFC	0	0	0	0	0	0	0	51.4	878.4	897.6

资料来源：FRA 2015报告，Global Forest Resources Assessment 2015-Country Report Estonia。

3.2.7　森林保护

爱沙尼亚林业的总体目标是保护森林生态系统的生产力和生物多样性。为了保护生态系统和生物多样性，爱沙尼亚早在1924年即建立了森林生态系统自然保护区（面积约12.8hm^2），之后保护区得到迅速发展。20世纪90年代建立了卡如拉（Karula）国家公园。

爱沙尼亚有85种乡土树种和灌木，由于结构的复杂性，爱沙尼亚森林为许多动植物提供了理想的生境。与人口密集的其他欧盟国家相比，爱沙尼亚森林中存在其他国家稀少甚至已经绝迹的动植物物种，由于森林管理强度较低，其拥有的国际珍稀和濒危物种相对较多。

为了保护生物多样性，自20世纪90年代爱沙尼亚就开始了对森林生态价值及其保护的研究。最具代表性的是爱沙尼亚森林保护区网络（EFCAN）项目，其目标是保护高价值的森林生态系统，维持现有的生物多样性水平，使保护区的面积至少提高4%，确保该网络能够代表物种、生境和生态系统水平，并符合相关的国际条约和欧盟指令。2001年启动的爱沙尼亚优先森林生境类型保护项目是EFCAN项目的延续，涵盖了不同区域的20个拥有复杂保护机制和最高自然价值的林地，面积达到53896hm^2。

爱沙尼亚有许多世界著名的国家公园，这些国家公园是爱沙尼亚重要的物种栖息地。玛塔萨鲁国家公园（Matsalu National Park）是欧洲最重要的湿地鸟类保护区之一，面积达48610hm^2，公园中的许多濒危野生动植物已经被列入了爱沙尼亚《国际自然保护联盟濒危物种红色名录》，包括最高级别的保护种类——白尾海雕，还有许多2级和3级保护种类。苏玛国家公园（Soomaa National Park）是被湿地公约认定的重要国际湿地，面积37169hm^2，是爱沙尼亚第二大国家公园，是棕熊、金雕和稀有兰花的理想生存之地。卡如拉国家公园是爱沙尼亚最小的国家公园，却分布着157种鸟类和许多独特的大型哺乳动物和普通小型哺乳动物。

3.3 林业教育与科研

3.3.1 林业教育

爱沙尼亚对林业人才的培养非常重视，由国家负责林业基础教育，其林业教育机构资源及相关专业内容见表3-13。1966—1990年，培养了1100名大学毕业生和1800名林业专业技术人员。在爱沙尼亚林业科学领域内，可以开展本科、硕士和博士学位教育，部分学生可以获得国家财政资助。通过调整课程加强了环境管理、组织管理和商务管理方面的培训。爱沙尼亚鼓励培养高层次林业人才，课程涉及林业的各个方面，包括经济、生态和社会问题等。

表3-13 爱沙尼亚林业教育机构

类别	学校名称	林学相关专业及内容
公立职业学校	Luua林业学校（Luua Forestry School）	林学、木材、木材产品贸易、景观设计
高等教育	爱沙尼亚生命科学大学（Estonian University of Life Sciences）	森林生物学、造林学、森林管理学、森林工业学、生态生理学
研究生教育	爱沙尼亚生命科学大学	生物多样性和多功能景观管理
博士教育	生态学和环境科学博士学位学校（Doctoral School of Ecology and Environmental Sciences Estonia）	生物学、生态学、林学
硕士培养项目	欧洲林业科学硕士培养项目（Euroforester [MSc]）（9国13个林学院的科学硕士联合培养计划）	波罗的海地区的可持续林业，侧重寒带森林（针叶林和阔叶林）的生态学和多用途利用，以及国家、区域或全球水平的森林政策
教育网络	林业教育网络（Smart Estonia）	学生交换、科研交流、实用培训、高等教育和研究机构、以及关系到国民教育体系的资金和一般问题

林业职业教育的主要机构是建于1948年的Luua林业学校，开设了许多林业相关的学习课程，主要培养林业企业员工、森林管理者和林业技工。该校除了传统的林业课程以外，还开设了诸如景观设计、园艺、旅游和风景游憩等一些现代课程，2009年有400多人在该校学习培训。值得一提的是，爱沙尼亚特别重视林业户外教育和体验，

培养学生的自然保护和森林文化意识。

3.3.2 林业科研

20世纪前半叶，爱沙尼亚的林业研究工作主要由塔尔图大学林学院承担，其成立的塔尔图林业研究中心，由爱沙尼亚林业与自然保护研究所、爱沙尼亚国家森林保护机构和爱沙尼亚森林育种中心等组成。

1969年成立的爱沙尼亚林业与自然保护研究所与世界各国，特别是欧洲国家进行了广泛的国际交流与合作。在此之后，爱沙尼亚科研人员与科研经费逐渐增加，林业研究得到长足发展，研究领域涉及森林生态调查、森林遗传学、林木育种等，尤其是森林保护与自然保护得到了较快发展。1996年该研究所进行了重组，一部分并入爱沙尼亚农业大学，另一部分并入森林保护和育种中心，2010年该中心并入了环境部信息技术中心。

目前，林业科研的主要机构是爱沙尼亚生命科学大学的林业和农村工程研究所，林业科研涉及范围十分广泛，但是投入到某一个特定范围的研究人员却很少，通常只有1～2人。主要研究课题有森林遗传学、森林病理学、森林自然和人为干扰、森林模型和计量生物学、森林经理和培育、森林多功能利用、林业经济学和林业社会经济学、林业政策等。爱沙尼亚林业研究中的特色领域是露天油页岩矿的植被恢复。

3.4 林产品贸易

3.4.1 主要林产品

爱沙尼亚的林业产业几乎涉及与林业相关的所有类型。原木是爱沙尼亚最主要的林产品，在爱沙尼亚林产品出口贸易中一直处于领先地位。纤维板的产量总体呈上升趋势。锯材是优势最突出的林产品，产量相对比较稳定，所生产的锯材2/3为针叶材。胶合板和滑雪板的主要原料为桦木，纸浆的主要原料为云杉和松木。所生产的刨花板和纤维板在国内主要用于家具生产。纸浆和造纸工业比重相对较小，但产量一直呈现较大幅度的上升趋势。

3.4.2 林产品贸易情况

爱沙尼亚林产品出口量最多的为原木、锯材和木屑及颗粒，其中，2013年原木总出口量为308万m^3，锯材总出口量为80.5万m^3，木屑及颗粒52.9万m^3（表3–14）。爱沙尼亚主要进口林产品包括原木、锯材、人造板、木材剩余物、纸和纸板等。2005年以来，爱沙尼亚原木进口量持续下降，到2013年下降至29.9万m^3，比2005年下降158.5万m^3（表3–15）。

表3-14 2004—2013年爱沙尼亚林产品出口量

年份	2004	2005	2006	2007	2008	2009	2010	2011	2012	2013
原木（10^3m^3）	2434	1924	1657	1544	1556	1275	2453	2799	2565	3080
木材燃料（10^3m^3）	137	117	51	41	87	195	203	189	173	334
木屑及颗粒（10^3m^3）	897	911	751	421	364	229	410	451	545	529
木材剩余物（10^3m^3）	260	394	654	541	462	583	725	108	37	24
木炭材（10^3t）	3	5	4	3	3	4	6	9	10	8
锯材（10^3m^3）	1030	1137	970	709	566	598	754	741	754	805
人造板（10^3m^3）	308	313	321	325	285	196	277	295	303	360
木浆（10^3t）	0	0	51	126	125	134	133	144	290	270
回收纸（10^3t）	32	38	44	54	57	56	48	59	62	62
纸和纸板（10^3t）	69	77	74	68	68	71	88	81	97	94

表3-15 2004—2013年爱沙尼亚林产品进口量

年份	2004	2005	2006	2007	2008	2009	2010	2011	2012	2013
原木（10^3m^3）	1484	1884	1811	1434	568	285	336	347	329	299
木材燃料（10^3m^3）	18	0	2	11	6	21	36	12	13	19
木屑及颗粒（10^3m^3）	4	17	16	30	9	28	49	120	106	94
木材剩余物（10^3m^3）	75	118	129	122	103	94	80	32	66	63
木炭材（10^3t）	0	0	0	0	0	2	3	4	6	5
锯材（10^3m^3）	499	627	753	824	540	499	642	717	804	864
人造板（10^3m^3）	174	196	215	274	176	130	176	193	181	203
木浆（10^3t）	0	1	3	0	0	0	0	2	12	22
化学木浆（10^3t）	0	1	3	0	0	0	0	2	12	22
回收纸（10^3t）	2	1	0	0	0	2	3	4	3	1
纸和纸板（10^3t）	96	94	139	148	149	120	137	139	141	152
报纸（10^3t）	15	12	13	14	12	8	9	13	13	16
印刷纸和书写纸（10^3t）	40	41	81	87	93	70	83	79	82	80
其他纸和板板（10^3t）	41	41	45	46	43	42	45	47	46	57

3.4.3 同中国的贸易情况

据欧盟统计局统计，2015年爱沙尼亚与中国双边贸易进出口总额为8.4亿美元。其中，爱沙尼亚对中国出口1.5亿美元，占爱沙尼亚出口总额的1.2%；自中国进口6.9亿美元，占爱沙尼亚进口总额的4.8%。爱方贸易逆差5.4亿美元，下降12.3%。

中国与爱沙尼亚的林产品进口贸易额大于出口贸易额。其中中国出口到爱沙尼亚较多的是木材、木制品和木炭；纸和纸板、纸浆制品（表3-16）。中国从爱沙尼亚进口较多的是木材、木制品和木炭；纸浆木材或其他纤维素材料，回收的（废物和废料）纸和纸板。

表3-16 2010—2014年中国对爱沙尼亚林产品贸易额 美元

	年份	2010	2011	2012	2013	2014
出口	木材、木制品和木炭	3179603	4787409	4937822	4608156	4208209
	软木及软木制品	186	14042	16609	21637	27975
	生产产生的秸秆、茅草或其他编制材料、篮筐和柳条制品	941791	1144778	1160315	811038	838829
	纸和纸板、纸浆制品	2398907	3089494	4926330	3386916	4436717
	印刷书籍、报纸、图片和其他印刷品，手写、打印稿件及计划	521362	604705	408877	599908	599556
	纸浆木材或其他纤维素材料，回收的（废物和废料）纸或纸板	—	5980	—	—	—
进口	木材 、木制品和木炭	3604606	5825676	6132403	18647466	34923124
	纸浆木材或其他纤维素材料，回收的（废物和废料）纸或纸板	11197909	21575	831780	941758	225334
	纸和纸板、纸浆制品	565902	95636	29439	190891	2661
	印刷书籍、报纸、图片和其他印刷品，手写、打印稿件及计划	4637	1194	2170	1178	160509

中国对爱沙尼亚的木材、木制品和木炭，纸浆木材或其他纤维素材料，回收的（废物和废料）纸或纸板贸易处于贸易逆差状态，尤其是木材、木制品和木炭的贸易中，进口多于出口的差值越来越大，贸易潜力市场巨大。

中国对爱沙尼亚的纸和纸板、纸浆制品；印刷书籍、报纸、图片和其他印刷品，手写、打印稿件及计划的林产品贸易处于逆差状态，2014年逆差值分别为443.41万美元和43.90万美元，出口值远大于进口值（表3-17）。

表3-17 2010—2014年中国与爱沙尼亚林产品贸易逆差情况 美元

年份	2010	2011	2012	2013	2014
木材、木制品和木炭	425003	1038267	1194581	14039310	30714915
纸和纸板、纸浆制品	−1833005	−2993858	−4896891	−3196025	−4434056
印刷书籍、报纸、图片和其他印刷品，手写、打印稿件及计划	−516725	−603511	−406707	−598730	−439047
纸浆木材或其他纤维素材料，回收的（废物和废料）纸或纸板	11197909	15595	831780	941758	225334

3.4.4 同中国合作情况

中国与爱沙尼亚的互利务实合作不断扩大，双边贸易额由建交时的800多万美元，跃升至2013年的13.1亿美元，增长了170倍，年均增长8.3%。中爱两国政府高度重视两国文化交流与合作，两国文化部于2007年签署了《2008—2012年文化交流计划》协议，双方各种文化交流活动日益活跃。中爱两国在教育领域的交流不断发展，大约有150名中国留学生在爱沙尼亚高校学习，是波罗的海三国中国留学生最多的国家。孔子学院也于2010年在塔林大学挂牌成立。2013年11月，李克强总理在布加勒斯特会见出席中国–中东欧国家领导人会晤的爱沙尼亚总理。

2007年，中爱进出口贸易额为6.7亿美元，2008年达到6.8亿美元，2009年受金融危机影响，贸易额有所下降，为4.4亿美元。2010—2012年，双边贸易额不断创出历史新高。2012年在欧债危机的影响下，中国对欧盟贸易整体下降3.7%，但中爱双边贸易却保持了3%的增长。2013年，双边贸易额为13.1亿美元，下降4.4%。其中，中国对爱沙尼亚出口11.1亿美元，下降10.0%，进口2亿美元，增长47.1 %。

据爱沙尼亚海关统计，2013年爱中贸易在爱沙尼亚外贸伙伴中排名第10位。中国在爱沙尼亚出口伙伴中排名第20位，进口伙伴中排名第9位。

近年来，中爱双边贸易增长较快。中国主要向爱沙尼亚出口机电、高技术产品、农产品及机械设备，自爱沙尼亚进口钢材、电子产品、计算机及通信技术。据中方统计，截至2014年9月，我国在爱沙尼亚投资额350万美元，工程承包和劳务完成营业额1094万美元。爱沙尼亚企业在华有12个投资项目，实际使用资金为306万美元。2014年中爱双边贸易额为13.72亿美元，同比增长4.7%，其中，中国对爱沙尼亚出口11.46亿美元，同比增长3.3%，自爱沙尼亚进口2.26亿美元，同比增长13%。

参考文献

爱沙尼亚统计局. http://www.stat.ee/en/

爱沙尼亚自然基金. Estonian Fund for Nature. http://www.elfond.ee/

爱沙尼亚自然信息系统. Estonian Nature Information System. http://loodus.keskkonnainfo.ee/

观点中国网. http://opinion.china.com.cn/opinion_52_139752.html

黄日涵, 朱子杰. 2015. “一带一路”投资政治风险研究之爱沙尼亚.

李兴汉. 2003. 列国志（波罗的海三国）. 北京: 社会科学文献出版社.

联合国粮农组织. 2000−2015. Yearbook Forest Products.

欧盟统计局. EUROSTAT. http://ec.europa.eu/eurostat/

覃鑫浩, 苏立娟, 陈绍志, 等. 2014. 爱沙尼亚林业发展现状及对中国的启示. 世界林业研究, 27:78−82.

中国林业信息网. http://www.lknet.ac.cn/

中国社会科学院俄罗斯东欧中亚研究所. http://euroasia.css.cn/

中华人民共和国商务部. 2014. 对外投资合作国别（地区）指南——爱沙尼亚.

中华人民共和国外交部. 2015. 爱沙尼亚国家概况. https://www.fmprc.gov.cn/web/gjhdq_676201/gj_676203/oz_678770/1206_678820/1206x0_678822/

Euro Forest Portal (EFI). http://forestportal.efi.int/European Forest Institute. http://dataservices.efi.int/medbase/

FAO. 2015. FAO Forestry Statistics. http://www.fao.org/forestry/

Forestry in Estonia. Estonian Private Forest Centre. http://www.eramets.ee/en/forests−in−estonia/

FRA. 2015. Global Forest Resources Assessment−Country Report Estonia.

第4章 保加利亚

保加利亚，全称保加利亚共和国（The Republic of Bulgaria），位于巴尔干半岛东南部，约占该半岛面积的22%。边界线总长2245km，其中陆界1181km，河界686km，海岸线378km，国土面积11.1万km^2。北隔多瑙河与罗马尼亚相望，西与塞尔维亚、马其顿相邻，南与希腊、土耳其接壤，东濒黑海。处于北半球大陆温带的最南端，北部为大陆性气候，南部则受地中海气候的影响。年平均气温10.5℃，最冷月（1月）平均气温为-2～2℃，最热月（7月）平均气温为23～25℃，年均降水量约600mm。

保加利亚于1944年9月宣布成立人民共和国，1990年改国名为保加利亚共和国，宪法规定保加利亚为多党议会制的共和国。2004年3月加入北约，2007年1月加入欧盟。全国共有28个大区和254个市，首都索菲亚是政治、经济、文化中心。全国人口700万人（2015年），其中男性352.4万人，女性372.1万人，城市人口占72.9%（表4-1）。保加利亚族占84%，土耳其族占9%，罗姆族（吉卜赛）占4.7%，其他（马其顿族、亚美尼亚族等）占2%。目前在保加利亚的华人华侨共约3000人，其中绝大多数在索菲亚从事商品批发、零售、餐饮等，少数分布在保普罗夫迪夫、瓦尔纳等城市。官方和通用语言是保加利亚语。宗教信仰主要是东正教（82.6%），其次是伊斯兰教（12.2%），还有少数为天主教、新教（1.3%）等（张颖，2006）。保加利亚于1949年10月4日与中国建立大使级外交关系，是世界上第二个承认中华人民共和国的国家。近年来，两国高层互访不断，政治互信日益增强。

保加利亚自然资源贫乏。主要矿物有煤、铅、锌、铜、铁、钡、锰和铬，还有矿盐、石膏、陶土、重晶石、萤石矿等非金属矿产。2013年森林面积为378.9万hm^2，约占全国总面积的30.2%，其中75%是阔叶林，25%是针叶林。

表4-1 保加利亚行政区划面积和人口数量

行政区		保加利亚语	面积（km^2）	人口（人）
东南区	布拉格格勒	Blagoevgrad	6449.47	305123
	丘斯滕迪尔	Kyustendil	3051.52	119041
	佩尔尼克	Pernik	2394.22	120880
	索菲亚州	Sofia Province	7062.33	229041

（续）

行政区		保加利亚语	面积（km^2）	人口（人）
东南区	索菲亚市	Sofia City	1348.90	1328120
	布尔加斯	Burgas	7748.07	410331
	斯利芬	Sliven	3544.07	186495
	旧扎戈拉	Stara Zagora	5151.12	316356
	杨博尔	Yambol	3355.48	118897
东北区	多布里奇	Dobrich	4719.71	173831
	舒门	Shumen	3389.68	172355
	特尔戈维特	Targovishte	2558.53	111597
	瓦尔纳	Varna	3819.47	471252
北方区	加布罗沃	Gabrovo	2023.01	108404
	拉兹格勒	Razgrad	2639.74	112229
	鲁塞	Ruse	2803.36	218556
	锡利斯特拉	Silistra	2846.29	109271
	大特尔诺沃	VelikoTarnovo	4661.57	235708
南方区	哈斯科沃	Haskovo	5533.29	228141
	克尔贾利	Kardzhali	3209.11	152873
	帕扎尔吉克	Pazardzhik	4456.92	255479
	普罗夫迪夫	Plovdiv	5972.89	668334
	斯莫梁	Smolyan	3192.85	105421
西北区	洛维奇	Lovech	4128.76	124873
	蒙塔纳	Montana	3635.38	129637
	普列文	Pleven	4653.32	240380
	维丁州	Vidin	3032.88	84865
	弗拉察	Vratsa	3619.77	162549
合计			111001.70	7000039

资料来源：www.nsi.bg，保加利亚统计局2018年12月统计数据。

4.1 森林资源状况

4.1.1 森林分布及面积

保加利亚的森林主要分布在横贯东西方向的中部狭长地带、西南部和东南部，面积（2013年）为378.9万hm^2，覆盖率约30.2%。其中，天然林面积229.5万hm^2，占林业用地面积的60.6%；人工林面积占26.7%。由于森林自身的扩张和更新造林，1990年以来保加利亚的森林面积也在不断变化（表4–2）。

表4–2 1990—2010年保加利亚森林面积变化

10^3hm^2

年份	1990	2000	2005	2010
森林面积增加	N/A	14.8	43.3	3.3
其中：造林	5.798	2.681	5.953	0.27
天然更新	N/A	12.102	37.267	3.03

（续）

年份	1990	2000	2005	2010
造林更新	20.259	37.4	55.2	22.4
其中：人工林	20.259	4.065	2.799	2.3

资料来源：FRA 2015报告，Global Forest Resources Assessment 2015–Country Report Bulgaria。N/A表示数据缺失，下同。

4.1.2　森林蓄积量

1990—2015年，保加利亚森林蓄积量呈增长趋势，1990年森林总蓄积量为4.05亿m^3，到2015年达到6.99亿m^3（表4–3）。其中针叶林蓄积量占39%～45%，阔叶林占55%～61%。全国单位面积森林蓄积量为146.3m^3/hm^2，森林年总生长量1410万m^3，平均每公顷森林年生长量3.9m^3。保加利亚主要针叶树种为欧洲赤松、欧洲黑松和欧洲云杉，主要落叶树种为山毛榉、栎树等（表4–4）。

表4–3　1990—2015年保加利亚不同森林类型蓄积量　10^6m^3

年份	1990	2000	2005	2010	2015
针叶林	158	231	259	287	315
阔叶林	247	295	332	358	384
合计	405	526	591	645	699

资料来源：FRA 2015报告，Global Forest Resources Assessment 2015–Country Report Bulgaria。

表4–4　1990—2010年保加利亚主要树种蓄积量　10^6m^3

年份	1990	2000	2005	2010
山毛榉（*Fagus sylvatica*）	107.3	130.1	142.6	154.6
欧洲赤松（*Pinus sylvestris*）	85.2	114.4	125.2	138
栎类（*Quercus* spp.）	63.9	76.9	87	93.2
欧洲黑松（*Pinus nigra*）	22	53.6	62.6	70.2
欧洲云杉（*Picea abies*）	35.1	42.6	48.5	55.3
苦栎（*Quercus cerris*）	25.8	32.5	42.3	44.8
欧洲鹅耳枥（*Carpinus betulus*）	23.9	20.5	23	24.8
欧洲冷杉（*Abies alba*）	10.4	10.8	11.8	13.2
椴树（*Tilia* spp.）	6.3	8.2	11.1	11.2
杨树（*Populus* spp.）	2	1.8	2.5	2.8
总计	381.9	491.4	556.6	608.1

资料来源：FRA 2015报告，Global Forest Resources Assessment 2015–Country Report Bulgaria。

4.1.3　森林类型

保加利亚的森林类型按起源分为：天然林、天然次生林、人工林。1990—2010年，保加利亚的原始林面积逐年增加，1990年为15.7万hm^2，而2010年为59.7万hm^2，增加了

2.8倍（表4-5）。

表4-5 1990—2010年保加利亚不同森林类型及其面积 10^3hm^2

年份	1990	2000	2005	2010
天然林	157	270	304	597
天然次生林	2138	2172	2473	2323
人工林	1032	933	874	817
其中：外来树种	37	28	33	53
合计	3327	3375	3651	3737

资料来源：FRA 2015报告，Global Forest Resources Assessment 2015–Country Report Bulgaria。

另外，保加利亚森林按功能可划分为商品林和多功能用途林。1990—2015年，商品林的规模没有大的变动，保持在221.3万～256.1万hm^2，多功能用途林从25.5万hm^2增长到64.2万hm^2，增加了152%（表4-6）。

表4-6 保加利亚森林主导功能类型及其面积变化 10^3hm^2

年份	1990	2000	2005	2010	2015
商品林	2365	2258	2561	2387	2213
多功能用途林	255	415	367	642	N/A

资料来源：FRA 2015报告，Global Forest Resources Assessment 2015–Country Report Bulgaria。

4.1.4 森林采伐量

保加利亚木材采伐量基本上呈逐渐增加态势（1990—1994年除外）。1990年为408.9万m^3，到2011年时达到620.5万m^3，增加了近50%。同样，薪炭材采伐量也呈现相同趋势，在木材采伐总量中的比例为30.7%～51.6%（图4-1），表明薪炭材在该国木材生产中占有重要地位。

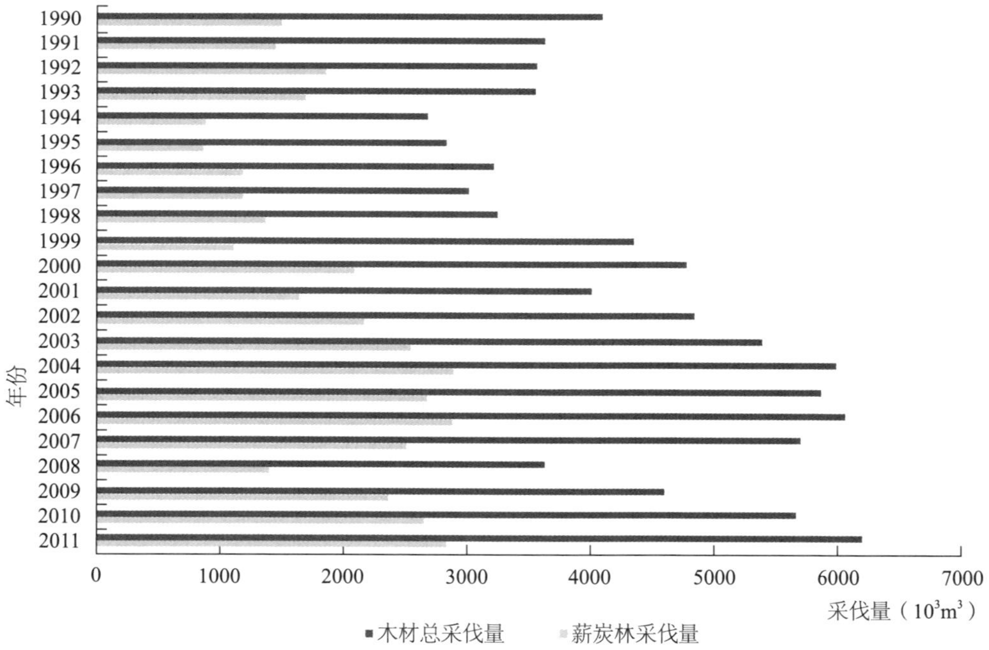

图4-1 1990—2011年保加利亚木材采伐量

4.2　林业管理体制与政策

4.2.1　林业管理部门

保加利亚林业管理部门的机构设置见图4-2，林业部门归农林食品部，区域性国家林业组织机构职责见表4-7。

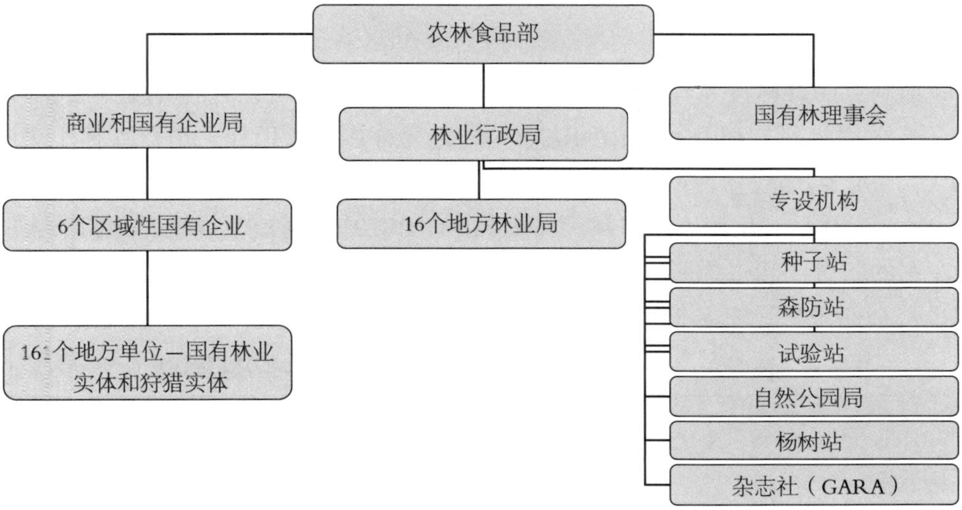

图4-2　保加利亚林业管理组织机构图

表4-7　保加利亚林业组织机构管理职责

经济管理	部级行政管控
6个区域性国家林业公司/地方单位 • 国家林业企业和狩猎企业 • 营林作业：造林，林道维护等 • 采伐：私营公司监督采伐和其他业务 • 出售木材 • 销售非木材产品 • 狩猎和钓鱼管理业务 • 森林保护（火灾和有害生物） • 新业务开发	林业规划（政策与战略） • 立法 • 监管/检查 • 森林资源清查 • 支持私有林主 • 技术推广服务 • 森林保护 – 协调，规划和控制 （防止侵蚀，林火管理） • 国家数据库 • 种子管理 • 自然公园管理 • 研究

4.2.2　林业就业

保加利亚林业相关行业包括营林业、木材加工业、纸浆和造纸产业、木质家具业。2000—2010年，林业就业人数呈现缓慢下降的趋势，2000年为2.6万人，2005年为2.1万人，2010年下降到2.02万人；但女性就业人数基本稳定，维持在5000人左右（表4-8）。

表4-8 保加利亚林业部门就业情况

年份	2000	2005	2010
林业就业（10^3人）	26	21	20.2
其中：女性就业（10^3人）	N/A	5.2	5.3

资料来源：FRA 2015报告，Global Forest Resources Assessment 2015-Country Report Bulgaria。

4.2.3 林业所有制结构

保加利亚的森林按《森林法》及《森林经营规划》进行经营和开发利用。1991年通过了有关农地所有权及其使用的法律，规定允许在农业用地上培育森林（沈照仁，2009）。1990年开始进行森林私有化改革，森林国有化比例从1990年的100%到2010年的87.9%，森林私有化程度越来越大（表4-9）。2010年，89.8%的私有林归个人所有，10%左右的归企业和机构所有（表4-9）。随着森林权属的私有化进程，保加利亚森林管理也从全部公共管理逐渐过渡到社区参与管理，到2010年还出现了私人公司管理。

表4-9 1990—2010年保加利亚林地所有权类型及其面积 10^3hm^2

年份	1990	2000	2005	2010
国有林	3327	3092	3250	3286
私有林	0	283	401	451
其中：个人所有	0	264	374	405
私营商业实体和机构所有	0	19	27	46
总计	3327	3375	3651	3737

资料来源：FRA 2015报告，Global Forest Resources Assessment 2015-Country Report Bulgaria。

4.2.4 林业政策

保加利亚林业部门的可持续经营政策包括一系列林业规章制度和战略文件，共同勾画出发展战略远景。近年来大力加强的林业部门监管政策框架，反映了国家对该部门发展政策选择和欧盟立法充分同步的趋势。

2011年通过的《森林法》和目前的有关规定，是政府部门对保护区内森林实施保护、管理和利用的主要法律框架。法律目标是确保森林生态系统的多功能可持续管理，包括：加强林地保护；维护和改善森林状况；确保维护林地生态系统和社会经济功能；通过无害于环境的森林经营管理，确保增加木材和非木林产品的生产；维持生物和景观的多样性，改善野生动植物和动物群落的种群状况；为其他人群提供机会，改善游憩条件；实现社会利益与森林所有者之间利益的平衡；支持和鼓励林区的土地所有者；执行国际和欧洲关于森林栖息地保护的承诺。

林业部门发展的其他关键文件包括《狩猎和猎物保护法》、《保加利亚共和国国家林业部门发展战略（2013—2020）》，部长会议通过的《林业部门战略规划（2014—

2023）》，以及保护区法案、环境保护法案、生物多样性法案、可再生能源法案等。

4.2.5　森林经营

保加利亚的森林经营活动，旨在通过经营措施来保护和增加森林的主要功能，重点是天然更新、遗传资源培育，生物多样性维护和恢复等。最大限度利用采伐促进和支持森林自然再生潜力是森林经营活动的基础。维护森林的自然（生物生态）功能也是林业部门实现经济可持续性的要求。森林保育和生产对社会同样重要。木材年均生长量与年均消耗量之间的平衡，是森林可持续经营管理的最重要的指标之一。

对全国森林资源数据的分析表明，1980年以后消耗量相比于生长量开始严重滞后。自1990年以来保加利亚每年木材消耗量占该国年均森林生长量的34%～55%。

2010年后，生长量的年均增长约3.9m^3/hm^2，而欧盟国家平均每年增长4m^3/hm^2。最高的增长量是针叶林，为6.2m^3/hm^2，其次是落叶乔木，为3.7m^3/hm^2。

保加利亚2016年采伐木材7094027m^3，近2/3的年木材采伐量来自国有林。在城市森林中，对所有森林面积木材采伐量使用的情况从9.3%到11%。来自其他非国有林的采伐量份额呈下降趋势。

林木采伐的实施改善了森林的更新、结构、稳定性和生产力，这是过去15年间森林经营管理工作的重点。2016年，国有林实施结构调整，林区开发条件改善，已经实施森林采伐的面积达到42577.6hm^2，占森林经营方案计划的61.9%。从实施的疏伐活动情况看，43.5%的森林是针叶林，38.3%是落叶乔木，17.7%是待转化为实生林的矮林。对4225.5hm^2的森林实施非商业性间伐，占森林经营方案计划的87.6%。

正确选择合理的人工用材林类型，并培养其抗逆性使之能够承受日益增多的不利于森林生长的干扰，是保加利亚确保森林可持续经营的一个重要措施。

保加利亚林业的一项特别重要的工作是提供优质繁殖材料，通过森林遗传育种和优良遗传资源选育，增强对生物多样性和乡土树种的保护。

保加利亚林木种子生产基地的面积占全国林木总面积的1%，共有5101个林木资源保存基地，涉及48个树种，包括15个针叶树种和33个阔叶树种。

4.3　林业教育与科研

4.3.1　林业教育

索非亚林业大学是国家林业高等学校，其主要任务是制定保加利亚关于建立多学科融合的以自然资源利用、产品和服务管理技术领域为专业特色的高等教育和科学发展策略。该大学是国家认可的教育和科研中心，致力于培养高素质的高等教育专家，开展林业、通用工程、地球科学、兽医学、植物育种、植物保护、旅游、行政管理等领域的科研活动。索非亚林业大学拥有国内和国际知名讲师、科学家等高素质教学人员，为国家不同行业部门及主要分支机构提供就业人员和科学服务，包括林业、木工和家具行业、工程设计、生态与环境保护、景观建筑、农业、兽医、非大众型旅游（alternative tourism）等，努力实现大学“知识技能的创新、传播和利用，造福社会”的使命。为履行这一使命，该大学在弘扬国家传统高等教育基础上推进上述各领域发展，充分尊重保加利亚的利益，保持与欧洲高等教育的要求并与欧洲教育科学发展的趋势相协调。作为一所自治大学，索菲亚林业大学力求维护和改善学术环境，既培养合格人才，又培养具有专业能力、创业能力、适应能力和创新能力的对社会负责的学生，推行终身学习，为保加利亚的繁荣和欧盟向“知识型经济”的转变做出贡献。

4.3.2 林业科研

保加利亚科学院林业研究所是国家级林业科研机构，成立于1928年，是对森林生态系统进行基础和应用研究的主要机构之一，在环境领域发挥着关键作用。林业研究所为森林经营与管理、森林遗传资源、森林保护、水土保持与防洪等林业制度的实际决策提供了理论和科学依据，为森林和自然保育领域的政策和立法提供支撑。林业研究所的重点基础研究领域包括森林动植物多样性保护；特有遗传资源及其推广、保护和利用；森林生态系统结构、功能及对气候变化的适应；森林的监测、保护和恢复；基于可持续和多功能森林经营的林学—社会经济学。

林业研究所具有博士生培养资质，组织学员培训班，提高林业专业人员的素质。研究所研究人员活动广泛，应邀担任各类专家委员会的顾问、审查人员和专家，并帮助制定规范性文件。

林业研究所拥有各类实验室和最新科学设备，还设有外业工作站、监测网络、信息中心和图书馆，编辑出版两个学术期刊《森林科学》（Nauka za gorata）（保加利亚语和英语）和《巴尔干林业科学》（Silva balcanica）（英语），组织学术会议、研讨会等，推广研究结果。

4.4 林产品贸易

4.4.1 主要林产品

原木（工业原木和木质燃料）是保加利亚最主要的林产品，在林产品出口贸易中呈现波动性变化，但一直处于领先地位（2004—2013年）。纤维板产业保持良好势头，总产量呈明显上升趋势。另外，锯材作为突出的林产品，总产量呈增加趋势，所生产的锯材60%～80%为针叶材。

4.4.2 林产品贸易情况

从木材及相关木制品出口情况看，保加利亚林产品出口几乎涵盖所有林产品类别（除其他纤维浆外）（表4-10）。其中，原木、锯材、人造板和纸及纸板始终保持着较高的贸易量，但木屑及颗粒、木浆和回收纸则成倍或几十倍的增加。然而，木炭材的出口量则逐年降低，2013年降至2000t。保加利亚于2015年3月10日开始禁止非加工木材出口。

表4-10 2004—2013年保加利亚木材及木制品出口量

年份	2004	2005	2006	2007	2008	2009	2010	2011	2012	2013
原木（10^3m^3）	460	556	516	893	413	278	648	849	852	608
木屑及颗粒（10^3m^3）	2	7	4	33	30	48	58	49	96	179
木材剩余物（10^3m^3）	22	16	25	43	55	26	57	14	36	36
木炭材（10^3t）	37	41	43	25	10	11	14	14	2	2
锯材（10^3m^3）	253	524	234	322	162	195	238	381	321	378
人造板（10^3m^3）	423	529	506	825	431	703	554	599	576	543
木浆（10^3t）	60	60	48	45	68	9	96	103	83	107
其他纤维浆（10^3t）	0	0	0	0	0	0	0	0	0	0
回收纸（10^3t）	0	1	3	8	29	30	40	43	55	68
纸和纸板（10^3t）	138	140	95	118	104	51	77	115	129	161

从木材及相关木制品进口情况看，保加利亚林产品进口几乎涵盖所有林产品类别（表4-11）。其中，原木、锯材、人造板和纸及纸板始终保持着较高的贸易量，原木和锯材呈降低趋势；但木屑及颗粒、木浆则逐年增加，回收纸呈波动性降低。2011—2013年，木材剩余物、木炭材和其他纤维浆进口量极少。

表4-11 2004—2013年保加利亚木材及木制品进口量变化

年份	2004	2005	2006	2007	2008	2009	2010	2011	2012	2013
原木（10^3m^3）	78	48	52	136	205	45	40	60	60	44
木屑及颗粒（10^3m^3）	1	2	2	1	5	1	1	11	14	8
木材剩余物（10^3m^3）	3	4	1	2	2	2	2	1	0	0
木炭材（10^3t）	0	0	0	0	0	0	0	0	2	1
锯材（10^3m^3）	20	76	28	40	61	24	14	16	30	21
人造板（10^3m^3）	149	308	241	737	807	503	312	263	253	248
木浆（10^3t）	18	19	16	20	14	12	9	20	22	35
其他纤维浆（10^3t）	0	0	1	0	0	0	1	0	0	1
回收纸（10^3t）	52	53	7	29	30	3	2	12	13	18
纸和纸板（10^3t）	186	212	224	269	278	256	263	275	289	296

4.4.3 同中国合作情况

中保两国农业和食品领域合作进展顺畅。据保加利亚农业与食品部部长塔内娃介绍，中保两国合作具有以下优越条件：

① 所处地理位置可确保中国产品进入欧洲、独联体、北非和中东国家，可使中国

企业畅通无阻地免税进入欧盟市场；

② 在欧盟国家中税率最低，公司税和所得税均为10%；

③ 拥有丰富的农业生产经验，如优质葡萄酒生产、奶品加工、水果蔬菜加工、玫瑰和香料植物种植等。

在最近的中国—中东欧国家合作中，保加利亚积极响应并参与。2014年保加利亚牵头组建农业合作促进联合会；同年在中国天津成立中国—中东欧国家高校联合会。保加利亚索菲亚大学当选为欧方首任轮值主席。2015年在中东欧国家举办了第三届中国—中东欧国家教育政策对话，保加利亚索菲亚大学担任中国—中东欧国家高校联合会首任欧方轮值主席，支持联合会在推动中国和中东欧国家教育交流与合作方面发挥了重要作用。2015年6月在保加利亚索菲亚举行中国—中东欧国家农业合作促进联合会成立仪式暨“16+1”农业部长会议，11月索菲亚承办了第二届中国—中东欧国家文化合作论坛。2017年将在保加利亚举行中国—中东欧国家地方省州长联合会第三次工作会议。2018年在保加利亚举行第四次中国—中东欧国家地方领导人会议。

参考文献

联合国粮农组织. 2000−2015. Yearbook Forest Products.

沈照仁. 2009. 保加利亚国有林仍保持优势地位. 世界林业动态，10: 8.

施昆山. 2001. 当代世界林业. 北京: 中国林业出版社.

张颖, 2006. 列国志（保加利亚）. 北京: 社会科学文献出版社.

中国与中东欧国家经贸合作网. 2015. 保加利亚禁止非加工木材出口. http://www.china-ceec.com/bjly/2015/0504/10978.html

中国与中东欧国家经贸合作网. 2014. 保加利亚期待与中国深入开展农业合作. http://www.china-ceec.com/bjly/2014/1222/10470.html

中华人民共和国外交部. 2015. 保加利亚国家概况. https://www.fmprc.gov.cn/web/gjhdq_676201/gj_676203/oz_678770/1206_678916/1206x0_678918/

中华人民共和国驻保加利亚共和国大使馆经济商务参赞处. 2016. http://bg.mofcom.gov.cn/

FAO. 2015. Global Forest Resources Assessment−Bulgaria.

FAO. 2016. 保加利亚. http://www.fao.org/countryprofiles/index/zh/?iso3=BGR.

Fifth National Report. 2009−2013. Convention on Biological Diversity. Ministry of Environment and Water Republic of Bulgaria.

Forest Research Institute. Bulgarian Academy of Sciences. http://www.bas.bg/

FRA. 2015. Global Forest Resources Assessment−Country Report Bulgaria.

Ministry of Agriculture and Foods. Executive Forests Agency. http://www.iag.bg/lang/2/index

第5章　波黑

波黑，全称波斯尼亚和黑塞哥维那（Bosnia and Herzegovina），面积为5.12万km^2，包括3个区：波斯尼亚和黑塞哥维那联邦（FiBH）占全部领土的50%、塞族共和国（RS）约占领土的49%，布尔奇科特区（BD）约占领土的1%（表5-1）。波黑位于欧洲东南部巴尔干半岛中西部，南、西、北三面与克罗地亚毗邻，东与塞尔维亚、黑山为邻，大部分地区位于迪纳拉高原和萨瓦河流域，首都为萨拉热窝。中部和东部内陆为山地，西北为丘陵，东南主要为平原。南部属地中海式气候，1月平均气温为6.3℃，7月27.4℃；北部属大陆性气候，1月平均气温-0.2℃，7月22.7℃。年平均气温11.2℃。

1992年5月22日，波黑加入联合国。1995年11月21日，在美国主持下，南斯拉夫联盟共和国、塞尔维亚共和国总统米洛舍维奇、克罗地亚共和国总统图季曼和波黑共和国总统伊泽特贝戈维奇签署《波黑和平框架协议》，波黑战争结束。2008年，波黑与欧盟签署《稳定与联系协议》，迈开了加入欧盟的第一步。波黑各政党之后长时间无法就修宪等协议内容达成一致，导致入盟进程停滞。2015年，波黑国家议会通过一项书面声明，承诺实施一系列经济和政治改革以早日加入欧盟。

波黑全国人口有379.2万人（2013年），其中波黑联邦占62.5%，塞族共和国占34.99%。《代顿协议》规定波黑的三个制宪主体民族：波什尼亚克族（即原南时期的穆斯林族）约占总人口的43.5%，塞尔维亚族约占总人口的31.2%，克罗地亚族约占总人口的17.4%；此外，波黑还有少量的罗姆族和犹太族，约占全国人口的7.9%。三大族分别信奉伊斯兰教、东正教和天主教，均属于南斯拉夫民族（葛新生，2017）。官方语言为波什尼亚语、塞尔维亚语和克罗地亚语，使用拉丁字母和西里尔字母，三种语言互通，少数人会讲英语、德语和法语。

表5-1　波黑行政区划面积和人口数量

政治实体和特区	克罗地亚语	面积（km^2）	人口（人）
波黑联邦	Federation of Bosnia and Herzegovina	26111	2371603
塞族共和国	Republika Srpska	24641	1326991
布尔奇科特区	Brčko District of DIH	493	93028
合计		51245	3791622

资料来源：www.bhas.ba，波黑统计局2013年人口普查结果。

5.1 森林资源状况

5.1.1 森林分布及面积

森林资源是波黑的重要自然资源，且森林面积在两个实体所占的比例相同，林业总附加值为2.06亿波黑马克。波黑在1964—1968年进行了第一次森林调查，但是随后直到2006年才开展了新一轮森林调查。波黑森林资源利用历史悠久。波黑战争之前，波黑木材收获量为550万～650万m^3/年，近几年约为450万m^3/年。波黑森林和生物多样性的主要威胁是森林火灾和林区中分布的地雷。

波黑的森林类型主要分为高大针叶林和落叶林，大部分林区被列为高大落叶林区。分布最为广泛的落叶树种为山毛榉，占所有森林类型的40%；其次是栎类占20%；云杉和冷杉主要分布在高海拔的陡峭地形，占所有森林类型的20%。

1990年，波黑的森林面积为221万hm^2，其中180.7万hm^2为国有林，40.3万hm^2为私有林（表5-2）。2000—2010年，国家森林面积下降至218.5万hm^2，国有林面积为171.8万hm^2。

表5-2 1990—2010年波黑林地所有权类型及其面积 10^3hm^2

年份	1990	2000	2005	2010
国有林	1807	1718	1718	1718
私有林	403	467	467	467
合计	2210	2185	2185	2185

资料来源：FRA 2015报告，Global Forest Resources Assessment 2015–Country Report Bosnia and Herzegovina。

波黑两个实体2000年的森林类型及其面积如表5-3，两个实体的天然次生林面积所占比例最大，天然林面积很小。

表5-3 2000年波黑森林类型及其面积 10^3hm^2

波黑联邦森林类型	2000年	塞族共和国森林类型	2000年
天然林	—	天然林	2
天然次生林	642	天然次生林	542
农场	73	农场	69
退化林地	399	退化林地	458
其他林地	370	其他林地	179
总计	1484	总计	1250

资料来源：FRA 2015报告，Global Forest Resources Assessment 2015–Country Report Bosnia and Herzegovina。

5.1.2 森林蓄积量

波黑1990年的活立木蓄积量为2.91亿m^3，到2000年为3.58亿m^3，针叶林蓄积量由1990年的1.09亿m^3增长到了2000年的1.35亿m^3，阔叶林蓄积量由1990年的1.82亿m^3增长到了2000年的2.23亿m^3（表5-4）。在森林总蓄积量中，塞族共和国占1.91亿m^3，波黑联邦占1.67亿m^3。

表5-4 1990—2015年波黑森林活立木蓄积量（带皮） 10^6m^3

年份	1990	2000	2005	2010	2015
针叶林	109	135	135	135	135
阔叶林	182	223	223	223	223
总计	291	358	358	358	358

资料来源：FRA 2015报告，Global Forest Resources Assessment 2015-Country Report Bosnia and Herzegovina。

据估计，波黑联邦的私有林蓄积量占国家总蓄积量的18%，国有林的总活立木蓄积量为1.62亿m^3，年总生长量为439.7万m^3。根据塞族共和国森林和林地调查数据，塞族共和国的立木蓄积量达到了2.28亿m^3，国有林的年总生长量为518.2万m^3，私有林年总生长量为127.2万m^3。

1990年和2000年波黑各树种的蓄积量见表5-5，与1990年相比，2000年各树种的蓄积量都有所增长，其中山毛榉的蓄积量最大，其次是欧洲冷杉、欧洲云杉、栎类、欧洲黑松和欧洲赤松等。

表5-5 1990年和2000年波黑主要树种的活立木蓄积量 亿m^3

年份	1990	2000
山毛榉（*Fagus sylvatica*）	138	174
欧洲冷杉（*Abies alba*）	63	70
欧洲云杉（*Picea abies*）	35	50
栎类（*Quercus* spp.）	16	20
欧洲黑松（*Pinus nigra*）	6	8
欧洲赤松（*Pinus sylvestris*）	5	7
其他	28	29
总量	291	358

资料来源：FRA 2015报告，Global Forest Resources Assessment 2015-Country Report Bosnia and Herzegovina。

根据FRA2015年报告，波黑1990年生物量为1.92亿t，据估算至2015年的生物量增长到了2.35亿t，其中地上部分和地下部分均有增长（表5-6）。

表5-6 1990—2015年波黑森林地上和地下部分生物量 10^6t

年份	1990	2000	2005	2010	2015
地上部分生物量	154.6	190.15	190.15	190.15	190.15
地下部分生物量	37.1	45.64	45.64	45.64	45.64
总量	191.7	235.79	235.79	235.79	235.79

资料来源：FRA 2015报告，Global Forest Resources Assessment 2015-Country Report Bosnia and Herzegovina。

5.1.3 森林采伐量

波黑拥有悠久的木材利用历史。波黑战争前的年森林采伐量为550万～650万m^3，近几年已经下降到了450万m^3，波黑联邦和塞族共和国的采伐量基本一样。波黑木材主要用于供热等用途。据估算，塞族共和国地区只有1.4%的活立木蓄积量得到利用，利用率较低。

1990—2011年波黑的木材采伐量情况如表5-7。相比2009年，2010年波黑的森林总采伐量为361.5万m^3，增长了5.4%，其中针叶树157.8万m^3，增长了13.5%，阔叶树203.7万m^3，增长了0.19%。2010年波黑国有林生长量据估算达到了0.10亿m^3，其中乔木增长量为866.6万m^3。林产品中原木的增长最为显著，增长量达到了61.77%。

表5-7　1990—2011年波黑木材采伐量　10^3m^3

年份	总采伐量	薪炭材采伐量	年份	总采伐量	薪炭材采伐量
1990	3851	1316	2001	3818	860
1991	0	0	2002	4224	1150
1992	40	0	2003	4097.9	1215
1993	40	0	2004	3993	1310
1994	40	0	2005	3806	1362
1995	40	0	2006	4105	1459
1996	40	0	2007	3752	1339
1997	4000	910	2008	4011	1440
1998	4130	910	2009	3428.5	1329
1999	4130	910	2010	3615	1260
2000	4282	950	2011	3851	1316

国有林年平均木材生长量约为97亿m^3，私有林的木材蓄积量将增加2200万m^3。这意味着平均每年木材生长量将近1200万m^3，平均采伐量约为5600万m^3，2012—2015年期间木材采伐量详见表5-8。

表5-8　2012—2015年波黑木材采伐量　m^3

年份	国有林	私有林	总计	年份	国有林	私有林	总计
2012	5003041	364155	5367196	2014	5211844	369423	5581267
2013	5246348	383471	5629819	2015	5374679	471300	5845979

通过比较木材采伐量与年均木材生长量，可以看出，波黑的采伐量低于每年木材的平均生长量的50%。

5.2　林业管理体制与政策

5.2.1　林业管理部门

波黑林业隶属环境部，由一系列的分支部门组成，波黑分为4个管理级别：国家（state）、独立实体（entity）、州（cantonal）、市（municipal）。每个部门都有自己的职责范围（表5-9）。波黑的《宪法》明确规定了环境保护方面的条款，然而波黑联邦、塞族共和国和布尔奇科特区在环境保护职能方面存在一定的差异（表5-10、表5-11、表5-12）。

表5–9　波黑环境保护机构及其职能

机构	职能
对外贸易经济合作部–自然资源、能源和环境保护	政策制定，协调各个部门间的工作；作为国家机构负责农业、能源环境保护、自然资源利用和旅游方面的事务
波黑国家统计部	国家统计部门，负责国家信息的统计和统计信息系统的维护；与其他国家和组织（双边合同和其他国际条约）的信息交流
实体内的环境指导委员会	负责两个实体间环境法律和政策的协调，促进国际公约的签订，欧盟项目的实施

表5–10　波黑联邦（FiBH）环境保护机构及其职能

机构	职能
环境和旅游局	空气、水源和土壤保护，环境状况的监测，环境保护条款的制定以及旅游业
空间规划局	空间规划和土地使用
农业、林业和水资源管理局	农业、动物健康、林业和水源管理，亚得里亚海海岸和萨瓦河两个流域的管理
健康局	FBiH的疾病等方面的事务
环境咨询委员会	向国家部门和FBiH提供专业的帮助，修改相关领域的法律法规，促进实体间和各州间的合作
监督服务局	环境保护方面条例的施行
FBiH环境保护基金	FBiH环境保护方面基金的管理和分配，环境保护相关项目的施行以及可再生资源的利用

表5–11　塞族共和国（RS）环境保护机构及其职能

机构	职能
建筑和生态空间规划部	环境保护、水资源利用等方面的法律事务和生物多样性的管理
农业、林业和水资源管理局	农业、动物健康、林业和水源管理，Trebišnjica河和萨瓦河两个流域的管理
贸易和旅游局	贸易、旅游和餐饮部门
健康和社会福利局	健康和社会福利方面的事务
RS监测局	监测方面的事务
RS环境保护和能源效率基金会	环境保护、可持续利用和能源效率领域资金的管理和项目的施行

表5–12　布尔奇科区（BD）环境保护机构及其职能

机构	职能
城市规划局和财产事务部	环境保护
农业、林业和水资源管理局	水资源管理
督察局	环境保护方面法规的施行
健康和社会福利局	健康和社会福利方面的事务

波黑联邦和塞族共和国两个实体缺少林业发展战略、相关政策和长期的发展规划。虽然已经有一些机构致力于林业问题的研究，但是这些机构科研实力都不强；缺乏林业行业的人才开发战略或综合素质建设；大多数林业管理部门依然按照若干年前的管理条例，而这些条例没有经过修正，因此不能适应林业新的发展方向。

5.2.2 林业就业

据统计，1990年波黑所有林业和捕猎企业平均雇员为2.19万人。2012年塞族共和国林业从业人员4285人，波黑联邦4658人，2015年分别为4537人和4943人（表5-13）。2012—2015年塞族共和国和波黑联邦林业部门就业人数均稳步增长（图5-1）。

表5-13 2012—2015年波黑林业部门的就业人数

年份	RS	FiBH	总计	变化率（%）
2012	4285	4658	8943	
2013	4328	4806	9134	2.14
2014	4437	4943	9380	2.69
2015	4537	4943	9480	1.06

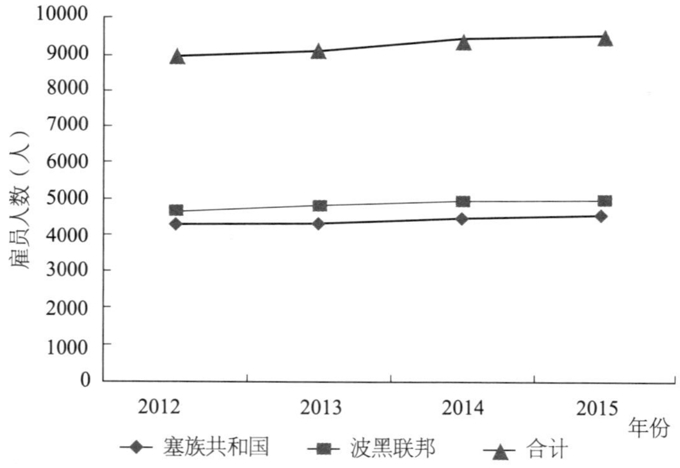

图5-1 2012—2015年波黑林业就业人数变化

5.2.3 林业所有制结构

波黑的林地主要是国家所有。在森林覆盖率最低的地区，私有林的比例最高，原始森林位于森林覆盖率高的地区。根据国家《宪法》，在布尔奇科区，公共森林管理部门（林业与管理部门）共有几千公顷的国有林。然而，"国有林"一般指公共森林，而且可以在官方文件和日常生活中得到承认。波黑大约有2200万hm^2约占81%的森林是国家所有，大约50万hm^2（19%）是私人所有。

南斯拉夫土地改革对私有土地具有很大的影响，土地国有化进程主要影响到私有林的发展，私有林所有者所拥有的土地已经低于规定的8～30hm^2。自20世纪90年代以来，私有化和退耕政策等使得私有化所有权问题在公共政策领域处于首位。虽然所有权改革尚未完成，但私有林的比例可能不会显著增加。

5.2.4 林业政策

波黑的《宪法》确定了波黑政府属联邦政体，行政上分为2个实体，即波斯尼亚和黑塞哥维那联邦（波黑联邦）以及塞族共和国。这种分散的政治体制，导致波黑在国家层面上缺乏对2个实体进行统一管理的林业政策，国家相关的法律法规允许2个实体制定符合各自实际情况的林业政策，并负责监督实施。波黑在国家层面上没有制定统一的《森林法》。塞族共和国法律规定，由农业、林业和水利部负责实施《森林法》，于1994年通过《森林法》，并于2002年进行了修订。波黑联邦于2002年出台了修订的《森林法》，2009年波黑联邦提交的《森林法》修订案没有获得议会同意，至2013年此法仍未获得通过。波黑的林业政策在其国家环境保护计划中有所涉及，通过对全国环境状况进行综合分析，确定林业为全国主要环境问题之一，并指出森林管理的关键在于改善森林功能、低质林改造、森林经营管理不系统、缺乏造林和防护措施以及市场经营问题。为了恢复和改善森林质量，计划提出以下政策措施：制定开发森林的长期发展计划、制定中长期森林经营规划、开展森林恢复项目、扩大保护区面积、引入森林认证、清除森林地区的矿厂、强化监督管理。

2012年塞族共和国正式出版了《森林发展战略（2011—2021）》。其战略发展目标是：① 建立林业机构，充分利用森林资源并保护生态系统；② 根据生态系统管理原则，实施森林经营管理；③ 提升林业对社会经济发展的贡献；④ 加大财政支持力度，确保战略目标顺利完成。

为制定战略规划，波黑联邦启动了森林计划（FP），该计划起初由森林保护和发展项目（FDCP）资助，共包括22项内容。通过研究讨论每项内容，为进一步细化林业发展战略做准备。此计划已于2014年3月完成，它包括2个部分：① 一般性林业政策，即联邦森林可持续经营的原则、指导方针和主要目标；② 一个五年经营（投资）计划，即具体实施部分，包括行动的时间、方式、融资等内容。其中，森林政策部分还有待议会进一步讨论。

5.3 林业教育与科研

5.3.1 林业教育

在波黑，林业高等专业人才需求与高等教育机构数量之间存在差距。目前，没有专门的林业大学，分别在萨拉热窝大学、巴尼亚卢卡大学、东萨拉热窝大学和比哈奇大学4所大学有相关的学院（表5-14）。波黑萨拉热窝大学林学系，隶属生物技术学院，成立于1948年，开展森林可持续管理和保护、城市林业等方面的研究。

表5-14 波黑林业高等教育机构基本情况

院系	学习年度	学习科目	注册学生数量	考试次数	基础科目
巴尼亚卢卡大学林学院	4+1+3	林业与木材加工	林业全日制学生75人，木材加工全日制学生40人	47次考试+毕业测试	森林经营，林业经济，森林采伐，森林利用，种苗，林木增产，森林保护，测量，森林调查，综合保护，规划
萨拉热窝大学林学院	3+2+3	林业和园艺	本校学生92人，留学生8人	36次考试+毕业测试	
比哈奇大学生物技术学院	4	林业	全日制学生25人	46次考试+毕业测试	
东萨拉热窝农学院林业系	4	林业	全日制学生40人	40次考试+毕业测试	

5.3.2 林业科研

波黑科研活动的资金主要来源之一是相关部门每年分配的资金。波黑林业局、农业部等部门提供连续资金支持林业研究项目，其他行政机构定期资助研究项目。此外，科研资金还来源于公共林业企业以及美国国际开发署、吉尔吉斯斯坦共和国、联合国粮农组织、开发计划署和外国大使馆等国内外组织。

除此之外，非政府组织也开展研究活动，主要是与生态和能源部门（主要生物质能源）的跨部门合作。

波黑国家资助的重点研究领域是造林、森林保护、生物多样性保护、林木遗传学、林业政策和经济学、森林管理规划、可再生能源。

5.3.3 民间组织

波黑民间组织的注册和活动必须遵循国家和实体的相关法律，同时也享有很多权利。一个组织可在两个实体间运行，这些组织称为环境专家协会，具有一定法律地位且可以启动法庭程序，但是与政府关于环境相关政策制定和合作程度不高，他们不能出席实体内部的关于环境问题的指导委员会议以及实体内环境项目基金的监事会，但是他们有各个实体的相关环保部门的财政支持。

波黑有大概20个环保组织广泛参与了国家的环境影响评价，例如高速路、水电站的建设等，参与相关部门和投资者组织的听证会。2006年统计结果显示，波黑有87个注册和1个未注册的非营利环保组织，拥有54628个成员，其中222人为全职或兼职雇员。

5.4 林产品贸易

5.4.1 林业经济

波黑林产品主要有原木、纸和纸板、锯材和薪材等。2005—2013年，锯材的产量呈下降趋势，其他木材产品产量相对稳定。2013年波黑的原木产量达到402.3万m^3，木质燃料产量133.5万m^3，锯材产量85.3万m^3。此外，还有纸和纸板、人造板等，但产量相对较少。波黑对外贸易林产品主要有纸和纸板、原木、锯材、木质燃料和人造板。主要出口国家是意大利、克罗地亚、塞尔维亚、德国、奥地利和荷兰。波黑的山毛榉主要作为木材原料或者用于制造家具。夏栎主要用于制造高品质的家具、地板、楼梯踏板或者可雕刻的木制产品（如珠宝盒等）。云杉主要用于家具和建筑，例如门、窗框，废料用于玩具生产和家庭用品。

波黑的木材及木制品进出口来源主要包括：营林和采伐、木材加工（不包括家具）、家具生产。其中，2013—2016年出口额以家具生产最大，2016年波黑木材及木制品出口总额为8.5亿欧元（表5-15）。2013—2016年波黑木材及木制品进口额中的木材加工（不包括家具）最大，总进口额在2013—2016年持续增长，2016年达到2.1亿欧元（表5-16）。据波黑统计局统计，2005—2015年波黑国内生产总值持续增长，具体数据见表5-17。木材和木制产品的出口和进口总额呈现出不断增长的趋势（图5-2）。有关GDP结构百分比的数据见表5-18（波黑统计局）。

表5-15　2013—2016年波黑木材及木制品出口额　欧元

年份	2013	2014	2015	2016
营林和采伐	45039190	45757044	44184821	52672267
木材加工（不包括家具）	221493688	252729531	274904771	300630934
家具生产	418308339	437346804	453803244	497347417
总计	684841217	735833379	772892836	850650618

表5-16　2013—2016年波黑木材及木制品进口额　欧元

年份	2013	2014	2015	2016
营林和采伐	3441505	2598896	4612364	5515305
木材加工（不包括家具）	81519354	95612604	101303794	116124100
家具生产	64925888	74817340	73476733	88488263
总计	149886747	173028840	179392891	210127668

表5-17　2005—2015年期间波黑的国内生产总值（GDP）　10^6欧元

年份	2005	2006	2007	2008	2009	2010	2011	2012	2013	2014	2015
GDP	8844	10050	11298	12786	12426	12709	13143	13139	13418	13708	14323

表5-18　2013—2015年波黑木材加工和产品行业在GDP结构中的份额　%

年份	2013	2014	2015
木材加工和其他木材产品（不包括家具）	0.82	0.84	0.83
家具生产	0.43	0.48	0.51

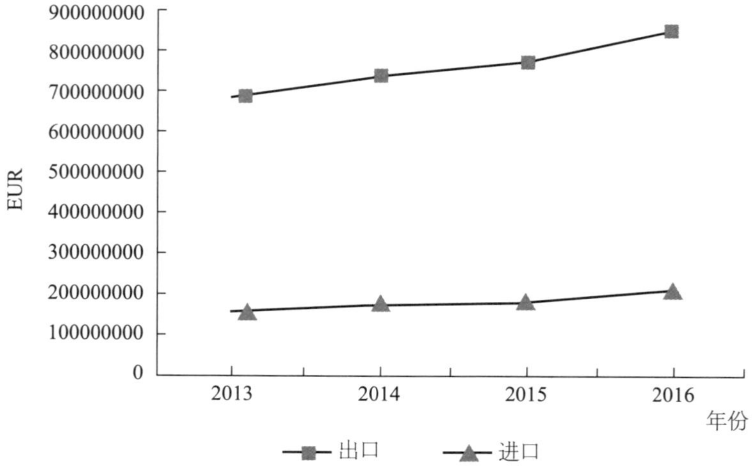

图5-2　2013—2015年波黑木材进出口额变化

5.4.2　同中国合作情况

近年来，双方经济合作得到加强，中国企业成为波黑能源项目的主要投资者与建设者。“一带一路”倡议尤其是“16+1”合作机制将进一步促进中波两国的务实合作。2017年波黑在萨拉热窝承办了第四次中国—中东欧旅游合作高级别会议。

参考文献

葛新生. 2017. 列国志（波斯尼亚和黑塞哥维那）. 北京: 社会科学文献出版社.

中国林业信息网. http://www.lknet.ac.cn/

中国社会科学院俄罗斯东欧中亚研究所. http://euroasia.css.cn/

中华人民共和国商务部. 2014. 对外投资合作国别（地区）指南——波黑.

中华人民共和国外交部. 波斯尼亚和黑塞哥维那国家概况. https://www.fmprc.gov.cn/web/gjhdq_676201/gj_676203/oz_678770/1206_678988/1206x0_678990/

FAO. 2015. FAO Forestry Statistics. http://www.fao.org/forestry/

FRA. 2015. Global Forest Resources Assessment−Country Report Bosnia and Herzegovina.

第6章 波兰

波兰，全称波兰共和国（The Republic of Poland），位于欧洲中部。西部与德国接壤，南部与捷克和斯洛伐克为邻，东部与乌克兰和白俄罗斯相连，东北部和立陶宛及俄罗斯接壤，北面濒临波罗的海并与瑞典和丹麦遥遥相对。南北长649km，东西相距689km。边界线总长3538km，其中海岸线长528km。国土面积31.27万km^2（表6–1），居欧洲第9位。

波兰是欧盟、北约、联合国、经济合作与发展组织和世贸组织的成员。波兰全国分为16个省，下设314个县3479个乡，人口3841.1万人（2018年）（表6–1），其中波兰族约占98%，全国约90%人口信奉天主教（高德平，2005），波兰的官方语言是波兰语。

波兰地势平坦，国土大部分都是平原，最大的河流维斯瓦河，从南到北流经波兰中部和北部广阔而肥沃的平原，东北部湖区森林茂密。

主要矿藏有铅、锌、铜、硫磺、煤、钾盐、石油等。铅和锌储量居世界第1位，铜、硫磺储量居欧洲之首，煤储量居欧洲第4位，同时还是世界琥珀生产大国，有数百年琥珀开采史。

表6–1　波兰行政区划面积和人口数量

行政区	波兰语	面积（万km^2）	人口（人）
下西里西亚	Ldolnoślaskie	19947	2901225
库亚维—滨海	kujawsko-pomorskie	17972	2077775
卢布林	Lubelskie	25122	2117619
卢布斯卡	Lubuskie	13988	1014548
罗兹	Łódzkie	18219	2466322
小波兰	małopolskie	15183	3400577
马佐夫舍	mazowieckie	35558	5403412
奥波莱	opolskie	9412	986506
喀尔巴阡山	podkarpackie	17846	2129015
波德拉谢	podlaskie	20187	1181533
滨海	pomorskie	18310	2333523

（续）

行政区	波兰语	面积（万km^2）	人口（人）
西里西亚	śląskie	12333	4533565
圣十字	świętokrzyskie	11711	1241546
瓦尔米亚-马祖里	warmińsko-mazurskie	24173	1428983
大波兰	wielkopolskie	29826	3493969
西滨海	zachodniopomorskie	22892	1701030
合计		312679	38411148

资料来源：bdl. stat. gov. pl，波兰共和国统计局2018年人口统计数据。

6.1　森林资源状况

6.1.1　森林面积

波兰森林面积2015年为943.5万hm^2，森林覆盖率为30.8%，总蓄积量为25.4亿m^3（表6-2），接近乌克兰和意大利的森林面积，920万hm^2（林业经营用地940万hm^2）森林占波兰国土面积的29.5%。其中绝大部分都是国有林，而且近760万hm^2森林是由国有森林控股公司经营（图6-1）。

表6-2　波兰森林面积及主要树种活立木蓄积量变化情况

年份	1990	2000	2005	2010	2015
森林面积（万hm^2）	888.1	905.9	920.0	932.9	943.5
覆盖率（%）	29.0	29.6	30.0	30.5	30.8
针叶林蓄积量（亿m^3）	11.56	13.55	14.94	16.43	17.51
阔叶林蓄积量（亿m^3）	3.29	3.81	4.15	7.29	7.89
总蓄积量（亿m^3）	14.85	17.36	19.09	23.72	25.40

资料来源：FRA 2015报告，Global Forest Resources Assessment 2015-Country Report Poland。

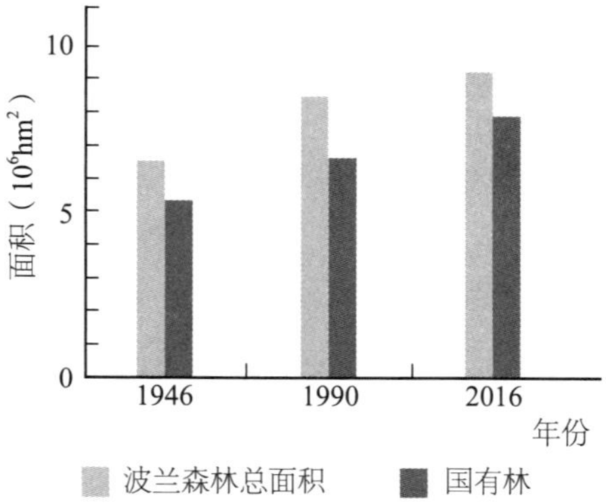

图6-1　1946—2016年波兰森林面积变化情况

资料来源：Central Statistical Office Forestry 2016。

6.1.2 森林蓄积量

根据2011—2015年的清查统计数据（森林面积截至2014年底），全国的木材蓄积量为24.91亿m^3（商品材），其中19.65亿m^3来自国有林。根据2011年国家森林资源清查结果，国有林管理的森林单位面积活立木蓄积量为277m^3/hm^2。自1967年首次更新国有林木材资源数据以来，活立木蓄积量一直平稳增长。在1995—2015年这20年期间，国有林可售木材总量达12.25亿m^3，采伐量为6.87亿m^3，这意味着保留的5.38亿m^3蓄积量（占总量的44%）仍在发挥生态和木材储备作用。1995—2015年，考虑期末（2015年1月）和期初（1995年1月初）的蓄积量差异（包括国有林单位公顷森林面积的采伐收获），全国年蓄积生长量达到8.8m^3/hm^2。根据过去5年的数据，确定的采伐利用强度达到连年蓄积生长量的65%。

波兰森林生产力高达219m^3，高于中东欧16国平均值204m^3/hm^2，为中国森林生产力的3倍，且森林采伐量逐年递增（表6-3）。

表6-3 2000—2013年波兰森林采伐量

年份	2000	2005	2009	2010	2011	2012	2013
森林采伐（万m^3）	2766	3194	3463	3547	3718	3704	3794
其中大径材（万m^3）	2603	2973	3270	3357	3488	3498	3580
针叶大径材（万m^3）	1954	2192	2453	2558	2628	2604	2679
阔叶大径材（万m^3）	649	781	817	799	860	894	900
单位采伐量（m^3/hm^2）	2.94	3.30	3.60	3.68	3.81	3.82	3.90
人均采伐量（m^3）	0.68	0.78	0.86	0.87	0.90	0.91	0.93
占采伐定额（%）	106	110	101	100	101	100	100

资料来源：FRA 2015报告，Global Forest Resources Assessment 2015-Country Report Poland。

森林蓄积主要集中在北部、西北部以及中南部地区，主要森林区有北部的图霍拉森林、诺特茨森林、皮斯森林和西部的下西里西亚密林，以及南部苏台德山林和西南部喀尔巴阡山林。树种以松（58%）和云杉（7%）居多，另有栎、山毛榉、桦木、桤木和冷杉等（表6-4）。

表6-4 2010年波兰主要树种的蓄积量 10^6m^3

树种	蓄积量	树种	蓄积量
欧洲赤松（*Pinus silvestris*）	13.52	欧洲冷杉（*Abies alba*）	0.86
夏栎（*Quercus robur*）	1.73	欧洲落叶松（*Larix decidua*）	0.35
欧洲云杉（*Picea abies*）	1.68	欧洲鹅耳枥（*Carpinus betulus*）	0.29
山毛榉（*Fagus sylvatica*）	1.63	欧洲山杨（*Populus tremula*）	0.22
欧洲垂枝桦（*Betula pendula*）	1.48	其他	0.88
欧洲桤木（*Alnus glutinosa*）	1.08	总计	23.72

资料来源：FRA 2015报告，Global Forest Resources Assessment 2015-Country Report Poland。

6.1.3 森林类型

按起源划分，波兰森林分为天然林、天然次生林和人工林，其中以人工林为主（表6-5）。2015年，波兰人工林、天然林、天然次生林分别占森林总面积的94.93 %、0.63%、4.44%（表6-5）。

表6-5 1990—2015年波兰不同森林类型及其面积 10^3hm^2

年份	1990	2000	2005	2010	2015
天然林	30	51	54	56	59
天然次生林	340	363	379	396	419
人工林	8511	8645	8767	8877	8957
总计	8881	9059	9200	9329	9435

资料来源：FRA 2015报告，Global Forest Resources Assessment 2015–Country Report Poland。

按功能划分，波兰森林分为商品林、水土保持林、生物多样性保护林，三者分别占森林总面积的40.7%、23.8%、35.5%（2015年），虽然商品林占比最大，但总体呈现减少趋势；生物多样性保护林增幅最大，2015年面积是1990年的18倍，其中森林保护区的面积变化不大（表6-6）。

表6-6 波兰森林主导功能类型及其面积变化 10^3hm^2

年份	1990	2000	2005	2010	2015
商品林	4192	3569	3788	3714	3714
水土保持林	822	1770	2058	2128	2169
生物多样性保护林	181	403	452	3209	3241
森林保护区面积	108	180	183	184	184

资料来源：FRA 2015报告，Global Forest Resources Assessment 2015–Country Report Poland。

6.2 林业管理体制与政策

波兰国有林质量高，而私有林较为分散，而且平均每个私有林主拥有的森林面积不超过$1hm^2$。波兰对林业的管理十分重视，森林立法已有200多年的历史，具有完善的林业法律制度和法律体系（关百钧，1989；施昆山，2001）。

6.2.1 林业管理部门

波兰林业的最高管理机构是波兰环境部，下设12个司局机构，包括林业和自然保护司、波兰国有林管理局、波兰林木种苗办公室、国家环保和水利基金等。

波兰国有林管理局是代表波兰财政部管理波兰国有林的政府机构，该机构具有法人资格，自负盈亏。其主要职责包括制定波兰国营森林的重大决策和林业政策，组织和平衡有关林业计划的贯彻执行，预算林业财政、预测未来的林业发展，批准林业局的林业计划和营林方案，监督省林业局的工作，制定省林业局的资金分配方案，制定木材和林产品的市场政策，任免省林业局领导等。

2015年，国有林管理局管理的森林约占波兰森林面积的77.8%，总面积超过734万hm^2。国有林管理局下设17个省级林业局和434个林区。林区负责的工作包括选种、采种、森林抚育、森林保护、森林采伐和木材交易。除此以外，林管区还有从技术上指导私有林经营的责任和义务，并有权监督私有林林主的所有森林经营活动。林业机械站的主要任务是集运木材以及林机的技术维修。每个林管区又分为若干作业区，每个林管区平均经营管理 1000多个作业区或公顷级林地。

6.2.2 林业就业

波兰林业从业人数约5.7万人，包括营林人员、采伐人员、抚育管护人员。在全国范围内约30万人间接从事种植业等产业，包括在锯木厂、家具厂、建筑材料厂和纸厂就业的人员。国有林就业人数约2.5万人，森林服务业、采伐、种植、加工、保护就业约5万人。

6.2.3 林业所有制结构

波兰森林的所有权结构：2010年，国有林占主导地位，达83%。2015年，国有林占80.8%，其中由国有林股份公司管理的森林占77%（图6-2）。在1990—2015年间，私有林比重提高了2.2%，2015年达到19.2%；国有林的份额小幅下降（从83.0%下降到80.8%）。国家公园的森林面积比重增加，从1990年的1.3%上升至2015年的2.0%，主要有6个新公园建立。波兰私有林面积在1990—2010年也不断增加，2010年波兰私有林总面积为168.6万hm^2（表6-7）。

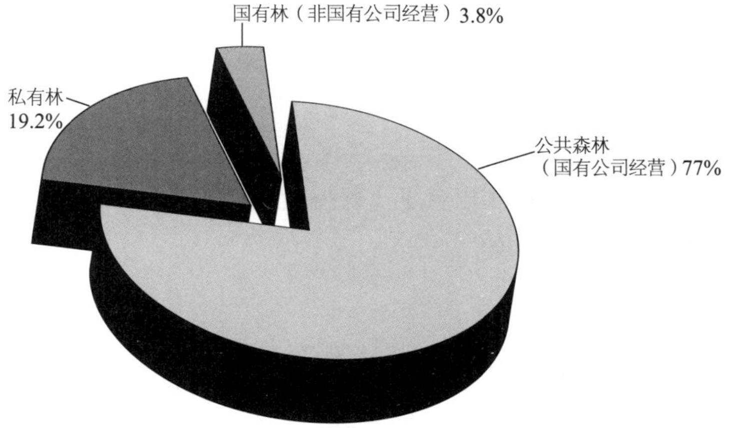

图6-2 2015年波兰不同森林类型林权所占比例

表6-7 1990—2010年波兰森林权属类型及其面积 10^4hm^2

年份	1990	2000	2005	2010
国有林	740.6	753.5	761.0	764.3
其中：国有林	—	—	748.0	750.4
地方林	—	—	130	139
私有林	147.5	152.4	159.0	168.6
其中：个人所有林	137.6	142.8	149.2	158.7
私有机构所有林	2.8	2.7	3.0	3.2
地方私有林	7.1	6.9	6.8	6.7
总计	888.1	905.9	920.0	932.9

资料来源：FRA 2015报告，Global Forest Resources Assessment 2015−Country Report Poland。

6.2.4 森林资源监测

波兰森林资源监测采用电子火灾监测系统，如北部的兹沃图夫林区对1.8万hm^2的森林进行电子监控，这种电子火灾监测系统的覆盖面积达5万hm^2。借助数字地图、摄像机和电脑等辅助工具，护林员能够十分准确地判明火灾发生地点，及时控制火灾。由于数字地图上标有森林保护区的坐标，一旦火灾发生，护林员凭借便携式电脑便可迅速找到通向火灾现场的捷径和最近水源。

6.2.5 林业政策

在波兰，保护生态环境的意识深入人心，为保护绿色环境，波兰全国已设立1200处自然保护区（其中森林占保护区面积的54%）、国家公园和具有特殊自然价值和观赏价值的动植物群落的森林公园，这些自然保护区、国家公园和森林公园已成为人们休闲度假的首选地。2002年9月19日，波兰政府已通过《国家生态发展》文件，确定未来要大力整治环境和保护水资源。此外，全国现有1000多个非政府的生态小组，它们对各地的生态情况进行监督，并根据所掌握的情况向有关部门报告。

波兰森林保护由《森林法》规范，动植物保护由1985年的《内陆鱼法》、1995年的《狩猎法》、2001年的《海水鱼类法》等规范。波兰的森林立法已有200余年的历史，目前实施的《森林法》于1991年9月经波兰议会通过。波兰把保持森林遗传多样性作为营林的重要任务之一，1993年出台了《保持波兰森林遗传多样性》实施计划，并在苏台德地区兴建现代化的基因库。

6.2.6 森林经营

国有林经营是基于森林经营方案进行的，该方案每10年更新一次，这是每个林区的强制性方案。森林经营方案由森林管理和地面测绘局（BULiGL）等专门机构的专家组编制，随后由环境部批准。批准之前，应进行社会磋商。该方案是在全面的森林清查和森林状况评估后编制的。林业工作者需要评估森林的结构、年龄、树种组成、林分健康状况、土壤等林分特征和立地条件。方案还要进一步提出特定林区的森林经营目标和森林的具体功能。

在发生巨大破坏或自然灾害等特殊情况下，有时也编制10年以下的经营方案。目前都使用最新技术编制现代经营方案，基本工具是森林数字地图——地理信息系统（GIS）的组成部分。地图处理的数据来自现场收集，以图形呈现。多年来，管理层已经在应用越来越完善的方法（包括遥感卫星照片等）来完成实地工作。

森林经营方案应包括：对森林和宜林地的描述；前期的森林经济分析；自然保护计划；木材采伐、造林更新、森林抚育保护、狩猎管理和森林基础设施（建筑物、道路）。国有林必须实施森林经营方案。

6.3 林业教育与科研

6.3.1 林业教育

6.3.1.1 华沙生命科学大学林学院

华沙生命科学大学林学院始建于178年前，开展教育、研究和推广服务。资金来自国家预算和国家研究项目。学院拥有博士授予学位资质，实施博士后教育和教授考试资格认证。

6.3.1.2 波兹南生命科学大学林学院

波兹南生命科学大学林学院研究涵盖范围广泛的科学问题，如：气候变化、生物学、森林生态学、造林、森林保护、木材生产、林业经济学。

6.3.1.3 克拉科夫农业大学林学院

克拉科夫农业大学林学院开展众多森林研究项目，并提供森林经营和林业科学一、二、三级学位及研究生学习平台。有权授予林业领域内的哲学博士学位和特许资格博士学位（Habilitated Doctor of Forest Science）。该林学院共聘用92名学术人员，其中教授16人，具有理学学位的17人，哲学博士59人。学院积极开展国际合作，与波兰国内和国外众多大学和研究机构建立合作关系，包括奥地利、加拿大、德国、意大利、日本、荷兰、挪威、斯洛伐克、西班牙、瑞典、美国、芬兰等。

6.3.1.4 其他

波兰的林业教育对国际联合培养也颇为重视，参与欧洲生命科学联盟（Euroleague for Life Sciences（ELLS），Euroleague for Life Sciences & North American Universities [ELLSNA]）的活动。该联盟成员国有澳大利亚、捷克、丹麦、德国、荷兰和波兰，现有成员包括维也纳自然资源和应用生命科学大学（BOKU）、哥本哈根大学生命科学学院（LIFE）、瑞典农业大学（SLU）、霍思海姆大学（UHOH）、瓦赫宁根大学研究中心（WUR）、捷克布拉格生命科学大学（CULS）、华沙农业大学（SGGW）。波兰亦是欧盟林学科学硕士Euroforester（MSc）成员。

6.3.2 林业科研

6.3.2.1 波兰林业研究所

波兰林业研究所为欧盟林业研究所成员单位，成立于1930年，起初为国家林业实验站，于1945年独立成为林业研究所，隶属于环境部。研究所由6个研究室和3个独立的实验室组成，研究方向有森林保护、森林生理学和林木遗传学、森林防火、森林病理学、生物多样性、森林经济学和政策、森林监测等。2014年有职员218人（含26位教授和副教授，52位博士）。该研究所可授予博士学位，可评定副教授职称，推荐教授候选人；在林木种子、种苗、农用林、森林抚育和更新、森林病虫害及其防治、土地利用、森林土壤碳固定、生态学、森林保护等方面取得了丰硕的研究成果。

6.3.2.2 波兰木材科学技术研究所

波兰木材科学技术研究所是波兰唯一的木材研究机构，提供波兰及外国相关文献、木材工业的标准和专利。该研究所设有木材加工和家具业生产研究中心。2012年职员合计92人，其中科研人员29人（8位教授，11位博士）。

6.3.2.3 波兰纤维板研发中心

波兰纤维板研发中心始建于1957年，现设4个实验室和1个管理部门，2015年共有职员27人（其中工人15人）。

6.4 林产品贸易

6.4.1 主要林产品

波兰原木生产量较大，其次是人造板、木材剩余物，2013年工业原木占木材总产量的86.79%，制材业、纤维板业与制浆造纸业对木材需求保持着上升趋势，2013年原木生产量达到3893.9万m^3，比2004年增加620.6万m^3。原木生产贡献了85%的林业产值（表6-8）。

表6-8 2004—2013年波兰木材及木制品生产

年份	2004	2005	2006	2007	2008	2009	2010	2011	2012	2013
原木（10^3m^3）	32733	31944	32384	35935	34273	34629	35467	37180	38015	38939
木屑及颗粒（10^3m^3）	381	497	729	653	507	929	1548	2187	3049	2614
木材剩余物（10^3m^3）	3241	3478	4723	6114	5477	5500	5252	5500	5300	5500
木炭材（10^3t）	85	90	130	140	73	66	63	79	89	99
锯材（10^3m^3）	3743	3360	3607	4417	3863	3850	4220	4422	4249	4321

（续）

年份	2004	2005	2006	2007	2008	2009	2010	2011	2012	2013
人造板（10^3m^3）	6491	6737	7356	8534	8113	7806	8176	8396	8482	9004
木浆（10^3t）	1027	1049	1061	1056	1041	1034	1080	1102	1040	1073
其他纤维浆（10^3t）	2	2	1	110	110	111	100	109	112	114
回收纸（10^3t）	1124	1263	1424	1567	1600	1574	1654	1840	1858	2170
纸和纸板（10^3t）	2635	2732	2857	2992	3055	3275	3700	3756	3822	4106

资料来源：FRA 2015报告，Global Forest Resources Assessment 2015–Country Report Poland。

6.4.2 林产品贸易情况

波兰目前约有1669家木材和家具经营企业（员工人数9人以上），员工总人数超过15万人。木材及相关制品产值281.4亿兹罗提，约占工业总产值的2.5%；家具产值为287.88亿兹罗提，约占工业总产值2.4%；纸业产值293.1亿兹罗提，约占工业总产值2.5%。2012年林产品出口额116.52亿兹罗提，进口额48.55亿兹罗提。

与其他行业比较，波兰木材业附加值较高，收益高于工业企业平均水平，出口持续较快增长。其中，原木出口增幅最大，2013年比2004年增长了3倍。相比原木，其次是木浆、纸和纸板等。纸和纸板、原木、木屑及颗粒的进口量也增加明显，其他纤维浆的进口量一直较小（表6–9、表6–10）。

波兰家具及木地板生产和贸易在国际上颇有地位，是世界第三大多孔纤维板生产国，第六大刨花板和硬纤维板生产国，第十大家具生产国和第四大出口国。波兰家具出口增长最快的市场包括俄罗斯、乌克兰、白俄罗斯、中国和印度等国，对日本、韩国和美国也有少量增加。

表6–9　2004—2013年波兰木材及木制品出口量

年份	2004	2005	2006	2007	2008	2009	2010	2011	2012	2013
原木（10^3m^3）	1028	604	490	387	436	1089	1734	1904	2003	3073
木屑及颗粒（10^3m^3）	54	46	78	51	67	118	149	101	129	237
木材剩余物（10^3m^3）	90	52	64	95	94	90	103	69	23	93
木炭材（10^3t）	262	338	486	564	556	557	602	132	95	502
锯材（10^3m^3）	60	59	63	63	65	65	71	82	102	108
人造板（10^3m^3）	868	656	604	625	481	417	509	475	479	589
木浆（10^3t）	2292	2382	2132	2275	2275	1898	2150	2113	2346	2368
其他纤维浆（10^3t）	41	42	30	18	22	22	30	38	19	87
回收纸（10^3t）	154	231	406	411	548	359	399	531	542	593
纸和纸板（10^3t）	1262	1407	1468	1553	1496	1582	1944	1967	2111	2170

资料来源：FRA 2015报告，Global Forest Resources Assessment 2015–Country Report Poland。

表6-10 2004—2013年波兰木材及木制品进口量

年份	2004	2005	2006	2007	2008	2009	2010	2011	2012	2013
原木（10^3m^3）	955	2045	1828	2092	1871	1889	2324	3450	2493	2327
木屑及颗粒（10^3m^3）	28	94	121	157	126	130	254	459	1170	1124
木材剩余物（10^3m^3）	62	237	156	231	273	275	280	468	620	222
木炭材（10^3t）	16	22	29	39	43	59	61	76	88	78
锯材（10^3m^3）	530	669	541	805	918	651	715	897	746	669
人造板（10^3m^3）	1402	1524	1570	1717	1887	1494	1713	1583	1380	1640
木浆（10^3t）	468	489	415	500	644	648	679	717	718	851
其他纤维浆（10^3t）	6	4	1	4	5	6	5	4	6	5
回收纸（10^3t）	6	10	4	7	14	18	265	307	393	458
纸和纸板（10^3t）	1965	2158	2578	2838	2843	2714	3052	3134	3218	3373

资料来源：FRA 2015报告，Global Forest Resources Assessment 2015–Country Report Poland。

6.4.3 同中国合作情况

1949年10月，中国与波兰建立大使级外交关系，一直以来两国都有着传统的友好合作关系。1950年，两国签署了第一个政府间贸易协定。多年来，两国在各层次、各领域的交流与合作不断深化，经贸关系也有了长足的进展。波兰已成为中国在中东欧地区的第一大贸易伙伴，2003年两国的贸易额达19.8亿美元。2011年中波双边贸易额达130亿美元。

《贝尔格莱德纲要》中表示，欢迎中国—中东欧国家投资促进机构联系机制在中国北京和波兰华沙设立秘书处，支持其在中国同中东欧国家投资信息共享和双向投资促进上发挥积极作用；支持中国与波兰合作在波兰举办中国—中东欧国家文化遗产保护专家级论坛。在波兰波兹南环保科技展期间，举办中国—中东欧国家合作专场活动。2014年11月，中国—中东欧国家投资促进机构联合机制第二次会议在波兰华沙举行；2015年，在波兰卡托维茨欧洲经济大会期间举办中国—中东欧国家论坛；中国和波兰开通定期快速铁路货运中转班列；2015年，在波兰华沙举办了第三届中国—中东欧国家教育政策对话、第二次“16+1”高校联合会工作磋商会议；2015年10月，在波兰华沙举办了中国—中东欧国家合作第六次国家协调员会议；2016年，中国与波罗的海、亚得里亚海、黑海地区中东欧国家开展“三海港区合作”，在波兰设立中国—中东欧国家海事秘书处，推动三海重点港口合作，支持临港产业园区建设，鼓励开展港区相关铁路、公路、航道、物流中心等基础设施合作。

2014年4月，中国国家林业局局长率领中国林业代表团访问波兰环境部，并与波兰环境部部长格拉波夫斯基共同签署了《关于林业合作的谅解备忘录》，确定了中波两国在林业政策法规、森林资源保护、森林可持续经营、木材及木制品贸易、林业科研教育等相关领域的合作方针，两国进入了林业合作长效机制。2016年6月17日，在对波兰进行国事访问前夕，国家主席习近平在波兰《共和国报》发表题为《推动中波友谊航船全速前进》的署名文章，反响强烈，使中波友谊及中欧林业合作再上新台阶。

参考文献

高德平. 2005. 列国志（波兰）. 北京: 社会科学文献出版社.

关百钧. 1989. 世界林业. 北京: 中国林业出版社.

联合国粮农组织. 2000-2015. Yearbook Forest Products.

施昆山. 2001. 当代世界林业. 北京: 中国林业出版社.

中华人民共和国外交部. 波兰国家概况. https://www.fmprc.gov.cn/web/gjhdq_676201/gj_676203/oz_678770/1206_679012/1206x0_679014/

Association of Foresters and Wood Technologists. http://www.sitlid.pl/

FAO. 2015. FAO Forestry statistics. http://www.fao.org/forestry/

FRA. 2015. Global Forest Resources Assessment-Country Report Poland.

GUS. 2015. Forestry 2014. Central Statistical Office (Poland). www.stat.gov.pl/

MCPFE (Ministerial Conference on the Protection of Forests in Europe). 2015. Forest Europe. http://www.foresteurope.org/

Polskie Towarzystwo Leśne. http://www.wielkopolski.ptl.pl/

Stowarzyszenie Papierników Polskich. The Association of Polish Papermakers. http://www.spp.pl/

The Organization for Economic Co-operation and Development (OECD). http://www.oecd.org/

The Polish Economic Chamber of Wood Industry. http://www.przemysldrzewny.pl/

Wood Based Panels Producers Association of Poland. http://www.sppd.pl/

第7章 黑山

黑山，全称黑山共和国（Republic of Montenegro），是巴尔干半岛中西部国家，东南与阿尔巴尼亚为邻，东北部与塞尔维亚相连，西北与波黑和克罗地亚接壤，西南部地区濒临亚得里亚海。黑山为多山国家，国土面积1.38万km^2，其中水体占国土面积的1.5%，耕地占国土面积的12.5%，仅东南地区有窄的沿海平原。

黑山与塞尔维亚于1918年合并，1929年改称南斯拉夫王国，1963年改称南斯拉夫社会主义联邦共和国，1992年组成南斯拉夫联盟共和国，2003年更名塞尔维亚和黑山，2006年黑山独立并加入联合国。黑山全国分为23个县和2个郡，2018年人口约为62.2万（表7–1）。其中黑山族43.16%，塞尔维亚族31.99%，波什尼亚克族7.77%，阿尔巴尼亚族5.03%（章永勇，2005）。宗教信仰主要是东正教，官方语言为黑山语（李永全，2015）。

黑山森林、铝、煤等矿产资源丰富，铝矿储量约3600万t，褐煤约3.5亿t。主要工业部门有采矿、建筑、冶金、食品加工、电力、木材加工等。旅游业是黑山国民经济的重要组成部分和主要外汇收入来源。

表7–1　黑山行政区划面积和人口数量

行政区	黑山语	面积（km^2）	人口（人）
安德里耶维察市	Andrijevica	283	4707
巴尔	Bar	598	43872
贝拉内	Berane	544	26903
比耶洛波列	Bijelo Polje	924	42808
布德瓦	Budva	122	21553
皇家采蒂涅	Old Royal Capital Cetinje	899	15353
达尼洛夫格勒	Danilovgrad	501	18260
古西涅	Gusinje	157	3983
新海尔采格	Herceg Novi	235	30647
科拉欣	Kolašin	897	7400
科托尔	Kotor	335	22683

（续）

行政区	黑山语	面积（km^2）	人口（人）
莫伊科瓦茨	Mojkovac	367	7748
尼克希奇	Nikšić	2065	69653
佩特尼卡	Petnjica	173	5224
普拉夫	Plav	328	8494
普卢日内	Plužine	854	2688
普列夫利亚	Pljevlja	1346	27531
波德戈里察	Podgorica Capital City	1399	199715
罗扎伊	Rožaje	432	23089
沙夫尼克	Šavnik	553	1684
蒂瓦特	Tivat	46	14923
乌尔齐尼	Ulcinj	255	20151
扎布利亚克	Žabljak	445	3158
合计		13758	622227

资料来源：www.monstat.org，黑山统计局2018年人口统计数据。

7.1　森林资源状况

7.1.1　森林分布及面积

黑山森林资源丰富，分布覆盖全国，分为东部林区、北部林区、中部林区、喀斯特林区、沿海林区5个林区。2015年，森林面积达82.7万hm^2，比2005年增长了32.1%，覆盖率达61.5%（图7–1）。其中，森林覆盖率最高的城市沙夫尼克可达80%。其中落叶阔叶林占68.3%，针叶林占16.9%，针阔混交林占14.8%。

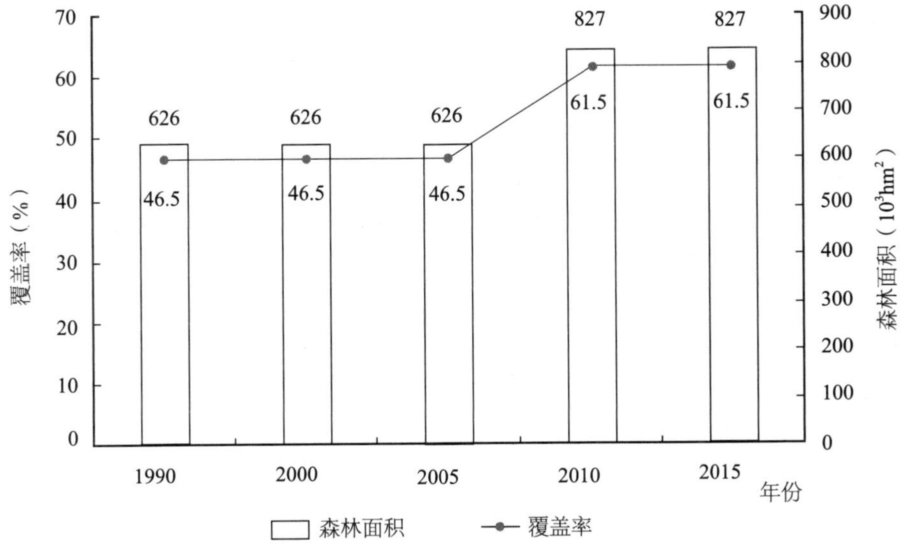

图7–1　黑山森林面积及覆盖率变化

7.1.2 森林蓄积量

根据2010年黑山森林资源首次清查结果，森林总蓄积量为1.22亿m^3，每公顷蓄积量159.6m^3，年生长量290万m^3。其中按照森林权属划分，国有林平均蓄积量为227.9m^3/hm^2，所占比例为52.3%；私有林平均蓄积量为88.7m^3/hm^2，所占比例为47.7%。按照海拔分布来讲，森林主要分布在山区，其中海拔800～1800m的森林占78.7%，坡度6°～35°的地区森林所占比例为87.2%。平均蓄积量高于200m^3/hm^2的森林位于1200～2000m，而低海拔地区的森林生产力要低得多。

按树种划分，黑山森林蓄积量主要集中在壳斗科、杉木、欧洲铁木等。其中，山毛榉森林蓄积量占总蓄积量的42.8%，欧洲云杉占20.0%，欧洲冷杉占12.5%（表7–2）。

表7–2 黑山主要树种面积和蓄积量所占比例

树种	所占森林面积比例（%）	所占森林蓄积比例（%）
欧洲云杉（*Picea abies*）	11.7	20.0
欧洲冷杉（*Abies alba*）	5.8	12.5
欧洲黑松（*Pinus nigra*）	2.2	2.8
波斯尼亚松（*Pinus heldreichii*）	1.6	2.0
欧洲赤松（*Pinus sylvestris*）	1.3	1.4
马其顿松（*Pinus peuce*）	0.9	1.3
其他针叶树	0.4	0.3
山毛榉（*Fagus moesiaca*）	27.8	42.8
苦栎（*Quercus cerris*）	10.0	3.9
无梗花栎（*Quercus petraea*）	2.8	2.0
欧洲鹅耳枥（*Carpinus betulus*）	2.3	1.6
欧洲铁木（*Ostrya carpinifolia*）	7.0	1.6
柔毛栎（*Quercus pubescens*）	5.1	1.0
其他阔叶树	21.1	6.8

资料来源：FRA 2015报告，Global Forest Resources Assessment 2015–Country Report Montenegro。

7.1.3 森林类型

按起源划分，2015年数据显示，黑山有天然林10.9万hm^2，天然次生林71万hm^2，人工林0.8万hm^2，总计82.7万hm^2（表7–3）。

表7–3 1990—2015年黑山森林类型及其面积　10^3hm^2

年份	1990	2000	2005	2010	2015
天然林	N/A	N/A	N/A	109	109
天然次生林	N/A	N/A	N/A	710	710
人工林	N/A	N/A	N/A	8	8
总计	0	0	0	827	827

资料来源：FRA 2015报告，Global Forest Resources Assessment 2015–Country Report Montenegro。

森林按功能类型可划分为商品林和多功能用途林，黑山森林均为商品林。黑山商品林由2000年的54.3万hm^2增至2015年的67.5万hm^2（表7-4）。

表7-4 1990—2015年黑山森林主导功能类型及其面积 10^3hm^2

年份	1990	2000	2005	2010	2015
商品林	N/A	543	543	675	675
多功能用途林	0	0	0	0	0

资料来源：FRA 2015报告，Global Forest Resources Assessment 2015-Country Report Montenegro。

7.1.4 森林采伐量

黑山森林采伐量从2003—2006年呈逐年递增趋势，采伐总量从48.54万m^3增至63.13万m^3，但从2007年开始呈现出明显下降趋势，到2013年采伐总量降至35.81万m^3（表7-5）。

从采伐的树种类别来看，落叶阔叶树与针叶树在2009年的采伐量基本相当，2013年二者比值降至0.54，表明针叶树种在黑山的木材生产及林业生产中发挥着越来越重要的作用。

表7-5 2003—2013年黑山森林不同树种采伐量

年份	总采伐量（万m^3）	落叶阔叶树（%）	针叶树（%）	落/针（%）	工业材（%）	薪炭材（%）	采伐剩余物（%）
2003	48.54	47.8	52.2	0.92	48.5	34.2	17.3
2004	52.72	46.9	53.1	0.88	50.1	32.1	17.8
2005	57.44	45.4	54.6	0.83	53.2	28.5	18.2
2006	63.13	44.5	55.5	0.80	53.7	27.6	18.7
2007	54.82	43.1	56.9	0.76	56.0	25.5	18.5
2008	59.52	40.8	59.2	0.69	55.3	26.2	18.5
2009	44.44	48.7	51.3	0.95	46.9	35.2	18.0
2010	48.04	46.8	53.2	0.88	51.4	31.7	16.9
2011	35.43	35.7	64.3	0.56	59.4	22.4	18.2
2012	33.79	40.6	59.4	0.68	55.2	27.0	17.8
2013	35.81	35.2	64.8	0.54	59.5	22.9	17.6

7.2 林业管理体制与政策

黑山的林业主管部门为黑山农业和农村发展部，下设林业司，负责制定国家林业政策。此外，还有国家公园管理局和私有林林场主协会参与林业相关管理。

黑山政府有关林业的法律和政策主要有《森林法》、《水法》、《国家公园法》、国有森林及林地管理政策。黑山已经完成了4次黑山政府生物多样性保护报告。

7.3 林业教育与科研

7.3.1 林业教育

黑山大学（University of Montenegro）成立于1974年4月29日，现有20个学院，其中，生物技术学院（Faculty of Biotechnology）设有林学系。

7.3.2 林业科研

黑山林业研究所（Institute of Forestry，Podgorica，Montenegro）成立于1952年，是黑山历史最悠久的林业研究所。1984年改名为林业及木材加工研究所，1990年改名为林业和木材加工学会，1999年重新改为林业研究所。2015年共有职工40人。

7.4 林产品贸易

7.4.1 林产品贸易情况

黑山出口林产品主要包括原木、木屑及颗粒、锯材、人造板和回收纸等，其中出口量最大的为原木和锯材（表7-6）。

表7-6 2006—2013年黑山主要林产品出口量

年份	2006	2007	2008	2009	2010	2011	2012	2013
原木（10^3m^3）	74	74	40	21	21	70	47	47
木屑及颗粒（10^3m^3）	0	0	0	3	3	26	16	16
木材剩余物（10^3m^3）	0	0	1	0	0	0	13	1
锯材（10^3m^3）	49	49	52	52	52	139	91	91
人造板（10^3m^3）	12	12	5	1	1	0	0	0
回收纸（10^3t）	3	3	3	3	3	9	10	10

资料来源：FRA 2015报告，Global Forest Resources Assessment 2015–Country Report Montenegro。

黑山进口的林产品包括原木、锯材、人造板、纸和纸板等，其中进口最多的为人造板，其次是纸和纸板、锯材（表7-7）。

表7-7 2006—2013年黑山主要林产品进口量

年份	2006	2007	2008	2009	2010	2011	2012	2013
原木（10^3m^3）	1	1	11	5	5	4	0	0
木屑及颗粒（10^3m^3）	0	0	1	1	1	0	0	0
木材剩余物（10^3m^3）	0	0	0	1	1	1	0	0
木炭材（10^3t）	0	0	0	0	0	1	1	1
锯材（10^3m^3）	2	2	12	4	4	5	5	5
人造板（10^3m^3）	11	11	49	27	27	19	27	27
纸和纸板（10^3t）	7	7	7	7	7	11	11	11

资料来源：FRA 2015报告，Global Forest Resources Assessment 2015–Country Report Montenegro。

7.4.2　同中国合作情况

中国和黑山两国人民之间有着传统友谊。2006年6月14日，外交部长致信黑山外交部长，表示中国政府决定自即日起承认黑山，并强调中方愿在和平共处五项原则基础上发展同黑山的友好合作关系。同年7月6日，中方外交部长和黑山外交部长在北京签署了《中华人民共和国和黑山建立外交关系联合公报》。建交后，两国关系发展良好，政治互信不断加强。双方在经贸、文化、旅游等各领域交流与合作成效显著。

参考文献

李永全. 2015. 丝路列国志. 北京: 社会科学文献出版社.

联合国粮农组织. 2000−2015. Yearbook Forest Products.

章永勇. 2005. 列国志（塞尔维亚和黑山）. 北京: 社会科学文献出版社.

中国林业信息网. http://www.lknet.ac.cn/

中国社会科学院俄罗斯东欧中亚研究所. http://euroasia.css.cn/

中华人民共和国商务部. 2014. 对外投资合作国别（地区）指南——黑山.

中华人民共和国外交部. 黑山国家概况. https://www.fmprc.gov.cn/web/gjhdq_676201/gj_676203/oz_678770/1206_679258/1206x0_679260/

FAO. 2015. FAO Forestry Statistics. http://www.fao.org/forestry/

FRA. 2015. Global Forest Resources Assessment−Country Report Montenegro.

第8章 捷克

捷克，全称捷克共和国（The Czech Republic），地处欧洲中部，东面毗邻斯洛伐克，南面接壤奥地利，北面邻接波兰，西与德国相邻，面积7.89万km^2。由波希米亚、摩拉维亚和西里西亚3部分组成。北有克尔科诺谢山，南有舒玛瓦山，东部和东南部为平均海拔500～600m的捷克—摩拉维亚高原。

捷克属海洋性气候向大陆性气候过渡的温带气候，年均气温7.8℃。2016年全国人口1058万人（表8-1）。捷克的主要民族为捷克族，占捷克人口的90%（陈广嗣等，2005）。官方语言为捷克语，主要宗教是罗马天主教。全国共划分为14个州级行政区，包括13个州和首都布拉格市（李永全，2015）。

表8-1　捷克行政区划面积和人口数量

行政区	捷克语	面积（km^2）	人口（人）
布拉格	Hlavní město	496	1280508
中波西米亚	Středočeský	10929	1338982
南波西米亚	Jihočeský	10058	638782
比尔森	Plzeňský	7649	578629
卡罗维发利	Karlovarský	3310	296749
乌斯季州	Ústecký	5339	821377
利贝雷茨	Liberecký	3163	440636
赫拉德茨-克拉洛韦	Královéhradecký	4759	550804
帕尔杜比采	Pardubický	4519	517087
奥洛莫乌茨	Olomoucký	5271	633925
摩拉维亚-西里西亚	Moravskoslezský	5430	1209879
南摩拉维亚	Jihomoravský	7188	1178812
兹林	Zlínský	3963	583698
维索基纳州	Kraj Vysočina	6796	508952
总计		78870	10578820

资料来源：www.czso.cz，捷克统计局2017年统计人口数据。

捷克1999年3月12日加入北约，2004年5月1日成为欧盟成员国，2007年12月21日加入申根协定。捷克奉行经济靠欧盟、安全靠美国的对外政策，积极参与欧盟共同外交和安全政策及北约行动，将“经济外交”和“人权外交”作为重点。捷克已与195个国家建立了外交关系，加入了联合国、欧安组织、国际货币基金组织及世界银行等国际组织。

8.1 森林资源状况

8.1.1 森林分布及面积

捷克森林主要分布在西南和东北部山地地区。2015年森林面积为266.7万hm^2，1990—2015年，捷克森林面积增加了3.8万hm^2，只增长了1.45%。1990年和2015年的森林覆盖率分别为34.0 %和34.5 %（图8-1、表8-2）。

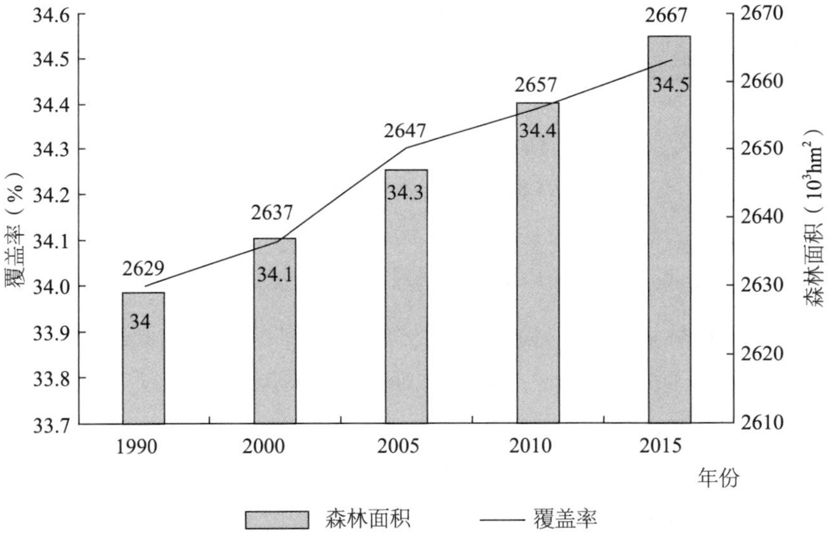

图8-1 捷克森林面积及覆盖率变化

表8-2 捷克主要土地类型及其面积 10^3hm^2

年份	1990	2000	2005	2010	2015
森林	2629	2637	2647	2657	2667
其他林地	0	0	0	0	0
其他土地	5098	5090	5079	5067	5055
其他森林面积	96	97	95	94	93
内陆水域	160	160	161	163	165
合计	7983	7984	7982	7981	7980

资料来源：FRA 2015报告，Global Forest Resources Assessment 2015−Country Report Czech Republic。

捷克注重造林和再造林。传统造林与更新造林相结合，重点关注更新造林和荒地造林，通过营造人工造林扩大森林面积。此外，捷克开始引进外来树种营造人工林，目的是丰富物种多样性，优化树种结构（表8–3）。

表8-3 1990—2010年捷克更新和人工造林面积 10^3hm^2

类别	每年造林面积				外来树种造林面积			
	1990	2000	2005	2010	1990	2000	2005	2010
更新造林	32.947	24.583	22.439	25.624	N/A	0.777	0.54	0.52
人工造林	32.437	21.304	18.355	20.861	N/A	0.65	0.464	0.401

资料来源：FRA 2015报告，Global Forest Resources Assessment 2015–Country Report Czech Republic。

20世纪90年代以后，捷克开始推行林权改革，将原来属于私人所有的森林资源全部归还原主。按所有制结构划分，2010年捷克的森林已由1990年的国有林占95.82%和私有林占4.18%调整为国有林占76.63%和私有林占23.37%，林业私有化进程在稳定有序地进行（表8–4）。

表8-4 不同林权类型森林的面积及比例 10^3hm^2，%

年份	1990	2000	2005	2010
国有林面积	2519	2031	2007	2036
私有林面积	110	606	640	621
国有比例	95.82	77.02	75.82	76.63
私有比例	4.18	22.98	24.18	23.37

资料来源：FRA 2015报告，Global Forest Resources Assessment 2015–Country Report Czech Republic。

根据捷克2013年林业报告，捷克针叶林的总面积一直在不断减少。欧洲云杉的面积相对2000年减少了6.96万hm^2；阔叶林面积份额却在增大，尤其是夏栎和山毛榉（表8–5）。

表8-5 2000—2013年捷克主要树种森林面积及比例 hm^2，%

年份	2000	2008	2010	2011	2012	2013
欧洲云杉	1397012	1362205	1347239	1341421	1334417	1327398
比例	54.1	52.4	51.9	51.7	51.4	51.1
欧洲冷杉	23138	24658	25869	26448	26859	27509
比例	0.9	1.0	1.0	1.0	1.0	1.1
松树	453159	440188	436308	434202	432915	431721
比例	17.6	17.0	16.8	16.7	16.7	16.6
欧洲落叶松	97170	10326	100761	100817	100956	100917
比例	3.8	3.9	3.9	3.9	3.9	3.9
其他针叶林	4586	5964	6352	6581	6941	7048
比例	0.2	0.2	0.2	0.3	0.3	0.3
针叶林总计	1975065	1933341	1916529	1909468	1902088	1894593
比例	76.5	74.4	73.9	73.6	73.2	72.9
夏栎	163761	175495	178466	180597	182327	184180
比例	6.3	6.8	6.9	7.0	7.0	7.1

（续）

年份	2000	2008	2010	2011	2012	2013
山毛榉	154791	182048	189998	194257	198652	202638
比例	6.0	7.0	7.3	7.5	7.7	7.8
桦木	74560	73764	72264	71169	71026	71628
比例	2.9	2.8	2.8	2.7	2.7	2.8
其他阔叶林	183696	205991	209559	211325	213145	215602
比例	7.1	7.9	8.1	8.1	8.2	8.3
阔叶林总计	576808	637299	650287	657348	665151	674048
比例	22.3	24.5	25.1	25.3	25.6	25.9
总计区域面积	2551873	2570640	2566816	2566816	2567239	2568641
比例	98.8	99.0	98.9	98.9	98.9	98.8

资料来源：FRA 2015报告，Global Forest Resources Assessment 2015−Country Report Czech Republic。

2000—2013年，欧洲云杉的面积一直远高于冷杉、松树、夏栎、山毛榉的面积。捷克原来的森林以阔叶林和混交林为主，现在则大部分是针叶林，主要由欧洲云杉和松树组成，阔叶林中最常见的树种是夏栎、山毛榉等。

2004—2016年间捷克的森林覆盖率一直在增加（图8–2）。

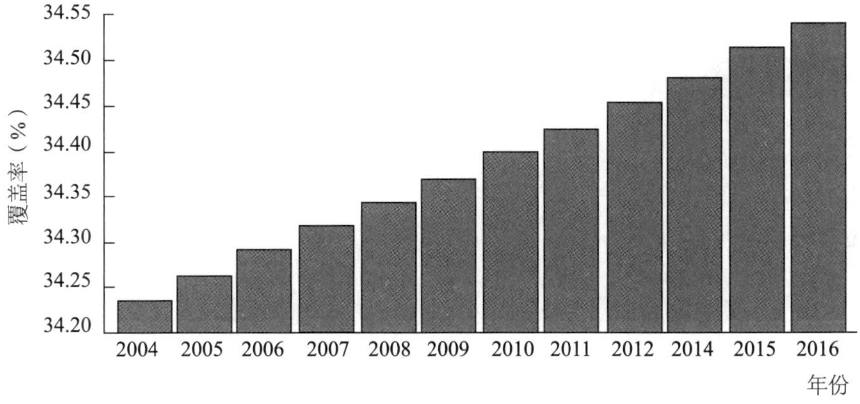

图8–2 2004—2016年捷克森林覆盖率

8.1.2 森林蓄积量

捷克的森林资源呈现出逐年增长趋势，2015年活立木蓄积量相对于1990年增加了1.668亿m^3，其中针叶林增加1.079亿m^3，阔叶林增加0.589亿m^3。蓄积量增长的主要原因是单位面积蓄积量的增加，从1990年的219m^3/hm^2增至2010年的290m^3/hm^2，20年间平均每公顷蓄积量增加了约71m^3，森林资源保护的效果显著。根据FRA2015统计数据，捷克的森林单位蓄积量高于中东欧16国的平均水平，且单位面积森林蓄积量是中国的4.08倍（表8–6）。

表8-6 捷克森林蓄积量与其他国家和地区的比较

国家	陆地面积（万hm²）	森林面积（万hm²）	覆盖率（%）	森林蓄积量（百万m³）	单位蓄积量（m³/hm²）	人口（万）	年人均蓄积量（m³）
捷克	773	266	34	769	290	1056	73
中东欧16国	13083	4458	34	9111	204	12116	75
中国	94253	20686	22	14684	71	—	11
欧洲	221473	100500	45	—	—	—	—

资料来源：FRA 2015报告，Global Forest Resources Assessment 2015-Country Report Czech Republic。

捷克统计局2013年度森林资源报告显示，2013年活立木蓄积量分别是1930年和1990年的2.24和1.22倍，森林资源的数量显著增加，质量显著提高（表8-7）。

表8-7 1930—2013年捷克的活立木蓄积量 10^6m^3

年份	1930	1950	1960	1970	1980	1990	2000	2010	2013
活立木蓄积量	307	322	348	445	536	564	630.5	680.6	687.2

捷克森林按照面积处于前十名的主要树种见表8-8。其中，欧洲云杉2010年的活立木蓄积量为46220万m³，占主要树种总蓄积量的61.25%，与1990年相比蓄积量增加了5890万m³，占比稍有下降（1990年为64.59%）。欧洲赤松2010年的活立木蓄积量相比1990年增加了930万m³，占主要树种总蓄积量的14.64%，相比1990年的占比（16.21%）稍有下降。

表8-8 1990—2010年捷克主要树种活立木蓄积量 10^6m^3

年份	1990	2000	2005	2010
欧洲云杉（*Picea abies*）	403.3	439.4	456.4	462.2
欧洲赤松（*Pinus sylvestris*）	101.2	104.3	108.6	110.5
山毛榉（*Fagus silvatica*）	34.3	42.9	46.9	49.7
夏栎（*Quercus robur*）	27.9	32.1	31.4	27.7
欧洲落叶松（*Larix decidua*）	18.7	25.3	29.5	32.2
欧洲垂枝桦（*Betula pendula*）	5.9	9.5	9.7	9.9
欧洲冷杉（*Abies alba*）	10.7	8.5	8.7	8.8
欧洲小叶椴（*Tilia cordata*）	3.4	5.5	6.1	6.7
欧洲白蜡（*Fraxinus excelsior*）	4.6	5.2	5.9	6.6
欧洲鹅耳枥（*Carpinus betulus*）	3.8	5.2	5.5	5.7
其他	10.6	20.8	26.4	34.6
合计	624.4	698.7	735.1	754.6

资料来源：FRA 2015报告，Global Forest Resources Assessment 2015-Country Report Czech Republic。

8.1.3 森林类型

按起源划分，捷克森林可分为人工林和天然林。捷克人工林面积较大，2015年人工林面积是天然林面积的264.33倍，且2005年至今，人工林面积一直在持续增长（表8-9）。

表8-9 2005—2015年捷克天然林和人工林面积变化情况 10^3hm^2

年份	2005	2010	2015
天然林	9	10	10
人工林	2625.4	2633.9	2643.3
总计	2634.40	2643.90	2653.30

资料来源：FRA 2015报告，Global Forest Resources Assessment 2015-Country Report Czech Republic。

捷克森林根据其主要功能可划分为三大类：用材林、防护林和特殊用途林。根据捷克统计局2013年林业发展报告，在森林面积中，用材林超过70%，特殊用途林约为20%，防护林占比低于5% 。防护林包括特种用途林、高山林、水土保持林。特殊用途林主要是水源保护区、野生动物保护区、矿泉保护区、公园及旅游区等具有特殊用途的森林，以及受工业排放物污染需要特别经营的森林。2015年捷克水土保持林的总面积比1990年增加了20.5万hm^2，主要用于防止土壤侵蚀以及洪水防护等。

捷克森林生物多样性保护区面积在持续增加，2015年比1990年保护区面积增加了14.4万hm^2（表8-10）。

表8-10 捷克森林生物多样性保护区面积 10^3hm^2

年份	1990	2000	2005	2010	2015
生物多样性保护	193	205	273	293	337
保护区的森林面积	N/A	700	736	734	743

按功能用途划分，捷克森林可分为商品林和多功能林，2015年商品林达到198万hm^2，相比1990年增加了44.6万hm^2（表8-11）。

表8-11 捷克商品林和多功能林面积变化 10^3hm^2

年份	1990	2000	2005	2010	2015
商品林	1534	2024	2014	1994	1980
多功能林	747	N/A	N/A	N/A	N/A

资料来源：FRA 2015报告，Global Forest Resources Assessment 2015-Country Report Czech Republic。

8.1.4 森林采伐量

总体来看，捷克木材总采伐量在1995—2007年间增长较快，此后略有下降。2011年木材总采伐量为1538.1万m^3（表8-12），比1990年增加255.3万m^3，其中薪炭材191.4万m^3，占森林总采伐量的12.44%。薪炭材采伐量总体呈现增长趋势，2011年比2005年增长了50%。

表8-12 1990—2011年 捷克木材采伐量变化情况 10^3m^3

年份	1990	1995	2000	2005	2006	2007	2008	2009	2010	2011
木材总采伐量	12828	12640	14441	15510	17678	18508	16187	15502	16736	15381
薪炭材采伐量	1301	668	974	1274	1438	1870	1880	1733	1965	1914

8.2 林业管理体制与政策

8.2.1 林业管理部门

捷克中央级国家林业行政管理机构是农业部，它负责审议由地区政府做出的决策，监督地方政府对国家林业的管理。目前，地区林业局是国家一级行政机关。

环境部是全国4个国家公园的森林经营、猎物管理和渔业的主管单位，4个公园的总面积约12万hm^2，占捷克总国土面积的1.5%。除了对国家公园负责外，“森林法案”（Act.289/1995）授权环境部，在整个捷克内拥有最高的国家森林管理监督权，具体监督国家行政机关、公司法人和自然人遵守《森林法》和相关规定的。履行国家森林监督职责时，环境部与捷克环境监察局合作。捷克环境监察局设有单独的森林保护部门，其任务是预防和审查森林环境违法行为。

捷克超过140万hm^2的森林面积由1992年成立的捷克国有林企业（Forest of the Czech Republic, FCR）管理。这些森林大多属于国有林地，覆盖大约20000km流域范围。FCR不仅执行国家预算，它以与私人主体相似履行税务职责。新组织由17个林区、87个林班（基本经营单位）、6个流域管理区以及种子园组成。分包商（公司）完成大多数森林抚育保护工作。作为承担重要公共利益的国营公司，FCR主要是为当地公共事业的发展服务。

最有希望提供最新技能服务的是作为私人公司的股份公司。这些公司为其提供的服务收取费用，但他们不租用或拥有林分。他们与其他小型企业和公司一道，为林业部门提供了竞争环境。他们通过与FCR签订合同完成工作，且工作必须根据当地森林经营方案进行。这样的商业合同需在特定时间段内完成，通常针对特定的工作区域（所谓的合同区域单位）在两年内完成。这种类型的合同通过竞标来获得，工作限于具体面积范围内的采伐、造林等活动。工作完成后，林区视完工情况进行支付。

除上述组织外，还有许多其他机构参与了林业和环境领域方面的问题。这些机构包括国家公园、保护景观区管理局、自然景观保护局、捷克生态研究所，相关方向的大学、学校和专业协会（市政和私有林主协会、捷克林学会、林业联盟、捷克农业科学院、苗圃协会）。涉及森林相关问题的非政府组织，包括国家林业委员会和彩虹运动组织，编制国家森林规划时需要征求他们的意见。

8.2.2 林业就业

从林业就业结构看，捷克木材工业就业远高于营林就业、纸浆和纸业就业以及家具工业就业。从就业总人数看，2011年比1990年下降6.9万人；从林业就业占总劳动力的比例来看，2011年比1990年下降1.6%。就业人数的减少可能与捷克林业所有制结构的调整、林业生产经营的优化等有关。

8.2.3 林业所有制结构

大多数林地由国家所有（表8-13），主要由Lesy České Republiky管理。私人实体和市政可以代表他们森林的所有者，其他所有权微不足道，统计学意义不显著。由于需要将森林财产归还教堂，未来所有权结构还将有更多重大改变。

表8-13 捷克林地所有权类型

类型	面积（hm^2）	所占百分比（%）
国有林	1528740	58.69
其中：国营企业	1282673	49.25
部队	123589	4.74
环境部（国家公园）	95611	3.67
中学等	1649	0.06
其他	23926	0.92
环境部（捷克自然保育局）	1293	0.05
法人	78503	3.01
市政森林	441733	16.96
教堂等宗教团体	22771	0.87
合作社和协会	30738	1.18
个人拥有的森林	502140	19.28
其他森林	4	0.00
合计	1604629	100

目前提出将一小部分国有林私有化，这只是提议的将分散持有财产一体化管理的一个建议。保持国有林区占重要份额，有利于促进全国空气污染地区的环境改善，有利于改善木材市场和社会的经济关系。

8.2.4 森林资源监测

国家森林资源清查（全称NFI）是独立进行的关于森林状况和发展的调查。NFI基于数理统计学，对捷克森林的实际状况和发展进行客观和独立的评估，NFI的目的是提供捷克森林状况的环境可持续性和经济利用方面的综合数据。捷克是数十年来欧洲坚持开展森林资源清查的国家之一。

国家森林资源清查的实施要求，涉及“关于森林和对某些法令（《森林法》）的修正案”的第289/1995号法令的第28条。第一期国家森林清查获得了政府第193/2000号法规的批准，第二期由第247/2009号条例批准。国家森林资源清查第一期的结果，可参见2001年捷克英文简介的国家森林资源清查的内容、方法和结果。捷克森林管理机构是欧洲国家森林清查网络的成员之一。

8.2.5 林业政策

捷克的林业概念来自MCPFE发起的泛欧进程（Pan-European Process），1993年在赫尔辛基解释的可持续发展思想是森林可持续就业的原则。该概念的其他来源是1994年5月批准的“国家森林政策的基本原则”，2000年通过的“欧盟加入前期”的修正案。随后捷克每年的国家林业报告中都阐述国家林业政策目标（施昆山，2001）。

捷克《森林法》特别强调森林可持续经营，拥有林地面积50万hm^2以上的林主必须制定为期20年的森林经营规划，并要求林主按规划开展森林经营活动。国有林和集体林的经营者有义务对小于40年的森林进行间伐。捷克的森林只有2%靠天然更新，绝大部分为人工辅助更新。《森林法》不仅规定了采伐量，还规定了更新时必须合理配比有利于土壤改良的树种最低比例，要求所有林分类型都向混交林方向经营，现在的针叶林必须引入比例不小于20%的阔叶树种混交。天然林群落中的优势阔叶树为最佳混交树种，捷克政府力图通过改进树种结构，改善林地生产力，提高森林质量，实现森林可持续经营。

捷克为避免森林私有化造成森林破碎化，1991年第229号法规规定，对50万hm^2以上的森林重新定义其经营权和所有权。捷克的森林由于树种、林龄结构及酸雨危害等原因，大约只有50%的森林有经营利润。国有林私有化的首要前提是森林能够有效益，促进林业企业有稳定可持续的收益。如果森林的经营或者收益依赖于国家的财政支持，森林私有化就失去了意义，因此，《森林法》规定只有当森林满足了相应的结构特征之后，才能进行私有化。

捷克自然保护与林业生产之间的矛盾不断扩大，并成为世界许多国家所面临的重要林业问题。对此，捷克采取了降低商品林，扩大生态林的方针，其目的就在于尽可能地保护森林自然生态系统，降低群落生态系统在演替过程中来自外界环境的干扰。

8.3 林业教育与科研

8.3.1 林业教育

捷克设有林业相关专业的大学为捷克生命科学大学（布拉格）林业与木材科学学院；布尔诺门德尔大学——林业与木材技术学院。

8.3.1.1 捷克生命科学大学（布拉格）

经认可的教育课程和捷克语授课的专业方向：

林学学士学位课程，专业：林学；林业经济管理服务；营林作业和猎物管理；自然产品的保育和衍生。

学士学位课程：木材技术

专业：木工技术；木材加工贸易

硕士研究生课程：森林工程；木材工程

博士研究生课程：森林工程

专业：森林生物学；森林经营；造林；森林保护和猎物管理；木材加工机械

博士研究生课程：企业经济管理
专业：企业经济与管理
经认可的教育项目和英语教学的专业方向
学士学位课程：林学
专业：林学；猎物管理
硕士研究生课程：森林工程
专业：森林工程；林业、水和景观管理；热带林业和农林业
博士研究生课程：森林工程
专业：森林生物学；森林经营；造林；森林保护和猎物管理；木材加工机械
博士研究生课程：企业经济管理
专业：企业经济与管理

8.3.1.2 布尔诺门德尔大学

布尔诺门德尔大学学生人数情况见表8-14、表8-15。

表8-14 布尔诺门德尔大学本科生和硕士研究生人数

学位	专业	学习形式	2010年	2011年	2012年	2013年	2014年	2015年	2016年
学士	林业	全日制	239	216	396	313	329	350	393
		混合制	151	137	175	122	102	127	172
	林业服务的经济管理	全日制	236	207	473	332	210	128	80
		混合制	287	266	289	188	108	68	69
	猎物作业管理	全日制	152	123	149	109	106	136	136
		混合制	307	295	306	197	177	190	205
	木材技术	全日制	164	135	198	142	116	122	89
		混合制	19	37	45	38	25	36	30
	木材加工贸易	全日制				42	73	117	130
	自然林保育衍生						9	34	35
	林业				2	3	7	13	9
	猎物管理				0	0	0	0	0
硕士	森林工程	全日制	111	77	170	139	101	128	163
		混合制	200	204	214	209	192	227	230
	木材工程	全日制	40	41	79	106	78	43	42
		混合制		15	48	62	57	46	51
	林水景观管理	全日制	14	9	19	19	13	5	9
	森林工程	全日制							1
	热带林业和混农林业	全日制		3	1	0	0	1	4
合计			1920	1765	2564	2021	1703	1771	1848

表8-15 布尔诺门德尔大学博士研究生人数

研究生类型	2010年	2011年	2012年	2013年	2014年	2015年	2016年
全日制研究生	108	122	82	81	84	122	141
联合研究生	82	72	43	35	22	35	45
间断性研究生	38	22	40	40	61	37	37
研究生	8	12	22	14	20	16	12
合计	198	206	147	130	126	173	198

8.3.2 林业科研

捷克现拥有的科研机构包括：

（1）捷克农科院林业所。

（2）森林管理协会，由捷克农业部成立的政府机构，专门负责捷克森林发展区域规划，制定和执行森林资源清查，其中包括捷克共和国森林管理和狩猎部门的信息和数据中心的管理。

（3）林业和狩猎管理研究所，由农业部直接管理，研究领域包括林木生物学和森林培育、森林生态、森林抚育、森林保护、森林政治与经济。

（4）森林生态系统研究所，成立于1994年，由森林生态研究所有限公司和森林生态研究监测和绘图有限公司两部分组成，为独立的私营研究机构，现有职工30人。森林生态研究监测和绘图有限公司成立于2005年5月24日，主要从事绘图技术领域的开发和销售。

8.4 林产品贸易

8.4.1 主要林产品

捷克木材工业比较落后，发展缓慢，达不到西欧其他国家的平均水平。目前，捷克木材工业在整个工业产值增长中只占1.1%，在整个工业就业人数中只占2%。原因主要有多数企业缺乏投资，很多是负债经营，技术装备落后，企业经营规划不清，与国外企业合作困难，木材和家具工业不是国外投资者关心的热点等。

从2004—2013年捷克木材及木制品生产情况来看，占比重较大的主要是原木和锯材，2013年两者的生产量分别达到1533.1万m^3和403.7万m^3。其中原木相比2004年减少了27万m^3。捷克的木炭材、其他纤维浆的生产量较少，2013年的生产量分别为0.6万m^3和0.4万m^3（表8-16）。

森林所有者参与森林和其他森林管理活动的经济效益分析显示，2010—2012年出现进一步改善的积极趋势，并从严重的经济衰退中恢复，不利的经济效益主要在2006—2009年。国有林产生盈利最高（包括授予贡献补贴）（3557克朗/hm^2），其次是私人的森林（2535克朗/hm^2），城市森林获得利润最低（1514克朗/hm^2）。森林所有者的经济状况大幅改善，主要原因是原木市场的持续需求。尽管关键木材品种平均价格大幅增长，但邻近的德国和奥地利木制品的消费量增加，捷克木材加工企业仍处于企业盈利的边缘。节省成本这一举措对林业经营、企业管理以及其他活动等有积极影响。

表8-16 2004—2013年捷克木材及木制品生产情况

年份	2004	2005	2006	2007	2008	2009	2010	2011	2012	2013
原木（10^3m^3）	15601	15510	17678	18508	16187	15502	16736	15381	15061	15331
木屑及颗粒（10^3m^3）	988	1071	1471	1623	1380	1074	1259	1157	590	733
木材剩余物（10^3m^3）	1150	1150	1018	1178	1140	1178	1276	1173	537	668
木炭材（10^3t）	6	6	6	6	6	6	7	6	6	6
锯材（10^3m^3）	3940	4003	5080	5454	4636	4048	4744	4454	4259	4037
人造板（10^3m^3）	1390	1492	1566	1716	1681	1179	1372	1305	1282	1281
木浆（10^3t）	732	753	762	780	698	728	728	754	809	853
其他纤维浆（10^3t）	4	4	4	2	4	4	4	4	2	4
回收纸（10^3t）	448	480	456	468	428	392	467	422	423	591
纸和纸板（10^3t）	934	969	1042	1023	932	805	769	775	781	610

8.4.2 林产品贸易情况

2013年捷克出口量前三位分别是原木（446.4万m^3）、锯材（173万m^3）、纤维板（159.3万m^3），而木炭材、其他纤维浆的出口量较少。相比2004年，出口增加最多的是原木，增加了136.8万m^3，其次是纤维板，增加出口82.6万m^3（表8-17）。

2013年进口量前三位分别是原木、纸和纸板、纤维板，而其他纤维浆、木炭材等的进口量较小。相比2004年，木材进口数量增加最多的是原木，增加了179.1万m^3，进口量减少了的是锯材和回收纸，分别减少了5.9万m^3和0.3万m^3。由数据可知，捷克的原木、纸和纸板、人造板进口需求量不断增大（表8-17）。

表8-17 2004—2013年捷克木材及木制品的出口量和进口量

年份		2004	2005	2006	2007	2008	2009	2010	2011	2012	2013
原木（10^3m^3）	出口	3096	3216	2959	2511	2006	2730	1839	3599	4049	4464
	进口	707	1162	1273	884	780	569	1049	1830	1896	2498
木屑和颗粒（10^3m^3）	出口	45	69	227	377	384	373	375	361	169	356
	进口	59	68	45	75	43	118	191	156	178	293
木材木材剩余物（10^3m^3）	出口	900	1010	1098	1259	1262	1510	1520	379	102	116
	进口	80	92	130	127	128	333	585	136	182	216
木炭材（10^3t）	出口	3	2	3	1	2	2	1	2	2	1
	进口	3	3	5	5	5	6	6	15	18	16
锯材（10^3m^3）	出口	1616	1758	2000	2308	1960	1837	1772	1621	1656	1730
	进口	406	535	507	557	554	380	449	568	581	476

（续）

年份		2004	2005	2006	2007	2008	2009	2010	2011	2012	2013
人造板	出口	767	777	984	1238	1179	1228	1436	1615	1586	1593
（10^3m^3）	进口	544	583	641	723	703	562	740	810	815	1000
木浆	出口	340	358	343	366	347	416	390	379	361	363
（10^3t）	进口	163	193	184	181	188	170	177	145	169	188
其他纤维浆	出口	5	5	4	3	4	4	5	4	3	4
（10^3t）	进口	1	1	1	1	1	1	1	1	1	1
回收纸	出口	174	209	242	275	384	410	521	492	580	637
（10^3t）	进口	39	35	34	34	27	47	79	72	72	36
纸和纸板	出口	704	828	769	814	813	758	786	657	755	660
（10^3t）	进口	996	1270	1249	1317	1389	1208	1289	1236	1283	1288

根据捷克2013年森林资源国家报告来看，从2013年木材消费结构看，捷克木材出口量不断增加，主要出口产品为原木和锯材。1995年纸浆和纸业的进口相对较多，占到总进口的71.69%；2010年纸浆和纸业进口占比66.45%，比1995年的下降了5.24%；2005年木材工业进口相比1995年增加了7.32%。就国内而言，捷克2015年林业进口总额达到40.23亿美元，占中东欧国家的16.12 %（表8–18）。

表8–18　1995—2015年捷克林产品进口额　　10^6美元/年

类别	1995年	2000年	2005年	2010年	2015年
营林	57	91	119	192	189
木材工业	181	484	671	749	830
纸浆和纸业	985	1572	2142	2577	2627
家具工业	151	214	342	360	377
合计	1374	2361	3274	3878	4023

捷克2015年出口额由大至小分别是纸浆和纸业（占49.98%）、木材工业（占35.19%）、营林（占8.97%）、家具工业（占5.86%）。与1995年相比，纸浆和纸业出口额增加15.83亿美元，增幅最大，其次是木材工业，增加了10.02亿美元。捷克2015年林业出口总额达到49.28亿美元，占中东欧国家的13.01%（表8–19）。

表8–19　1995—2015年捷克林产品出口额　　10^6美元/年

类别	1995年	2000年	2005年	2010年	2015年
营林	190	188	247	374	442
木材工业	732	1164	1326	1574	1734
纸浆和纸业	880	1309	1748	2369	2463
家具工业	255	379	386	269	289
合计	2057	3040	3707	4586	4928

2015年，林业进出口出现贸易顺差，出口比进口多9.05亿美元（表8-20）。具体而言，捷克的营林和木材工业出现贸易顺差，出口比进口分别多2.53亿美元和9.04亿美元；纸浆和纸业、家具工业出现贸易逆差，进口比出口多1.64亿美元和0.88亿美元。

表8-20　1995—2015年捷克林业进出口额对比　10^6美元/年

类别		1995年	2000年	2005年	2010年	2015年
营林	进口	57	91	119	192	189
	出口	190	188	247	374	442
	出口-进口	133	97	128	182	253
木材工业	进口	181	484	671	749	830
	出口	732	1164	1326	1574	1734
	出口-进口	551	680	655	825	904
纸浆和纸业	进口	985	1572	2142	2577	2627
	出口	880	1309	1748	2369	2463
	出口-进口	−105	−263	−394	−208	−164
家具工业	进口	151	214	342	360	377
	出口	255	379	386	269	289
	出口-进口	104	165	44	−91	−88
合计	进口	1374	2361	3274	3878	4023
	出口	2057	3040	3707	4586	4928
	出口-进口	683	679	433	708	905
占总进出口（‰）	进口	36	38	32	28	26
	出口	64	55	37	32	30
	出口-进口	28	17	5	4	4

8.4.3　同中国合作情况

20世纪30年代初，捷克就开始向中国出口酿造啤酒、榨糖等成套设备。1950年，捷中两国签订了第一个贸易协定。20世纪60年代，随着两国政治关系的恶化，经济合作一度中断。70年代，两国贸易关系逐步恢复并有所发展。1984年7月，两国成立经济、贸易和科技合作委员会，并签订为期10年的经济技术合作协定。1987年，两国政府签署关于避免双重征税和防止偷税漏税的协定。1988年，两国又签署了关于长期经济和科学技术合作基本方向的协定。1991年12月，两国政府签订《促进和保护投资协定》。

1993年2月，《捷中海关事务合作协定》生效。同年11月，两国政府签署了新的贸易协定。1994年10月，捷中经济贸易合作混合委员会成立，此后，每两年交替在两国举行一次会议。

2005年，中华人民共和国国家林业局和捷克农业部签署了关于林业合作的协议，开展在林业领域互利互惠的合作。合作内容包括森林可持续经营；森林资源开发和利用；生物多样性保护；支持研究机构、林业院校和其他单位之间开展的科技合作项目；交换林业管理、科研的经验和信息以及相关出版物；发展在林业领域的咨询服务；科研人员、专家和学者交流；支持在林业和木材加工领域的投资性活动等。2014年，在捷克布拉格举行第二次中国—中东欧国家地方领导人会议，同年在布拉咯举行中国投资论坛，在布拉格签署推动成立中国—中东欧国家地方省州长联合会备忘录；2015年，在捷克举行首届中国—中东欧国家卫生部长会议。

2015年11月，中国—中东欧国家合作苏州纲要中提出中国同捷克、爱沙尼亚、立陶宛、罗马尼亚签署教育领域有关合作协议；同年在捷克成立首家中医中心。2016年，中国以伙伴国身份参加捷克布尔诺国际机械博览会；2016年捷克举办中国投资论坛。

捷克木炭材、其他纤维浆的生产量较少，尤其木炭材近年来的进口数额在持续增加；捷克的原木、纸和纸板、人造板进口需求量大，今后中捷可以在这三方面寻找合作契机，促进中国—中东欧林业合作。

参考文献

陈广嗣, 姜琍. 2005. 列国志（捷克）. 北京: 社会科学文献出版社.

捷克统计报告. Information on Forests and Forestry in the Czech Republic by 2013.

捷克统计局 (Czech Statistical Office). http://vdb.czso.cz/

李永全. 2015. 丝路列国志. 北京: 社会科学文献出版社.

联合国粮农组织. 2000−2015. Yearbook Forest Products.

欧盟统计局. EUROSTAT. http://ec.europa.eu/eurostat/

施昆山. 2001. 当代世界林业. 北京: 中国林业出版社.

中国林业信息网. http://www.lknet.ac.cn/

中国社会科学院俄罗斯东欧中亚研究所. http://euroasia.css.cn/

中华人民共和国外交部. 捷克国家概况. https://www.fmprc.gov.cn/web/gjhdq_676201/gj_676203/oz_678770/1206_679282/1206x0_679284/

中华人民共和国驻捷克共和国大使馆. http://www.chinaembassy.cz/chn/

COFACE. 2015. Country Risk Assessment Map. www.coface.com/

Euro Forest Portal (EFI). http://forestportal.efi.int/

European Forest Institute. http://dataservices.efi.int/medbase/

FAO. 2015. FAO Forestry statistics. http://www.fao.org/forestry/

FRA. 2015. Global Forest Resources Assessment−Country Report Czech Republic

IMF. 2014. Montenegro. International Monetary Fund. Expansion. http://www.countryeconomy.com/

The World Bank. 2015. Doing Business –Country Tables Since 2003. http://www.doingbusiness.org

第9章

克罗地亚

克罗地亚，全称克罗地亚共和国（The Republic of Croatia），位于欧洲中南部亚得里亚海东岸的一个国家，西北部和北部分别与斯洛文尼亚和匈牙利接壤，东部和东南部与塞尔维亚、波黑、黑山为邻（左娅，2007）。西南部和南部为亚得里亚海海岸，岛屿众多、海岸线曲折；中南部为高原和山地，东北部为平原。气候依地形相应分为地中海式气候、山地气候和温带大陆性气候。1月平均气温-1.6℃，7月平均气温20.9℃，年平均气温12.7℃。年平均降水量890mm。

克罗地亚于1991年宣布从南斯拉夫社会主义联邦共和国独立（马细普，2010），首都是萨格勒布（Zagreb）。1992年加入联合国，并且成为欧洲安全与合作组织、欧洲委员会、中欧倡议组织等的成员国；2009年加入北约；2013年加入欧盟。克罗地亚国土面积5.66万km^2，人口428万（2011年）（表9-1），其中克罗地亚族占89.6%，塞尔维亚族占4.5%。宗教信仰主要为罗马天主教，少部分居民信奉东正教、伊斯兰教、基督教新教、希腊天主教和犹太教（左娅，2007）。克罗地亚官方语言为克罗地亚语。

克罗地亚主要的矿物资源包括石油、天然气、铝矾土和泥辉石等。主要进口热带水果、咖啡、大豆、花卉、可可、淡季果菜、油菜等。出口的农产品主要包括烟草、精糖、沙丁鱼、蔬菜、小麦、巧克力、肉类等（李永全，2015）。

表9-1　克罗地亚行政区划面积和人口数量

行政区	克罗地亚语	面积（km^2）	人口（人）
杜布罗夫尼克—内雷特瓦	Dubrovnik-Neretva	1782	122568
伊斯特拉	Istria	2813	208055
利卡—塞尼	Lika-Senj	5360	50927
普里莫杰戈尔斯科塔	Primorje-Gorski Kotar	3590	296195
希贝尼克—克宁	Šibenik-Knin	2994	109375
斯普利特—达尔马提亚	Split-Dalmatia	4524	454798
扎运尔	Zadar	3643	170017
别洛瓦尔—比洛戈拉	Bjelovar-Bilogora	2638	119764

（续）

行政区	克罗地亚语	面积（km^2）	人口（人）
布罗德—波萨维纳	Brod–Posavina	2027	158575
卡尔洛瓦茨	Karlovac	3622	128899
奥西耶克—巴拉尼亚	Osijek–Baranja	4149	305032
波热加—斯拉沃尼亚	Požega–Slavonia	1821	78034
锡萨克—莫斯拉维纳	Sisak–Moslavina	4448	172439
维罗维蒂察—波德拉维纳	Virovitica–Podravina	2021	84836
武科瓦尔—斯里耶姆	Vukovar–Srijem	2448	179521
科普里夫尼察—克里热夫齐	Koprivnica–Križevci	1734	115584
克拉皮纳—扎戈列县	Krapina–Zagorje	1230	132892
梅吉穆列	Međimurje	730	113804
瓦拉日丁	Varaždin	1260	175951
萨格勒布县	Zagrebačka	3078	317606
萨格勒布市	Grad Zagreb	640	790017
总计		56552	4284889

资料来源：www.dzs.hr，克罗地亚共和国中央统计局2011年人口统计数据。

9.1 森林资源状况

9.1.1 森林分布及面积

克罗地亚森林主要分布在东南部、西部沿海地带、西南部的山区地带。克罗地亚森林面积由1990年的185万hm^2，增长到2015年的192.2万hm^2，增长了7.2万hm^2（图9-1）。2005—2015年克罗地亚森林覆盖率变化不大，1990年森林覆盖率为33.1%，截至2015年森林覆盖率提高到34.3%，增长了1.2%，在整个中东欧国家里属于中等水平（图9-1）。其中13%为针叶林，阔叶林最多的树种为山毛榉、夏栎、白蜡树等。克罗地亚的夏栎林和榉树林虽然数量不多但质量很高。

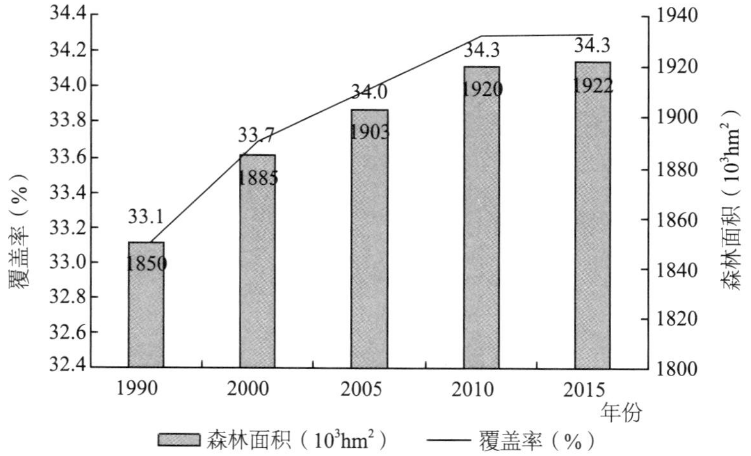

图9-1　克罗地亚森林面积与森林覆盖率变化

9.1.2　森林蓄积量

森林蓄积量的常规估计基于多个树种的样本树和常用材积表测量数据（即树直径和高度）。克罗地亚用材林地蓄积量共56640万m^3，由5.521亿m^3的活立木蓄积量和1430万m^3（2.5%）的伐倒木蓄积量构成。生产林区年产量约1300万m^3，其中年采伐量为840万m^3（表9–2、表9–3）。对立木再生和木质燃料的需求增加以及风暴毁坏立木事件，导致木材资源更加需要集约利用。山毛榉活立木蓄积量占总蓄积量的比重最大（34.8%）。活立木蓄积量的2/3由以下四种树种组成：栎树（13.0%）、夏栎（9.2%）、角豆（9.2%）和枞树（6.2%），剩余的89种树种占总量的27.6%。对所有树种来说，采伐量小于生长量。其中以冷杉为主，其特征是由于径级结构（大树比例较大）而造成采伐强度较大（增长量为164%）。已加大对银杉造林的鼓励强度。夏栎、山毛榉生长量的3/4（75%~85%）已经被采伐，而无梗夏栎、角豆占采伐增量的一半。采伐与生长量之比低于1/3甚至1/5是其他树种（针叶树人工林，阔叶软木树种和地中海树种）的特征。商品用材林的蓄积量，生长量以及采伐量的估计值见表9–4。

表9–2　克罗地亚森林活立木蓄积量　10^6m^3

项目	森林					其他林地				
	1990	2000	2005	2010	2015	1990	2000	2005	2010	2015
总蓄积量	310.34	360.12	385.01	406.29	414.94	2.84	4.27	4.98	5.69	5.85
针叶林	47.32	49.07	49.94	52.85	54.4	0	0	0	0	0
阔叶林	263.02	311.05	335.07	353.44	360.54	2.84	4.27	4.98	5.69	5.85

资料来源：FRA 2015报告，Global Forest Resources Assessment 2015–Country Report Croatia。

表9–3　2012年和2016年 活立木蓄积量、生长量和伐木蓄积量（带皮）动态变化　10^6m^3

年份	2012	2016
活立木蓄积量	40629	41862
生长量	103	1015
采伐量	597	651

资料来源：克罗地亚共和国农业部。

表9–4　克罗地亚商品用材林主要树种蓄积量、蓄积增长量以及采伐量

树种	活立木蓄积量（10^3m^3）	生长量（10^3m^3）	蓄积增长量（10^3m^3/年）	采伐量（10^3m^3/年）
山毛榉（*Fagus sylvatica*）	196135	192283	4360	3543
夏栎（*Quercus robur*）	73019	71830	1477	1118
无梗花栎（*Quercus petraea*）	51881	50597	1127	537
柔毛栎（*Quercus pubescens*）	7014	6634	153	29
苦栎（*Quercus cerris*）	11460	11318	246	114
圣栎（*Quercus ilex*）	2235	2140	51	5
窄叶白蜡（*Fraxinus angustifolia*）	17761	17619	496	243

（续）

树种	活立木蓄积量（10^3m^3）	生长量（10^3m^3）	蓄积增长量（10^3m^3/年）	采伐量（10^3m^3/年）
欧洲鹅耳枥（*Carpinus betulus*）	50930	50526	1365	675
欧洲铁木（*Ostrya carpinifolia*）	3733	3567	88	10
刺槐（*Robinia pseudoacacia*）	13648	13172	400	342
欧亚槭（*Acer pseudoplatanus*）	8417	8298	204	48
其他枫树（*Acer* spp.）	8845	8583	211	38
欧洲栗（*Castanea sativa*）	6990	5849	171	48
欧洲桤木（*Alnus glutinosa*）	10248	9915	332	119
椴树（*Tilia* spp.）	7086	7014	230	71
杨树（*Populus* spp.）	5255	4946	167	29
柳树（*Salix* spp.）	3828	3519	163	57
其他阔叶硬材	14148	13672	392	53
其他阔叶软材	1878	1759	57	10
欧洲冷杉（*Abies alba*）	35951	34191	559	918
欧洲云杉（*Picea abies*）	13719	13244	337	233
欧洲黑松（*Pinus nigra*）	7371	7204	213	52
叙利亚松（*Pinus halepensis*）	5683	5492	162	19
欧洲赤松（*Pinus sylvestris*）	3376	3162	93	62
北美乔松（*Pinus strobus*）	2877	2758	81	19
其他针叶树	2948	2853	128	29
总计	566437	552146	13263	8418

资料来源：Čavlović J. Božić M. Teslak K. Vedriš. M. 2016 Croatia（in Vidal C. Alberdi I. Hernandez L. Redmond J.:克罗地亚，国家森林清查，木材可用性和使用评估。

克罗地亚主要树种的蓄积量排名前三位的是山毛榉、夏栎、无梗花栎，2010年的蓄积量分别为14684万m^3、4878万m^3、3880万m^3。相比1990年主要树种蓄积量，2010年增幅最大的是山毛榉、夏栎（表9-5）。

表9-5　1990—2010年克罗地亚主要树种蓄积量变化情况　10^6m^3

树种	1990年	2000年	2005年	2010年
山毛榉（*Fagus sylvatica*）	110.87	129.89	139.4	146.84
夏栎（*Quercus robur*）	42.96	46.48	48.24	48.78
无梗花栎（*Quercus petraea*）	29.79	35.01	37.62	38.8
欧洲鹅耳枥（*Carpinus betulus*）	24.1	30.75	34.08	37.01
欧洲冷杉（*Abies alba*）	32.97	31.49	30.75	31.8
窄叶白蜡（*Fraxinus angustifolia*）	9.77	11.48	12.33	13.01
欧洲云杉（*Picea abies*）	5.58	7.39	8.3	8.87

（续）

树种	1990年	2000年	2005年	2010年
欧洲桤木（*Alnus glutinosa*）	3.55	5.8	6.92	7.97
刺槐（*Robinia pseudoacacia*）	2.23	5.16	6.62	8.28
苦栎（*Quercus cerris*）	3.12	4.86	5.73	6.55
其他	45.4	51.81	55.02	58.38
合计	310.34	360.12	385.01	406.29

资料来源：FRA 2015报告，Global Forest Resources Assessment 2015-Country Report Croatia。

9.1.3 森林类型

根据卫星图像区分林地总面积（23.78万hm^2）和永久或临时林地（20.3万hm^2）。评估过程中灌木和其他林种土地也作为林地。根据森林经营体系、森林功能、森林覆盖的来源和类型，利用评估的林地面积和现场评估样地对林地进行细分。森林覆盖面积中乔木林约占78%，相对较高的矮林占15%，灌木和其他林种占7%。根据森林功能可以把森林分为三类。

具有生产功能的森林。具有初级经济功能的森林，可完全满足木材供应。这一类还包括具有重大生态和社会功能的多用途森林，这些森林允许商业采伐。

具有生态防护功能的森林。森林位于交通不便或无法进入的地点，生产力低。它们在土壤防护方面具有重要作用，不适用于木材供应。

具有自然保护和生物多样性功能的森林。

克罗地亚森林包括94种树种，其中5种主要树种占总数的60%以上。主要树种是山毛榉，占商品林面积的近1/3（29.8%），其次是占1/10（10.0%）的欧洲鹅耳枥（表9-6）。除了山毛榉和欧洲鹅耳枥，另外三种不太常见的树种是非常有价值的：落叶夏栎（7.5%）、无梗花栎（7.1%）和欧洲冷杉（5.4%）。其余89个树种共占森林面积的36.6%。龄级的时间间隔为10年和20年，最高龄级包括所有140年以上的树龄。考虑到克罗地亚森林的平均年龄，第二和第三年龄层级的覆盖面积最大，而最后两个年龄段的覆盖面积最小，这与存在短期轮作的森林类型有关，而长轮伐期森林类型占森林总面积的一部分。龄级不均的森林覆盖面积近60万hm^2。小径级林木（胸径10～30cm）覆盖率最高（40%），其次是中等径级林木（胸径30～50cm）覆盖率达30%，而大树（胸径≥50cm）和幼树覆盖率分别为22%和8%。

表9-6 克罗地亚主要树种覆盖面积及其所占百分比

树种	面积（10^3hm^2）	面积百分比（%）
山毛榉（*Fagus sylvatica*）	708	29.8
夏栎（*Quercus robur*）	189	7.9
无梗花栎（*Quercus petraea*）	170	7.1
其他栎树（*Quercus* spp.）	140	5.9

（续）

树种	面积（10^3hm^2）	面积百分比（%）
欧洲鹅耳枥（*Carpinus betulus*）	238	10.0
窄叶白蜡（*Fraxinus angustifolia*）	61	2.6
其他宽叶阔叶林	341	14.3
其他宽叶针叶林	118	5.0
欧洲冷杉（*Abies alba*）	129	5.4
欧洲云杉（*Picea abies*）	49	2.1
欧洲黑松（*Pinus nigra*）	41	1.7
叙利亚松（*Pinus halepensis*）	37	1.6
欧洲赤松（*Pinus sylvestris*）	14	0.6
其他针叶林	28	1.2
总计	2378.1	100.0

资料来源：Čavlović J. Božić M. Teslak K. Vedriš. M. 2016 Croatia（in Vidal C. Alberdi I. Hernandez L. Redmond J.:克罗地亚国家森林清查，木材可用性和使用评估。

克罗地亚所有主要森林类型划分为三类：经营或商业用途、防护用途和特殊用途森林（表9-7）。表9-7中数据为森林经营前期（2006年）开始时记录的实际数据，数据有效期为2016—2025年。正或负的差异表示2006—2016年10年间的变化。

表9-7　2006年和2016年克罗地亚森林经营前期各森林类型

森林类型	清查年份	森林与林地（hm^2）				
		有林地	荒地		贫地	总计
			有生产力的	无生产力的		
商品林	2006	2168874.05	181658.50	27037.89	38536.73	2416107.17
	2016	1353810.97	44430.71	11839.80	15727.98	1425809.46
	差值	−815063.08	−137227.79	−15198.09	−22808.75	−990297.71
防护林	2006	130629.85	18781.14	1503.61	3623.98	154538.58
	2016	710137.96	99449.75	8403.54	14104.57	832095.82
	差值	+579508.11	+80668.61	+6899.93	+10480.59	+677557.24
特种用途林	2006	103278.33	8026.90	4410.27	2325.99	118041.49
	2016	428727.40	55266.30	4712.40	12427.67	501133.77
	差值	+325449.07	+47239.40	+302.13	+10101.68	+383092.28
总计	2006	2402782.23	208466.54	32951.77	44486.70	2688687.24
	2016	2492676.33	199146.76	24955.74	42260.22	2759039.05
	差值	+89894.10	−9319.78	−7996.03	−2226.48	+70351.81

资料来源：克罗地亚共和国森林经营计划（2016—2025年）。

9.1.4　森林采伐量

克罗地亚的森林原木采伐量在2005—2010年期间基本保持在400～450万m^3；而从

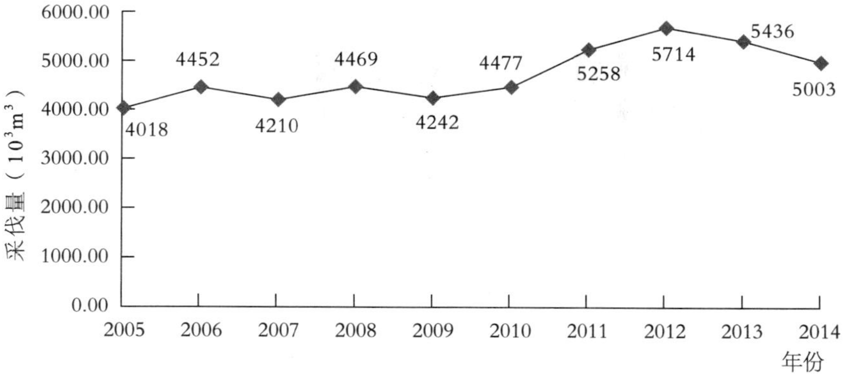

图9-2 2005—2014年克罗地亚原木采伐量

2011年开始，采伐量超过500万m^3，在2012年达最高值571.4万m^3（图9-2）。

克罗地亚最具经济价值的树种如夏栎、无梗花栎、山毛榉和欧洲冷杉主要用于生产锯木、单板和其他工业原木。据克罗地亚统计局（2013年）统计，克罗地亚森林采伐木材占52%，被用于锯木和单板木材的生产，其中21%为纸浆木和其他工业原木，27%为木炭材。针叶林的份额仅为18%，分别用于锯木和单板（85%）、工业木材（11%）和能源生产（4%）。近一半的阔叶木材用于锯木和单板（45%）、能源生产（32%）和纸浆木以及其他工业木材（23%）。近年来在克罗地亚使用木材进行能源生产的趋势越来越明显。2007—2016年的十年来，年木材采伐总量最高达571.4万m^3。下一个十年（2017—2026年）克罗地亚计划木材采伐量将达到80亿m^3。

9.2 林业管理体制与政策

9.2.1 林业管理部门

克罗地亚农业部和文化部主要负责对森林的经营和管理。下辖林业局、狩猎局、木材工业局和森林咨询服务局。此外文化部下辖的自然保护局、国家公园、自然公园、特别保护区和地方公园等也参与部分管理职能。

克罗地亚林业公司（Hrvatske šuma）成立于2002年，为国有企业，负责管理全国的森林和林地。总部位于首都萨格勒布，下设7个部门分别为林业部、商务部、计划分析部和IT部等。目前拥有16个区域林业管理部门（子公司）和171个区域林业办事处，其领导层为管理委员会和监事会。全公司雇员约1万人，其中1250人具有大学或以上学历。

林业咨询服务局成立于2007年，其职能主要是管理私有林，受克罗地亚政府委托为私有林主提供各类咨询服务，并承担法定的私有林管理、利用和保护义务。

9.2.2 林业就业

国家森林的大部分木材（原木）通过克罗地亚森林有限公司木制品价格表的固定价格（年度）出售给国内木材加工业。这些价格在10年来没有明显改变，自2012年以来，所有原木的价格都根据公司目前的市场情况和新的经营方针而改变。这些导致大部分行业出口半加工木材，而不是生产具有较高附加值的产品。来自国家森林有价值的木材在国际拍卖会上有更好的销售价格（分别为2011年、2012年和2013年销售原木总量的6.0%、3.6%和2.0%）。克罗地亚森林有限公司每年向当地人口供应100多万m^3的能源木材用于采暖，并向森林生物质公司销售木屑高达100万m^3。在上一次全球经济危机开始之前，克罗地亚木材加工业，家具生产和林业部门从事公司雇员人数下降。为了增加这些行业的就业机会，并平衡和规范相互间关系，商会和克罗地亚森林有限公司木材加工业协会于2012年达成协议。克罗地亚森林有限公司开发了新的商业模式，允许根据限定的条件，标准和退税计算系统，与国内木材加工公司和克罗埃西亚森林有限公司签订年度和多年合同（最多10年），以购买原木材料，所有公司克罗地亚的木材加工部门有能力并在平等条件下获得签署和实施多年类型合同的权利。

根据1998—2002年期间向克罗地亚森林有限公司提供的林业承包商和服务的综合分析，林业承包商实施约14%的采伐活动，约占木材采伐的44%（基于采伐的木材蓄积）。此外，克罗地亚森林有限公司承担了大约10%的造林和造林活动，约70%的木材运输。绝大多数林业承包商的作业都是在国有森林里进行的。公司每年与林业承包商签订服务合同，执行期不同，时间从单日至年度长短不同。最常见的是30～50天内提供服务的短期合同。根据克罗地亚森林有限公司的3份年度报告（2011年、2012年、2013年），林业承包商向公司提供的服务份额大幅增加。2006年林业推广机构成立后，林业承包商提供森林经营服务依据专家意见增加。在克罗地亚，典型的私有林是林主采伐森林，然后将原木出售给承包商，将其转售给锯木厂，森林所有者和企业家主要通过非正式信息渠道进行联系（RoK-FOR报告，2012年）。森林所有者也可以直接在森林里选择树木作为出售木材，然后承包商采伐和销售木制品。木材分类按照国家木制品标准（HRN）进行。完整的过程是基于木制品的价格表。克罗地亚的大多数非工业私有森林所有者（NIPF）使用森林中的木材进行家庭供暖，而这种目的的年平均木材消耗量为12m^3。同样的，大多数NIPF还报告说，他们从市场上购买了能源木材，其中约7%从森林中销售能源木材，而能源木材销售的份额则为14%。森林所有者获得的木材收入较低，有利于锯木厂和经济商获得额外利润。这是缺乏木材市场竞争的结果，很难界定不同类型木材的市场价格。买家都是木材加工公司，过程中涉及的中介人数不明确。PFOAs不参与销售过程。

关于森林就业的最新可用数据如表9-8所示。

表9-8　1990—2014年克罗地亚林业部门就业人数变化

年份	1990	2000	2005	2010	2014
森林就业	14296	9908	9095	8634	8800

资料来源：FRA 2015报告，Global Forest Resources Assessment 2015-Country Report Croatia。

9.2.3　林业所有制结构

克罗地亚国家森林资源清查将森林所有权分为两大类（表9-9）：私有林[小型私有产权森林（<1hm²）占主导地位]和国有林。国有森林分为：国有林；不同森林类别的自然保护区（自然保护区、国家公园、商品林）；军用林（自然保护区）。克罗地亚林业有限公司近1/4（23%）的森林属于私有林。生态和社会效益用途的森林（其他国家森林）约占克罗地亚森林面积的11%。

表9-9　克罗地亚林地所有权类型及其面积

林权类型		面积（hm^2）	百分比（%）
私有林（24%）		661721	24
国有林（76%）	克罗地亚森林企业有限公司	2024461	74
	其他国有林	72857	2
森林总面积		2759039	100

资料来源：克罗地亚国家森林资源清查和森林经营计划2016—2025年。

9.2.4　林业政策

除《森林法》（2006年），《克罗地亚宪法》第52条中提到的森林法是《国家防护特殊资源保护法》。该法规定了森林和林地作为自然资源的造林、保护、利用和经营，以维护生物多样性和确保经济开发可行性，社会责任和环境可接受性原则经营。根据经营目标，森林可以是商业林，具有防护功能的防护林和特殊用途的森林。保护区或自然保护区域内的森林受到自然保护条例的保护，作为这些地区制定经营计划的基础。所有类别的森林都可能对木材生产有一定限制。在商品林中，主要功能是生产木材，但要确保木材生产与森林其他功能的平衡。在防护林中，根据其目的可以完全禁止或限制采伐。森林保护区和国家公园不允许采伐，在所有其他类别中，根据类别特点（历史遗迹、防护区、军事训练区、研究目的的森林、自然公园等）允许一定程度采伐木材。例如，克罗地亚境内除人工林外禁止商业采伐。在山区，考虑水土保持的作用，对经营采伐和商业采伐强度也有一些限制和要求，《森林法》规定最多可以每10年采伐现有种植面积的30%。

9.2.5　森林资源监测

克罗地亚对森林生态系统实施长期监测。1987年开展了第一次大规模森林生态系统监测，为森林空气污染的影响评估和国际监测合作计划建立了16km × 16km的网络（欧洲网络—1级），绘制了密集监测图（克罗地亚森林协会7级）。森林和林地的其他监测活动是通过国家森林清查、检疫病虫害检测、2000年NATURA和国家自然保护网络监测等工程实施的。这些活动大多由林业部、克罗地亚森林研究所、克罗地亚森林有限公司、国家自然保护和咨询服务研究所等机构开展和经营。

9.2.6 森林经营

同龄林经营是克罗地亚的主要经营体系，占森林总面积的75%（国有林占78%，私人森林占63%），其余为异龄林体系和不规则（过渡）结构林分。选择性经营主要是单株经营，占森林面积的近6%。防护林、庇护林和小型私人森林为异龄林和不规则的结构。最近，规模为0.25～1.00hm^{2}的异龄林的镶嵌式经营在小型私人森林和自然公园内的森林实施（《2006年森林经营规划条例》）。同龄林的发展和恢复通常包括以下经营活动：促进自然更新、卫生伐、间伐和更新伐。选择性经营的特点是单株和小块状采伐成熟木，减小中小径级林木间距，平均10年采伐强度21%左右。异龄林设计基于在1hm^{2}内10%的自然更新率。根据森林类型、所有者类别、经营体系、径级结构和年龄层次，实施林分分层采伐（数量和结构）。

在森林采伐中，依据采伐的木材蓄积量可以分为同龄林的更新采伐、异龄林的择伐和小面积皆伐，卫生伐。非成熟林中的老龄木和需要自然更新的过熟林可采用皆伐。更新采伐的木材，包括采伐剩余木（44%）和稀疏林（25%）占木材总采伐量的2/3以上，而择伐和小面积皆伐约占20%。考虑到采伐的径级结构，胸径>50cm采伐木的比例达65%，胸径>60cm的比例可达到50%，胸径>70cm可达35%，而采伐木胸径<20cm的比例不超过2%。

根据《森林法》（2006年）和《森林经营规划条例》（2006年），采伐作业必须受到监管。根据采伐的类型，一般允许超出规定采伐量的10%～20%。对于异龄林，10年最大采伐量仅限于总蓄积量的30%。同时，必须在采伐后的第三年年末，通过天然更新或人工造林恢复新林分。

9.3 林业教育与科研

9.3.1 林业教育

9.3.1.1 萨格勒布大学林学院

萨格勒布大学林学院（Faculty of Forestry，University of Zagreb）由林学部和木材技术部组成。林学部包括森林生态和培育系，森林调查和经理系，森林遗传系、树木学和植物学系，森林工程系，森林保护和野生生物管理系，森林培训和科研基地系6个系。木材技术部设有木材科学系、材料技术系、生产组织系、加工工程系、家具和木制品系5个系（表9-10、表9-11）。重点研究领域有自然更新，森林生态系统的组成、结构和动态监测，森林经理效果，森林病虫害调查，野生生物管理等。

2003年，克罗地亚进行高等教育改革。目前学制为本科6学期，科学硕士4学期，专业硕士4学期，科学博士6学期。萨格勒布大学林学院各学位阶段所设专业如表9-12所示。

林学院的合作伙伴主要有：克罗地亚林业研究所（Crotian Forestry Research Institute）、克罗地亚农业部（Ministry of Agriculture）和国营企业克罗地亚林业公司。

表9-10　克罗地亚萨格勒布大学林学院林学部下设机构

名称		英文名称
系	森林生态和培育	Department of Ecology and Silviculture
	森林调查和经理系	Department of Forest Inventory and Management
	森林遗传学、树木学和植物学系	Department of Forest Genetics Dendrology and Botany
	森林工程系	Department of Forest Engineering
	森林保护和野生生物管理系	Department of Forest Protection and Wildlife Management
	森林培训和研究基地系	Department of Training and Forest Research Centers
实验室	生态和土壤	Laboratory of Ecology and Pedology
	林木种苗	Laboratory of Forest Seed and Nursery Production
	森林资源测量	Laboratory of Measurement of Forest Resources
	遥感和GIS	Remote Sensing and GIS Laboratory
	分子生物学和植物生理	Laboratory of Molecular Biology and Plant Physiology
	林业技术	Laboratory of Technical and Technological
	森林测量	Measurements in Forestry
	森林生物量	Laboratory of Forest Biomass
	林木病害	Laboratory of Tree Pathology
	森林动物	Laboratory of Forestry Zoology

资料来源：National Forest Agency. http://www.mps.hr/default.aspx?id=8451。

表9-11　克罗地亚萨格勒布大学林学院木材技术部下设机构

名称		英文名称
系	木材科学系	Department for Wood Science
	材料技术系	Department of Materials Technology
	生产组织系	Department of Production Organization
	加工工程系	Department of Processes Engineering
	家具和木制品系	Department of Furniture and Wood Products

（续）

名称		英文名称
实验室	木材解剖与防腐	Laboratory of Anatomical Features and the Preservation of Wood
	木材物理和机械性能	Laboratory for Physical and Mechanical Properties of Wood
	纤维板	Laboratory of Wood Panels
	木材水热处理和木质材料	Laboratory of Hydrothermal Treatment of Wood and Wood Materials
	化学	Chemistry Laboratory
	工业系统	Laboratory of Industrial Systems
	木材机械处理	Laboratory of Mechanical Wood Processing
	噪音和振动检测	Laboratory of Noise and Vibration Measurements
	家具和家具构件测试	Laboratory for Furniture and Furniture Parts Testing
	建筑材	Laboratory for Wood in Construction

资料来源：National Forest Agency. http://www.mps.hr/default.aspx?id=8451。

表9-12　克罗地亚萨格勒布大学林学院的学科专业

专业		英文名称
本科	林学：	Forestry：
	城市林业、自然保护及环境保护	Urban Forestry Nature Conservation & Environmental Protection
	木材技术	Wood Technology
科学硕士	林学：	Forestry:
	造林与经营规划（含野生生物管理）	Silviculture & Management Planning with Wildlife Management
	林业管理与技术	Techniques Technologies & Management in Forestry
	城市林业、自然保护及环境保护	Urban Forestry Nature Conservation & Environment Protection
	木材技术：	Wood Techndogy:
	木材加工技术	Wood Technology Processes
	木制品设计	Design of Wood Products
专业硕士	林学：	Forestry：
	生态景观设计、自然保护和园艺	Ecological Landscape Design Natural Protection & Horticulture
	造林学和森林营建	Silviculture and Forest Establishment
	林业技术	Forestry Technique and Technologies
	狩猎	Hunting
	林木育种和森林遗传资源保存	Forest Tree Breeding and Conservation of Forest Genetic Resources
	林区道路	Forest Roads
	森林经营规划	Forest Management Planning
	林业管理和企业	Management and Entrepreneurship in Forestry
	木材技术：	Wood Techndogy:
	生产组织	Production Organization
	木材材料技术	Technology of Wood Materials

（续）

专业		英文名称
博士	林学： 造林和野生生物管理 林业技术与经理 城市林业、自然保护和森林管护	Forestry: Silviculture & Wildlife Management Techniques, Technologies & Management in Forestry Urban Forestry, Nature Protection, Forest Management & Protection
	木材技术	Wood Technology

资料来源：欧洲高等教育改革的纲领性文件是1999年博洛尼亚部长会议宣言（意大利Bologna）。

9.3.1.2　其他机构

克罗地亚林学会前身为1846年12月26日成立的克罗地亚斯拉夫农学会（Croatian-Slavonian Agricultural Society）林学部。林业协会在克罗地亚负责许多林业实践、教育和科学活动。

皇家农业学院，创办了欧洲东南部第一本科学林业专业出版物《Šumarski list》（Journal of Forestry），自1877年1月1日开始连续出版。1896年，该学院参加布达佩斯千年展，其中克罗地亚-斯洛文尼亚王国有它的特殊展示厅，展示其林业和木材加工。

克罗地亚林业和木材工程师会所负责工程师培训和资格认定，审批山林承包商的相关资料。

克罗地亚科学艺术院农林委员会成立于1992年，下设6个部门：草本生产、畜牧组、农产品加工和生物技术组、农业管理、林业、森林。

9.3.2　林业科研

克罗地亚林业研究所（Croatian Forest Research Institute）成立于1974年，是一个国家公共科研机构，位于亚斯特雷巴斯科市。近年来，该研究所年均经费350万欧元，其中44%为国家投入（直接投资或科研项目），其余来自技术服务、顾问、咨询、出版、成果转让等横向课题创收。下设6个研究室、5个实验室和3个区域研究中心（表9-13）。主要在森林生态系统3个研究方向成绩卓著，3个方向是生态环境中的森林（森林土壤、森林植被、树木营养、非生物胁迫、更新、森林碳流、地图学、树木学、森林水文、碳平衡、大气沉降），森林适应性和遗传多样性（昆虫学、植物病理学、造林学、遗传学、种源试验、分子生物学），提高森林产品附加值（城市林业、生物化学、固碳模拟、森林政策、森林生态系统产品和服务、森林生物量）。

该研究所现有合作对象包括克罗地亚农林部、克罗地亚国家公园和自然公园、萨格勒布大学林学院。此外还包括EFI、FAO、IUFRO、FP7等国际组织。国际合作领域包括林木和灌木分子遗传学、国际种源试验、森林状态监测。出版物有《South-East European Forestry（SEEFOR）》和《Works of Croatian Forest Research Institute》。

表9-13　克罗地亚林业研究所组织机构

类型	分支机构	英文名称
职能部门	总务处	Common Affairs Service
研究室	森林生态	Division for Forest Ecology
	林木遗传育种和种子	Division for Genetics, Forest Tree Breeding and Seed Husbandry
	森林经营和林业经济	Division for Forest Management and Forestry Economics
	造林	Division for Silviculture
	森林保护和游憩管理	Division for Forest Protection and Game Management
	东南欧国际科技合作	Division for International Scientific Cooperation in Southeast Europe
实验室	种子检验	Laboratory for Seed Testing
	物理化学分析	Laboratory for Physically-Chemical Analysis
	分子遗传分析	Laboratory for Molecular-Genetics Analysis
	昆虫分析	Laboratory for Entomological Analysis
	植物病害分析	Laboratory for Phytopathology Analysis
区域研究中心	低地森林	Research Center for lowland forests，Vinkovci
	林副产品和森林服务	Research Center for Other Forest Goods and Services “Josip Ressel”
	城市和私有林	Research Center for Urban and Private Forests，Varaždin
基地	苗圃	Department for Nursery Production

资料来源：克罗地亚林业研究所网站。

9.4　林产品贸易

9.4.1　主要林产品

克罗地亚是传统木材加工国，产品主要有锯材、板材、贴面板、刨花板、地板块、建筑用板材、木材包装、家具、特殊用途的木材（铁路枕木、电线杆等）。其中，锯木板材加工业占有重要地位。克罗地亚木材及木制品生产中主要以原木、锯材、纸和纸板为主，其中原木生产量2013年比2004年增加了159.6万m^3，锯材增加了59.8万m^3（表9-14）。

表9-14　2004—2013年克罗地亚木材及木制品的生产量

年份	2004	2005	2006	2007	2008	2009	2010	2011	2012	2013
原木（10^3m^3）	3841	4018	4452	4210	4469	4242	4477	5258	5714	5437
木屑及颗粒（10^3m^3）	42	57	65	72	74	179	181	175	390	400
木材剩余物（10^3m^3）	115	96	121	134	129	245	254	248	498	530

（续）

年份	2004	2005	2006	2007	2008	2009	2010	2011	2012	2013
木炭材（10^3t）	3	3	3	3	3	3	3	3	3	3
锯材（10^3m^3）	582	624	669	702	721	653	677	754	851	1180
人造板（10^3m^3）	103	128	161	175	181	143	153	143	152	153
木浆（10^3t）	109	98	107	97	96	84	97	99	73	73
其他纤维浆（10^3t）	0	0	0	0	0	0	0	0	0	0
回收纸（10^3t）	0	0	0	0	0	0	0	0	0	0
纸和纸板（10^3t）	464	592	564	545	535	526	560	540	500	500

木材加工产品以出口为主，大部分以原材料和半成品的形式出口，再从国外进口木材深加工制成品。木材初加工工业对外贸易一直是顺差，而家具工业外贸一直为逆差。

克罗地亚木材出口的最大市场为意大利，其次为斯洛文尼亚、德国、奥地利；进口最多的国家为斯洛文尼亚，其次为奥地利、波黑、德国和意大利。木材是中国从克罗地亚进口的主要商品之一，锯材已成为中国从克罗地亚进口的第一大产品，但进口木材大部分需通过第三国转口，直接进口的较少（表9-15、表9-16）。

表9-15 2004—2013年木材及木制品的出口量

年份	2004	2005	2006	2007	2008	2009	2010	2011	2012	2013
原木（10^3m^3）	540	548	907	835	728	752	825	1080	972	985
木屑及颗粒（10^3m^3）	26	24	35	42	54	124	168	164	252	375
木材剩余物（10^3m^3）	164	178	224	312	280	336	309	425	162	207
木炭材（10^3t）	3	3	3	3	4	3	2	2	2	2
锯材（10^3m^3）	355	405	477	701	536	447	555	638	754	1119
人造板（10^3m^3）	68	71	126	147	145	117	115	121	122	122
木浆（10^3t）	43	43	43	47	45	46	43	37	29	29
其他纤维浆（10^3t）	0	0	0	0	0	0	0	0	0	0
回收纸（10^3t）	31	35	37	40	36	43	61	58	71	71
纸和纸板（10^3t）	136	131	121	152	124	118	141	125	150	150

表9-16 2004—2013年木材及木制品的进口量

年份	2004	2005	2006	2007	2008	2009	2010	2011	2012	2013
原木（10^3m^3）	50	63	70	50	20	11	13	15	12	10
木屑及颗粒（10^3m^3）	2	3	5	4	2	2	1	3	3	2
木材剩余物（10^3m^3）	86	128	237	198	254	95	62	17	6	7
木炭材（10^3t）	12	12	15	15	8	6	5	3	2	2
锯材（10^3m^3）	338	309	371	421	424	258	239	224	156	155
人造板（10^3m^3）	250	266	244	310	303	234	238	224	279	279
木浆（10^3t）	1	1	1	1	0	0	0	0	0	0

（续）

年份	2004	2005	2006	2007	2008	2009	2010	2011	2012	2013
其他纤维浆（10^3t）	0	0	0	0	0	0	0	0	0	0
回收纸（10^3t）	128	137	141	119	96	65	105	111	78	78
纸和纸板（10^3t）	183	208	213	376	266	236	207	218	270	270

资料来源：FRA 2015报告：Global Forest Resources Assessment 2015−Country Report Croatia。

9.4.2 同中国合作情况

1992年5月，中国与克罗地亚建立大使级外交关系。近年来，两国关系在和平共处、互利共赢等原则基础上不断发展，双方高层互访频繁。2005年，两国确立了全面合作伙伴关系。中国对克罗地亚出口商品主要是机电产品、纺织品、服装及鞋类等；而从克罗地亚进口主要商品是锯木板材、建筑用石材、牛皮及皮革制品等。在建立新的“16+1”合作后，2016年，在克罗地亚举办了中国—中东欧第三次旅游部门高级别会议。

参考文献

关百钧. 1989. 世界林业. 北京: 中国林业出版社.

克罗地亚科教体育部. Ministry of Science, Education and Sports, Republic of Croatia. http://www.mzos.hr/

克罗地亚农业部. Ministry of Agriculture, Republic of Croatia. http://www.mps.hr/

李永全. 2015. 丝路列国志. 北京: 社会科学文献出版社.

联合国粮农组织. 2000−2015. Yearbook Forest Products.

马细普. 2010. 南斯拉夫兴亡. 北京: 社会科学文献出版社.

中华人民共和国商务部. http://www.mofcom.gov.cn/

中华人民共和国外交部. 克罗地亚国家概况. https://www.fmprc.gov.cn/web/gjhdq_676201/gj_676203/oz_678770/1206_679306/1206x0_679308/

左娅. 2007. 列国志（克罗地亚）. 北京: 社会科学文献出版社.

Čavlović J. 2010. First National Forest Inventory of the Republic of Croatia.

CBS. 2012. Statistical Yearbook 2012. Croatia Bureau of Statistics.

CroENP. 2014. Sixth National Communication and First Biennial Report of the Republic of Croatia Under the United Nations Framework Convention on Climate Change.

Euro Forest Portal (EFI). http://forestportal.efi.int/

European Forest Institute. http://dataservices.efi.int/medbase/

FRA. 2010. Global Forest Resources Assessment−Country Report Croatia.

HRVATSKE ŠUMA. 2015. http://portal.hrsume.hr/index.php/en/

MCPFE (Ministerial Conference on the Protection of Forests in Europe). 2015. Forest

Europe. http://www.foresteurope.org/

Mendes AMSC, Štefanek B, FelicianoD, et al. 2011. Institutional Innovation in European Private Forestry: The Emergence of Forest Owners' Organizations. CABI Publishing, 68–86.

Vukelić J, Mikac S, Dario B, et al. 2008 Forest Habitats and Forest Communities in Croatia, National Ecological Network. State Institute for Nature Protection, Zagreb.

第10章 拉脱维亚

拉脱维亚，全称拉脱维亚共和国（The Republic of Latvia），位于东欧平原西部，西临波罗的海，北邻爱沙尼亚，东接俄罗斯，南接立陶宛，东南与白俄罗斯接壤。国土面积6.46万km^2。全境地势低平，东部和西部为丘陵。拉脱维亚气候属海洋性气候向大陆性气候过渡的中间类型。夏季白天平均气温21.4℃，夜晚平均气温11℃；冬季沿海地区平均气温-3～-2℃，内陆地区-7～-6℃。湿度大，全年约有一半时间为雨雪天气，年平均降水量732mm。

拉脱维亚最高苏维埃于1991年8月22日宣布拉脱维亚共和国恢复独立，同年9月6日，苏联国务委员会承认拉脱维亚独立，9月17日拉脱维亚加入联合国。2004年4月2日，拉脱维亚正式加入北约；5月1日，正式加入欧盟；2014年1月1日加入欧元区。全国分为5个区、1个区级市。首都里加是拉脱维亚的政治、经济、文化中心。截止2018年，拉脱维亚人口总数为193.4万（表10-1），近几年，由于人口出现自然负增长及移民国外人口增加，拉脱维亚人口逐步减少。该国主要有拉脱维亚族、俄罗斯族、白俄罗斯族、乌克兰族、波兰族、立陶宛族，官方语言为拉脱维亚语和英语（李兴汉，2003）。当地居民主要信奉基督教路德宗、罗马天主教和东正教、旧教、浸礼教。

表10-1　拉脱维亚行政区划面积和人口数量

行政区	拉脱维亚语	面积（km^2）	人口（人）
里加	Rīga	304	637971
皮埃利亚	Pierīga	10135	367266
库泽默	Kurzeme	13607	243032
拉特加勒	Latgale	14550	264857
泽姆加里	Zemgale	10732	232759
维德泽默	Vidzeme	15245	188494
合计		64573	1934379

资料来源：www.csb.gov.lv，拉脱维亚统计局2018年人口数据。

拉脱维亚主要资源有石灰石、石膏、白云石、石英砂、用于建筑和筑路的砂砾以及泥炭。拉脱维亚可耕地面积为2.39万km^2，土壤以灰化土为主。

10.1 森林资源状况

10.1.1 森林分布及面积

拉脱维亚森林资源丰富，自1991年国家恢复独立以来，森林面积逐年增加（表10-2），2015年森林面积335.6万hm^2，森林覆盖率49.9%，高于世界和欧盟国家平均水平。

表10-2 1990—2015年拉脱维亚各类型土地面积 10^3hm^2

年份	1990	2000	2005	2010	2015
森林	3173	3241	3297	3354	3356
其他林地	115	123	118	113	112
其他土地	2932	2856	2805	2753	2752
其他森林面积	21	29	29	29	29
内陆水域	228	228	228	228	228
合计	6448	6448	6448	6448	6448

资料来源：FRA 2015报告，Global Forest Resources Assessment 2015-Country Report Latvia。

拉脱维亚森林面积在过去30年中呈现缓慢增长的态势（图10-1），主要原因是农业用地的荒废，森林天然更新。

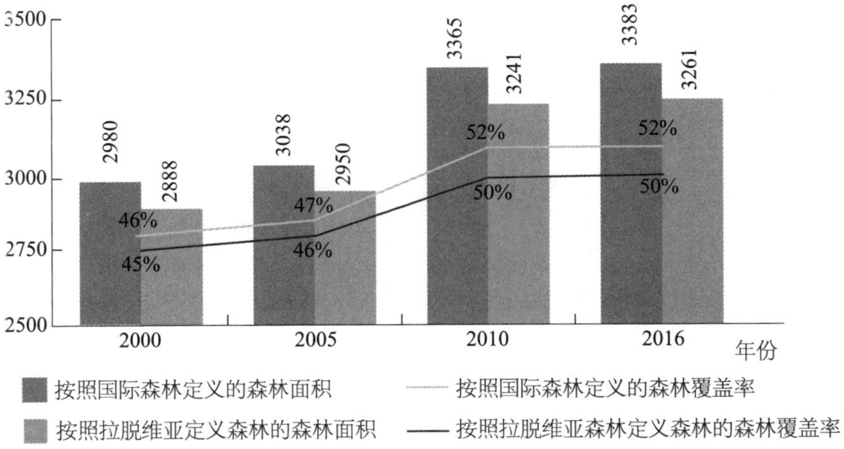

图10-1 拉脱维亚2000—2016年森林面积及覆盖率的变化

拉脱维亚的在贫瘠土地和废弃的农业土地上造林，与1923年的23%相比，森林面积翻了1番。拉脱维亚的林业作业也具有针对性，过去的10年中，平均每年可收获约1200万m^3的原木，少于每年的森林蓄积增长量，因此木材生长与收获具有可持续性。

10.1.2 森林蓄积量

拉脱维亚林木总蓄积量稳步增长，2016已达6.67亿m^3（图10-2），增长主因是20世纪70～80年代灌溉技术改良，使得森林蓄积量得到历史性的提高。

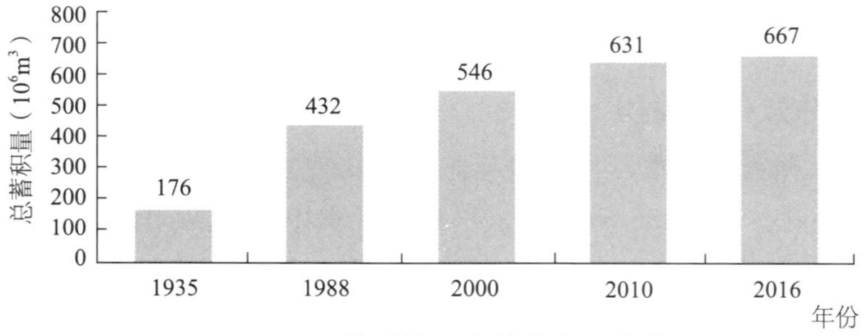

图10-2 拉脱维亚森林蓄积量变化

按照树种组成，针叶林蓄积量比例由1990年的59.7%下降到了2015年的53.5%，而阔叶林蓄积量比例则由1990年的39.6%上升到了2015年的46.5%（表10-3）。就树种而言，欧洲赤松占据绝对优势，2010年其蓄积量占森林总蓄积量的37%（表10-4）。

表10-3 拉脱维亚森林活立木蓄积量变化 10^6m^3

种类	森林					其他林地				
	1990年	2000年	2005年	2010年	2015年	1990年	2000年	2015年	2010年	2015年
针叶林	267	320	329	327	356	0	0	0	0	0
阔叶林	175	217	228	287	309	1.9	2.1	2	1.9	1.9
合计	442	537	557	614	665	1.9	2.1	2	1.9	1.9

资料来源：FRA 2015报告，Global Forest Resources Assessment 2015−Country Report Latvia。

表10-4 拉脱维亚不同树种的活立木蓄积量 10^6m^3

年份	1990	2000	2005	2010
欧洲赤松（*Pinus sylvestris*）	179.1	232.4	244	227.4
欧洲垂枝桦（*Betula pendula*）	107.1	152.1	155.1	149.4
欧洲云杉（*Picea abies*）	87.5	87.8	84.5	99.3
欧洲山杨（*Populus tremula*）	27	19.2	23.3	55.6
灰桤木（*Alnus incana*）	20.3	25.8	28.5	36.3
欧洲桤木（*Alnus glutinosa*）	15.4	13.3	15	34
欧洲白蜡（*Fraxinus excelsior*）	2.6	3.3	3.6	5.5
夏栎（*Quercus robur*）	1.7	2	2	3.9
其他	1.3	0.9	1	2.6
合计	442	536.8	557	614

资料来源：FRA 2015报告，Global Forest Resources Assessment 2015−Country Report Latvia。

10.1.3 森林类型

拉脱维亚2005年和2010年天然林面积的变化与自然保护区和国家公园的分区变化有关。人工林2005—2015年减少了7.9万hm^2。每年通过人工种植和播种更新的森林面积是1.1万hm^2。由于1995年开始森林所有权结构调整，森林再次归私人所有，自然的森林更新迅速增加，这也导致了人工林总面积的减少（表10-5）。拉脱维亚森林按功能，主要由商品林构成，1990—2010年商品林面积呈增长趋势，2015年与2010年相比有所下降（表10-6）。

表10-5 1990—2015年拉脱维亚不同类型森林及其面积 10^3hm^2

年份	1990	2000	2005	2010	2015
天然林	17	17	16	15	16
天然次生林	2432	2515	2590	2711	2728
人工林	724	709	691	628	612
其中：外来树种	1.9	1.9	1.9	1.8	1.8
合计	3173	3241	3297	3354	3356

资料来源：FRA 2015报告，Global Forest Resources Assessment 2015-Country Report Latvia。

表10-6 拉脱维亚森林主导功能类型及其面积 10^3hm^2

年份	1990	2000	2005	2010	2015
商品林	2254	2591	2624	2663	2636
多功能用途林	0	0	0	0	0

资料来源：FRA 2015报告，Global Forest Resources Assessment 2015-Country Report Latvia。

拉脱维亚森林树种组成见表10-7。拉脱维亚针叶林占优势。历史上松树曾是面积最大的森林类型组成树种，但目前松树面积减少。在20世纪70年代和80年代，松树林的更新受到麋鹿数量的影响，而云杉林增加。恢复私有林所有权后，针叶树种松树造林受生物侵害和经济成本方面的影响，阔叶树种的比例增加。

表10-7 拉脱维亚主要树种面积 10^3hm^2

优势树种	国有林	私有林	总计	该树种面积占森林总面积比例（%）
欧洲赤松（*Pinus sylvestris*）	602.78	266.64	869.42	27
欧洲云杉（*Picea abies*）	366.46	205.51	571.98	18
桦树（*Betula* spp.）	314.01	579.66	893.67	28
欧洲桤木（*Alnus glutinosa*）	80.86	100.37	181.24	6

（续）

优势树种	国有林	私有林	总计	该树种面积占森林总面积比例（%）
灰桤木（*Alnus incana*）	22.96	285.99	308.95	10
欧洲山杨（*Populus tremula*）	91.46	165.52	256.98	8
夏栎（*Quercus robur*）和欧洲白蜡（*Fraxinus excelsior*）	10.50	27.15	37.65	
其他树种	10.59	52.36	62.96	

资料来源：FRA 2015报告，Global Forest Resources Assessment 2015−Country Report Latvia。

森林年龄结构对森林经营十分重要，理想情况下，森林面积在各龄级内的分布应该是相似的。拉脱维亚有许多古老的松树林，而幼龄林中云杉比例较高，这与种植云杉取代松树有关。此外，拉脱维亚还有大量的桦树幼龄林，中龄的桦木林比例较低（图10−3）。

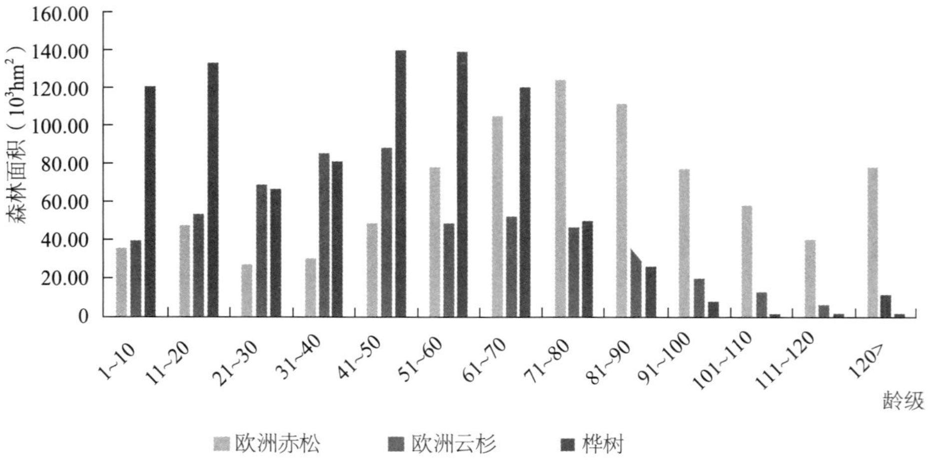

图10−3 拉脱维亚森林主要树种的年龄结构

拉脱维亚森林按起源分为天然林和人工林。阔叶树种白杨和白桦由于易天然更新，数量最多。从历史上看，针叶林多为人工林。2016年拉脱维亚有3.86万hm^2次生林，其中国有林1.6万hm^2，私有林2.26万hm^2。森林更新量较为稳定。2016年种植了1.26万hm^2森林（占造林总面积的32%）（图10−4）；国有森林有8200hm^2（51%），私有林4400hm^2，占2016年私营林地造林总面积的19%。

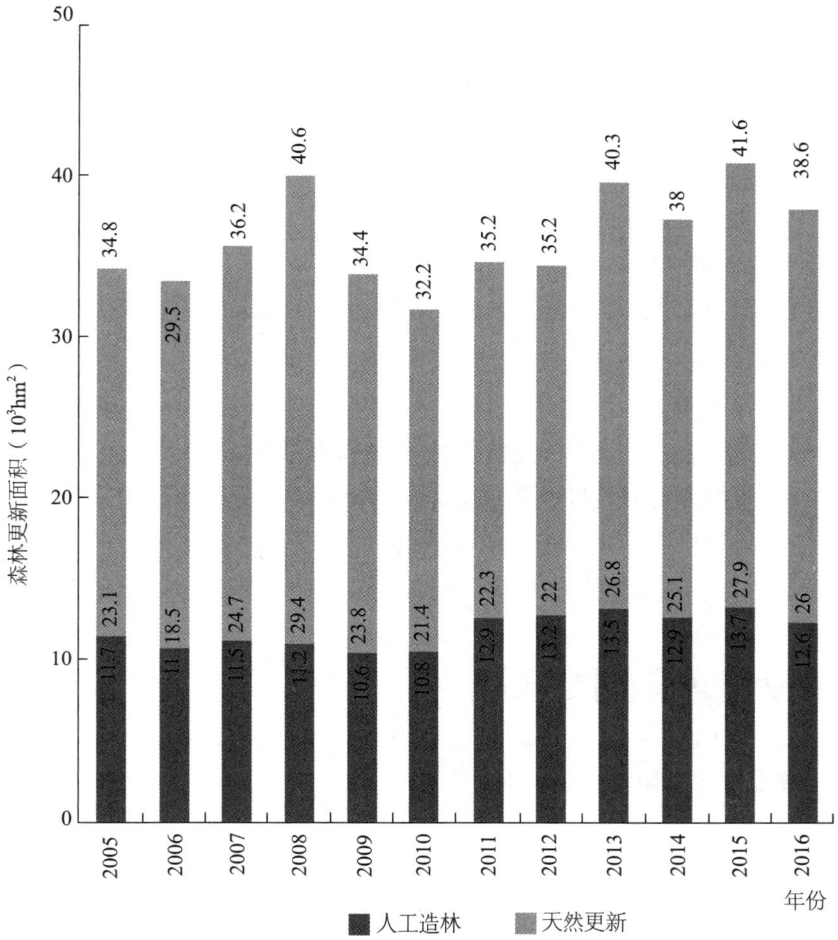

图10-4　2005—2016年拉脱维亚森林更新情况

拉脱维亚对中龄林集约经营，预计未来每公顷的平均活立木蓄积量将显著增加，按规定幼龄树木数量不应超过2000株/hm^2。2016年，拉脱维亚对6.86万hm^2的幼龄林进行了商业间伐，包括国有森林的3.59万hm^2，私有林3.27万hm^2。林中最常见的是桦木（33%）、云杉（28%）和松树（21%），其他树种所占比例为18%。

10.1.4　森林采伐量

为保证森林资源的可持续发展，拉脱维亚《森林法》规定达到一定树龄或一定直径的树木方可采伐，且控制每年采伐量，一般小于当年生长量。经济危机后，木材价格下降，私有森林采伐量减少。

拉脱维亚人工林生长周期长，森林培育的最终产品是原木。根据拉脱维亚法律法规，每个树种都有特定的收获年龄，即主伐年龄和更新年龄。拉脱维亚主要树种的收获年龄见表10-8。

表10-8 拉脱维亚主要树种的收获年龄

树种	时间（年）
欧洲赤松（*Pinus sylvestris*）	100
欧洲云杉（*Picea abies*）	80
桦树（*Betula* spp.）	70
欧洲桤木（*Alnus glutinosa*）	70
灰桤木（*Alnus incana*）	不定
欧洲山杨（*Populus tremula*）	40

每个树种胸径要达到要求才允许采伐，如果达到目标直径，则可以比规定的收获年龄更早收获。平均来说，拉脱维亚林木主伐的胸径是30cm。这项规定促使森林所有者选择集中采伐的方法，以便在规定采伐年龄之前采伐树木。

拉脱维亚森林的最大采伐量由政府决定，确定采伐量的目的是长期保持森林的年龄结构和确保工业木材供应稳定。森林采伐采用的是小面积皆伐作业，平均面积2hm^2，采伐后3年内重新造林。私有林的采伐量由森林所有者根据采伐年龄或胸径决定。

10.2 林业管理体制与政策

10.2.1 林业管理部门

10.2.1.1 森林行政机构

拉脱维亚国家林务局（SFS，State Forest Service）和拉脱维亚国有林管理局（LSF，Latvia’s State Forests）隶属农业部，是管理森林的国家机构，负责全国林业政策和立法、实施林业支撑项目，以确保森林可持续经营（图10-5）。SFS管理林地2.89万hm^2，位于7个林区，覆盖9个行政区域的23个社区，共设320个研究样地，涉及林木遗传育种、森林培育（造林）、森林监测、木材及非木材林产品利用等方面的科学研究，除局长（SFS General Director）外，还有林业咨询委员会（Forest Advisory Board），每个林区办公室（Forest District Office）负责1个或几个社区。LSF经营国有商品林，采伐并销售木材，负责狩猎和游憩设施工作，获取种苗以供森林更新之用。通过可持续经营森林以获取最大收益。

SFS下设中央办公室（Central Office）、林区管理局（RFD，Regional Forest District）、林业试验站（FRS，Forest Research Station）。RFD是该区域的林业主管部门，FRS开展与森林经营相关的科学研究。

RFD指导林区工作，同时，每个林区办公室聘请若干专家，分别负责如下工作：森林防火、林木种苗（森林繁殖材料）、森林生态、自然保护、森林培育和森林更新、猎物管理、森林推广、法律法规等。事实上，林区管理局的每个雇员（包括首席工程师）都是林业方面的专家。

SFS中央办公室指导并支撑林区管理局，其聘请专家的领域涉及自然保护、森林经营、更新、管理、防火等。中央办公室维护全国森林台账（State Register of Forests）官网（拉脱维亚最主要的森林信息系统），以及负责内部审计、人事、通信等。国家森林统计数据库（SRF，State Register of Forests）是拉脱维亚最主要的林业数据库之一，由SFS进行维护，涉及森林资源和森林管理。

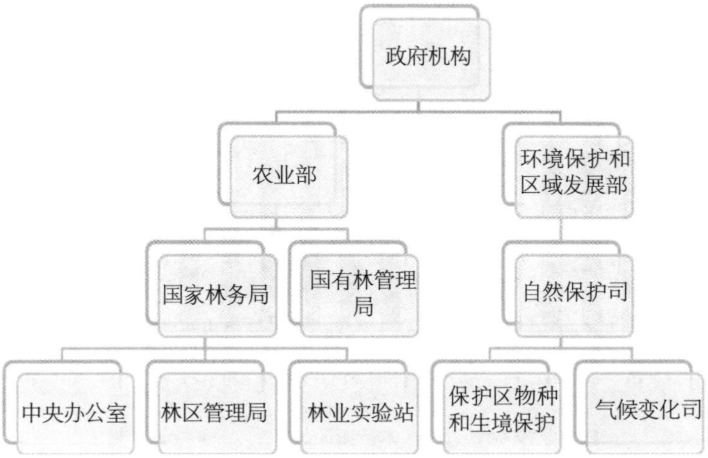

图10-5　拉脱维亚森林行政机构

10.2.1.2　非政府组织

拉脱维亚非政府组织包括拉脱维亚林主协会（LMIB，Latvian Meža Ipašnieku Biedrība），成立于2005年。到2008年，拉脱维亚林主协会成员拥有和经营的森林面积已达168万hm^2，占全国森林总面积的57%。

拉脱维亚农业部已有林业咨询理事会，这有助于确保林业部门从根本上作出重要决定的透明度，协调国家和公共组织之间的合作，让所有感兴趣的各方都参与到起草和调整森林部门的规范性文件的工作中。这是一个融合了森林所有者和经理、木材工业部门、服务提供商、环境和生态保护组织、员工、教育和科学机构以及地方政府等各方代表的论坛。当处理有关森林的经济、生态和社会职能问题时，林业咨询理事会会协调林业部门与利益相关者的利益和观点以平衡制定可持续森林部门发展政策。国家鼓励或允许利益相关者参与森林政策发展计划。在森林管理决策制定的过程中，利益相关者可以参与计划制定、执行和审核等过程。

10.2.2　林业就业

拉脱维亚林业就业人数在2004—2005年达到最高峰（近8万人），之后受自动化技术和经济危机影响林业就业人数下降。2010年就业人数回升到5.2万人。2011年，拉脱维亚木材产品制造企业2128个，中小企业居多，雇佣员工2.8万人，是拉脱维亚最大的制造业部门。林业及木材加工业近几年增长均达到9%以上，是拉脱维亚第一大产业。

该行业的生产增加值占工业生产增加值的23%（占GDP的7.5%）。该行业就业人数占工业就业总人数的25%（占全国就业人数的5%）（图10-6）。

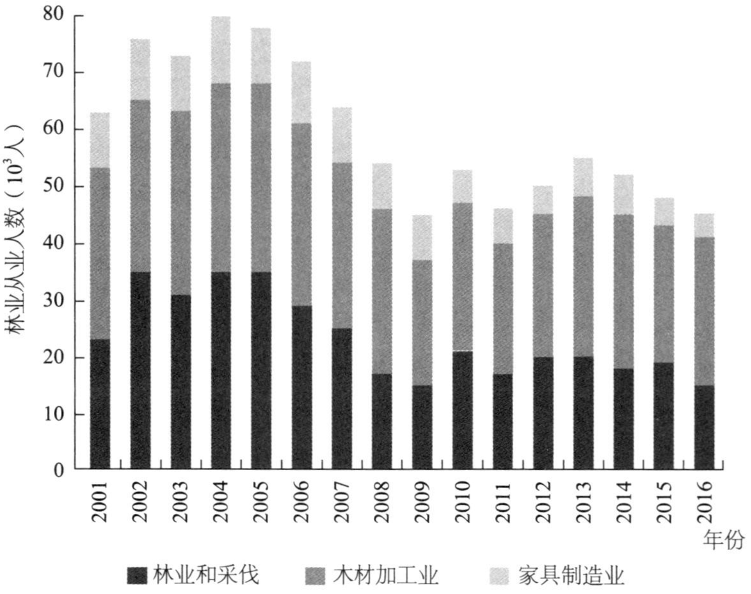

图10-6　2001—2016年拉脱维亚林业就业人数

10.2.3　林业所有制结构

拉脱维亚森林在1990年几乎全部为国家所有，在2000年国有林面积大幅度减少，而在2005年又出现了小面积回升，2010年继续减少。而私有林面积从1990年大幅增加后一直稳步持续增加，说明拉脱维亚森林私有化进程在持续进行中（表10-9）。在拉脱维亚，国有林的管理权属于公共行政单位，任何私营企业、社区或个人都没有权利对国有林进行管理。

表10-9　1990—2010年拉脱维亚林地所有权类型及其面积　10^3hm^2

种类	1990年	2000年	2005年	2010年
国有林	3132	1749	1781	1755
其中：国家所有	3132	1618	1672	1686
地方政府所有	0	131	109	69
私有林	32	1463	1512	1594
其中：个人所有	0	1393	1365	1252
私营商业实体和机构所有	32	70	147	342
所有权不详	9	29	4	5
总计	3173	3241	3297	3354

资料来源：FRA 2015报告，Global Forest Resources Assessment 2015−Country Report Latvia。

10.2.4 森林资源监测

拉脱维亚林业法律中有一项针对所有森林所有者或合法拥有者的森林资源清查要求，即森林所有者或合法拥有者有责任在其所有权或合法占有的森林中进行森林资源清查，并向国家林务局提交这些材料，而且在20年中至少进行一次森林资源清查。在森林资源清查中需标明有特殊保护目的的林地。森林所有者有义务将森林管理活动告知国家林业局。

内阁（Cabinet of Ministers）确定可持续森林经营的评估程序，并确保必须符合泛欧进程中的森林可持续经营标准与指标。农业部应至少每5年进行一次评估或在中书省的要求下评估特定的森林状况，并编写一份关于森林政策制定目标的报告给内阁。该报告应包括有关森林作为资本价值和其变化的信息、森林环境中的生物多样性保护信息，以及森林使用的社会价值和森林所有者的利益信息。

2010年，拉脱维亚有森林经营规划的森林面积为307.2万hm^2，其中有240.3万hm^2用于生产，66.9万hm^2用于森林管理计划，涉及水土管理、高保护价值森林的保护和社区参与等内容。大部分森林所有者的林业活动都在森林经营规划的指导下开展。《森林法》规定国家需要制定森林经营规划，政府监测所有的森林经营规划，这些都是通过立法规范的强制性来实施的。出于自愿管理森林的森林所有者或个人无需进行森林资源监测。森林所有者提供的所有信息都被列入了国家森林记录，用来规范所有森林的经营管理。

10.2.5 林业政策

拉脱维亚基于可持续发展原则制定林业政策，目标是保护生态多样性、保障森林更新、在不破坏生态环境的前提下，发挥林业资源的经济和社会效益。拉脱维亚47.3%的森林归国家所有，除特殊自然保护区（环保和地区发展部作为所有者）外，农业部代表国家作为国有森林所有者。农业部下属的国家林务局负责管理森林采伐权的申请，并发放采伐权许可；其监管的国有企业—国家森林公司（Latvian State Forest）负责管理国有森林，包括树种培育、树苗、保证森林天然更新或人工造林、木材销售。

在《2014—2020年拉脱维亚国家发展计划》中，政府的林业发展目标是森林面积到2020年达到340万hm^2，到2030年达到355.3万hm^2，拉脱维亚的森林覆盖率达到55%。无论国有林还是私有林，国家都有相关政策和法律法规来约束和规范森林经营活动。

10.2.6 森林经营

拉脱维亚每年森林采伐面积为350～450hm^2。每年用于建设基础设施的森林面积仅为20～30hm^2，主要是用来建设道路和能源线路。通过相应的人工造林来保持平衡森林面积不会因森林采伐减少。2010年拉脱维亚的永久性森林用地为189.8万hm^2，其中永久性林地为58.7万hm^2。

拉脱维亚采纳FSC认证和PEFC认证。其中，包括国有森林在内的超过半数的森林通过FSC认证，15个企业都完成PEFC产销监管链认证，280个企业的7900hm^2的林地获得了FSC产销监管链认证。

10.2.7 森林保护

拉脱维亚的森林位于由北方针叶林和南方阔叶林组成的过渡地区。由于独特的气候和地理环境，近1/4的森林都生长在湿地中。湿地森林的存在为生物多样性提供了良好的栖息环境，许多只能生活在恒定条件下的动植物物种在这里找到了栖息地。

与其他欧洲国家相比，拉脱维亚沼泽地占比例较大。拉脱维亚境内4.9%的地区为露天沼泽地，大约50%的泥沼地未受人类活动影响。在这个区域有20多个受保护的植物物种。在泥沼和草地中，栖息着至少15种鸟类，其中包括鹤、欧金鸻、黑松鸡、杓鹬、灰背隼和隼鸟等。在鸟类的迁徙过程中，泥沼对鹤和鹅来说是重要的休息地。另外，还有10个昆虫保护物种和1个稀有蜗牛种。

拉脱维亚有着悠久的自然保护传统。早在16和17世纪就通过了第一部有关森林利用的法律。在19世纪，拉脱维亚加大了在波罗的海沿岸沙丘和里加海湾地区造林力度，又在20世纪启动了建立自然保护区的提议。拉脱维亚第一个自然保护区在库尔泽梅地区（Kurzeme）的莫里克沙拉（Moricsala），是乌士马湖（Usma Lake）的一个岛。拉脱维亚共有4个国家自然保护区、3个国家公园、22个自然公园、211个自然保护区、6个风景名胜区和1个生物圈保护区。这些地方共同成为了拉脱维亚的自然遗产，也成为人们热衷的生态旅游区。

10.3 林业教育与科研

10.3.1 林业教育

拉脱维亚农业大学林学院（Latvia University of Agriculture，Forest Faculty）建于1939年，东欧剧变前为拉脱维亚大学，1991年成为独立大学。拉脱维亚农业大学林学院下设8个学院，分别为农学院、林学院、兽医学院、工程学院、农村工程学院、食品科学院、经济和社会学院、信息技术学院。其中，林学院是拉脱维亚唯一提供森林管理、木材生产与销售等林学相教育的高等教育机构。该林学院所设林学相关专业包括森林生态学和林学、木质材料和技术、林业经济和政策、森林工程与机械、劳工保护。

10.3.2 林业科研

拉脱维亚国家林业研究所是拉脱维亚林业科学中心。其主要目标是以科学的方法获取新知识，开发创新技术，促进森林部门的可持续发展和竞争力。除了支持林业商业化发展，拉脱维亚国家林业研究所还发展了有关野生动植物管理和狩猎，森林机械开发和农林业系统领域的研究。该林业研究所还开展其他领域的研究，如森林生态学和林业调查、森林机械工作带来的影响、衍生产品的评价和定量指标的测量和定性、森林资源经济与森林经营规划、木材技术的研究。

森林和木材产品开发研究所是拉脱维亚林业行业木材研究、产品测试和培训的中心，其业务包括木材和木制品、林业物流应用研究和技术问题，为产品进行认证。根据欧洲和其他相关标准要求，该研究所开展新产品的开发和创新，并进一步实施培训活动，促进职业教育发展。该研究所实验室提供的测试包括确定木材和木材产品的物理和机械性能、测试建筑材料耐火力、家具强度和耐性测试、固体燃料试验等。

10.4 林产品贸易

林产品及木材加工产品是拉脱维亚最重要的出口产品（该行业75%的产品用于出口），出口额占全国出口总额的近1/3。主要出口产品包括锯木（占该行业出口的38%）、原木（12%）、家具（10%）、胶合板（8%）、薪炭材（8%）、纸浆及纸板（6%）等。出口目的地主要是欧盟国家，占出口额的88.9%。

10.4.1 主要林产品

拉脱维亚木材及木制品生产主要以原木、木屑及颗粒、锯材、人造板和木材剩余物为主，其中原木生产量2004—2013年维持在1200万m^3左右（除2008年下降至880.6万m^3），2013年锯材生产量为336.7万m^3（表10-10）。除原木外，主要产品有锯材、木材燃料、人造板、材料和设备、建筑材料、木制品、家具和家具部件，其中3/4的产品出口。

为执行欧洲2020年发展战略，提高可再生能源消费比例，近年来，木材产品在拉脱维亚乃至整个欧洲能源领域的需求增加。目前，拉脱维亚木材生产能力已居欧盟第七位。此外，为适应竞争，企业也尽力提高产品附加值，深加工（干燥、刨、浸渍）锯材、建筑用材料和木制品、木制玩具、园林家具等家具产品比例增加。根据拉脱维亚产业政策，为提高出口竞争力，拉脱维亚政府将支持高附加值产品的生产和出口（表10-10）。在未来几年，拉脱维亚高附加值、能源类木材产品潜力巨大。

表10-10 2004—2013年拉脱维亚木材及木制品的生产量

年份	2004	2005	2006	2007	2008	2009	2010	2011	2012	2013
原木（10^3m^3）	12754	12843	12845	12173	8806	10442	12534	12833	12530	12242
木屑及颗粒（10^3m^3）	2210	2514	3215	2733	3725	2847	3429	3308	3211	3813

（续）

年份	2004	2005	2006	2007	2008	2009	2010	2011	2012	2013
木材剩余物（10^3m^3）	1650	1975	2008	1707	2121	890	1166	345	515	572
木炭材（10^3t）	17	10	12	12	7	7	9	10	12	8
锯材（10^3m^3）	3988	4227	4320	3459	2545	2520	3150	3432	3316	3367
人造板（10^3m^3）	394	426	450	445	664	646	918	923	1012	1158
木浆（10^3t）	0	0	0	0	0	0	0	0	0	0
其他纤维浆（10^3t）	0	0	0	0	0	0	0	0	0	0
回收纸（10^3t）	60	60	70	80	80	80	70	75	102	105
纸和纸板（10^3t）	38	39	57	60	52	54	53	54	44	44

资料来源：欧盟统计局。

10.4.2 林产品贸易情况

拉脱维亚自1991年恢复独立以来，林业部门调整重组以适应市场经济规律，致力于技术革新、改善流程和提高效率，促进整个行业快速发展。2008年经济危机对该行业影响短暂，在两年的下滑后，用途广泛的原木和初加工产品最先恢复。2012年，木材产品制造部门营业收入达22亿美元，比上年增长5.4%，林业产品增加值占国内生产总值的5%。

拉脱维亚农业部数据显示，2015年出口林产品20.4亿欧元，增长3.1%，创历史新高，其中，木材和木材产品17.36亿欧元，增长2%。此外，2015年拉脱维亚进口林产品7.06亿欧元，增长4.3%，主要来自立陶宛（占比17.6%，金额1.24亿欧元）、爱沙尼亚（占比12.8%，金额9038万欧元）和波兰（占比12.8%，金额9013万欧元）。2016年前5个月拉脱维亚林产品出口额为8.95亿欧元，同比增长5%，其中原木及其制品出口额增长6%，出口量最大的原木制品是木屑及颗粒，达到80.37万吨，出口额为1.96亿欧元。林产品主要出口市场为英国（19%）、瑞典（11.3%）、德国（9.9%）。

10.4.3 同中国合作情况

两国建交以来，中国和拉脱维亚贸易进展顺利。中拉双方迄今已签署了经贸合作协定、投资保护协定、避免双重征税协定、科技合作协定、民用航空运输协定和商检协定等经贸领域法律文件。

2011—2013年双边贸易快速增长。据中国海关统计，2013年双边贸易额达14.7亿美元，同比增长6.7%，连续3年创历史新高。其中，中国向拉脱维亚出口额为13.7亿美元，增长4.7%；中国自拉脱维亚进口额为1亿美元，增长44.1%，并首次突破1亿美元（表10-11）。

表10-11　2006—2015年中拉贸易额统计　亿美元

年份	贸易额	中国出口额	中国进口额
2006	4.53	4.39	0.137
2007	7.06	6.84	0.215
2008	8.6	8.4	0.18
2009	4.8	4.5	0.26
2010	8.3	7.95	0.38
2011	12.56	11.93	0.63
2012	13.8	13.1	0.7
2013	14.7	13.7	1
2014	14.64	13.17	1.47
2015	5.7	4.5	1.2

资料来源：欧盟统计局。

波罗的海国家的重要地理位置，使拉脱维亚成为中国在东欧地区建设“一带一路”的有利合作区域及对象，拥有良好产业发展基础的拉脱维亚尤其值得关注。目前，拉方对“一带一路”持积极合作态度，努力助推本国企业及基础设施领域建设发展。中国也在很多场合以不同方式认同拉脱维亚作为战略伙伴的角色。

2015年5月，拉脱维亚交通部代表团曾访华洽谈丝绸之路经济带具体合作，拉方交通过境政策官员、德铁信可公司、拉铁物流公司、Stene轮渡公司和里加通用码头公司等主要交通物流企业与我国多地企业进行会谈交流。拉脱维亚相关官员表示，拉脱维亚交通部正致力于实现货运多样性，整合地区供应链，升级货物附加值，提高国有资产利用率，增强拉交通物流行业对外资的吸引力。拉脱维亚基于优越的地理位置可以在新丝绸之路建设中发挥其独特的重要作用。

2015年4月，在拉脱维亚里加举行了高级别欧亚交通物流会议暨第三届亚欧交通部长会议；2016年拉脱维亚承办了第五次中国—中东欧国家领导人会晤，举办了中国—中东欧国家合作协调员会议、举行了首届中国—中东欧国家交通部长会议；2016年拉脱维亚在里加成立中国—中东欧国家物流合作联合会秘书处，创建虚拟信息平台，支持秘书处发挥牵头协调促进作用，推动物流合作。

参考文献

拉脱维亚国家森林研究中心. Latvian State Forest Research Institute.
拉脱维亚中央统计局. Central Statistical Bureau of Latvia. http://www.csb.gov.lv/en/
李兴汉. 2003. 列国志（波罗的海三国）. 北京: 社会科学文献出版社.
联合国粮农组织. 2000–2015. Yearbook Forest Products.
欧盟统计局. EUROSTAT. http://ec.europa.eu/eurostat/
中国林业信息网. http://www.lknet.ac.cn/

中国社会科学院俄罗斯东欧中亚研究所. http://euroasia.css.cn/
中华人民共和国商务部. 2014. 对外投资合作国别（地区）指南——拉脱维亚.
中华人民共和国外交部. 拉脱维亚国家概况. https://www.fmprc.gov.cn/web/gjhdq_676201/gj_676203/oz_678770/1206_679330/1206x0_679332/
中华人民共和国驻拉脱维亚共和国大使馆经济商务参赞处. 2013. 拉脱维亚森林和木材加工情况. http://lv.mofcom.gov.cn/article/ztdy/201305/20130500110477.shtml
Euro Forest Portal (EFI). http://forestportal.efi.int/
European Forest Institute. http://dataservices.efi.int/medbase/
FAO. 2015. FAO Forestry statistics. http://www.fao.org/forestry/
FRA. 2015. Global Forest Resources Assessment–Country Report Latvia.

第11章 立陶宛

立陶宛，全称立陶宛共和国（The Republic of Lithuania），位于波罗的海东岸，北与拉脱维亚接壤，东连白俄罗斯，南接波兰，西濒波罗的海和俄罗斯加里宁格勒州。国土面积6.53万km^2，地形以平原为主，西部多低山丘陵，东南部则为高地，最高点海拔293.6m。

立陶宛气候介于海洋性气候和大陆性气候之间，冬季较长，多雨雪，日照少；9月中旬至第二年3月中旬温度最低，1月平均气温为-4℃；夏季较短而凉爽，日照时间较长；6月下旬至8月上旬最温暖，7月平均气温为19℃。全年植物生长期为169～202天。年平均降水量748mm。

立陶宛于1990年3月11日签署独立宣言。1991年9月6日，苏联国务委员会承认立陶宛独立，同年9月17日立陶宛加入联合国。立陶宛于2001年5月加入世贸组织，2004年3月29日加入北约，同年5月1日加入欧盟。2007年12月21日，立陶宛加入《申根协定》。

立陶宛全国划分为10个县，共44个区、92个市、22个镇。维尔纽斯是立陶宛首都和最大城市，面积9730km^2，人口80.5万人（2018年）（表11-1）。从民族来看，立陶宛族占84.2 %，波兰族占6.6%，俄罗斯族占5.8%。此外还有白俄罗斯、乌克兰、犹太等民族（李兴汉，2003）。官方语言为立陶宛语，多数居民懂俄语。主要信奉罗马天主教，此外还有东正教、新教路德宗等。

立陶宛的森林和水资源较为丰富。立陶宛石油、天然气等矿产资源比较贫乏，主要依赖进口。

表11-1 立陶宛行政区划面积和人口数量

行政区	立陶宛语	面积（km^2）	人口（人）
阿利图斯县	Alytaus apskritis	5418	138095
考纳斯县	Kaunas County	8086	563112
克莱佩达县	Klaipėda County	5222	317252
马里亚姆波列县	Marijampolės apskritis	4466	141287

（续）

行政区	立陶宛语	面积（km^2）	人口（人）
帕内韦日斯县	Panevėžio apskritis	7878	218726
陶拉格县	Tauragės apskritis	4408	95817
泰尔夏伊县	Telšių apskritis	4350	134139
乌捷纳县	Utenos apskritis	7191	129639
维尔纽斯县	Vilniaus apskritis	9730	805367
希奥利艾县	Šiaulių apskritis	8537	265467
合计		65286	2808901

资料来源：osp.stat.gov.lt，立陶宛国家统计局2018年人口统计数据。

11.1 森林资源状况

立陶宛的森林资源较为丰富。森林是立陶宛重要的自然资源，为国家提供木材、绿色能源、林产品，并为城乡居民提供康养资源，为保障国家生物多样性、可持续发展做出了重要贡献。自然保护区、国家公园及其他保护地约占全国面积的12%。

11.1.1 森林分布及面积

立陶宛面积较大的森林主要集中在南部和东南部，多为针叶林，主要为松树。阔叶林主要树种是栎树、桦树。森林中的蘑菇、浆果、草药资源也比较丰富。据FRA 2015报告，2015年立陶宛森林总面积为218.0万hm^2，占全国国土面积的33.4%（表11–2）。立陶宛自1938年以来，除了1948年森林覆盖率有小幅下降，到1991年森林覆盖率一直稳步增长，2006—2016年超于稳定（图11–1）。

表11–2 立陶宛主要土地类型及其面积 10^3hm^2

类别	1990年	2000年	2005年	2010年	2015年
森林	1945	2020	2121	2170	2180
其他林地	80	83	73	84	104
其他土地	4243	4165	4074	4013.5	3983.5
内陆水域	262	262	262	262.5	262.5
合计	6530	6530	6530	6530	6530

资料来源：FRA 2015报告，Global Forest Resources Assessment 2015–Country Report Lithuania。

11.1.2 森林蓄积量

2016年，立陶宛森林活立木蓄积量为5.37亿m^3，年生长量为1930万m^3（图11–2）。

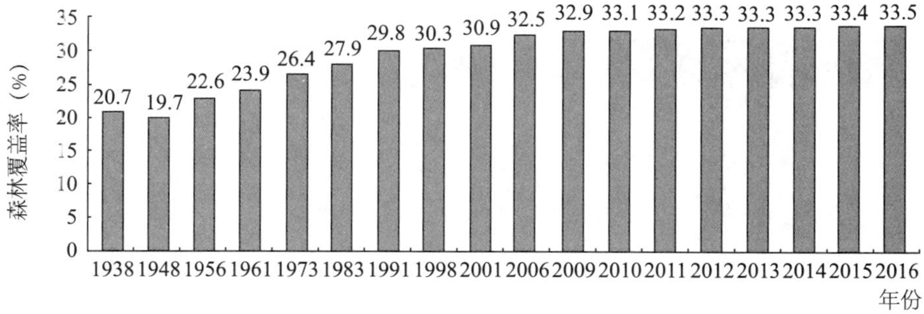

图11–1　1938—2016年立陶宛森林覆盖率

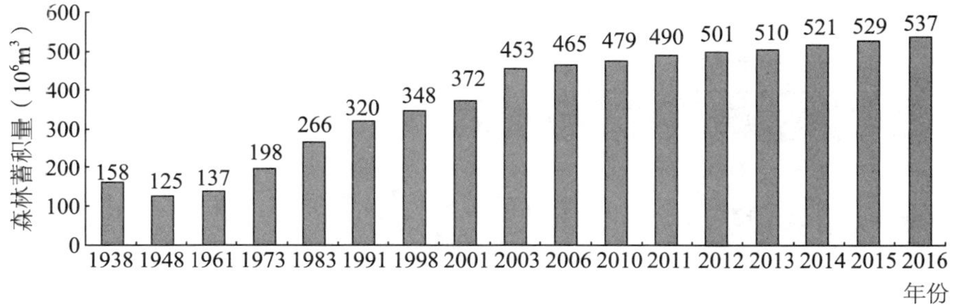

图11–2　1938—2016年立陶宛森林蓄积量

由于在森林清查中低估了10%～15%的林分蓄积量，自2003年木材蓄积量与成熟林面积骤增。据NFI数据显示，自2003年起立陶宛总蓄积量由4.53亿m^3增长至2016年的5.37亿m^3，松树林分占2.21亿m^3的蓄积量，13年间松树林分增加了0.41亿m^3蓄积量。

11.1.3　森林类型

政府制定了一系列的法律法规来实现林业的可持续发展，并有相应政策限制森林砍伐同时增加人工造林，立陶宛近些年来天然林的面积虽然没有变化，但森林总面积在持续增加。

2016年初，森林按功能分类如下：第一，严格保护的天然林：2.65万hm^2（1.2%）；第二，生态保护与游憩林：26.65万hm^2（12.2%）；第三，一般保护林：33.34万hm^2（15.2%）；第四，商品林：156.03万hm^2（71.4%）。

商品林分为正常采伐的商品林和人工林。正常采伐的商品林由生产力高的林分组成，持续生产木材，满足环境保护要求。人工林以在最短时间供应尽可能多的木材为目标，由速生树种组成，采伐年龄至少为15年，且只有龄级相同的林分才能被划归为人工林（表11–3）。

表11-3　1990—2015年立陶宛不同森林类型的森林面积　10^3hm^2

种类	1990	2000	2005	2010	2015
天然林	20	21	26	26	26
天然次生林	1514	1538	1604	1614	1584
人工林	411	461	491	530	570
其中：外来树种	3	3	3	3	3
合计	1948	2023	2124	2173	2183

资料来源：FRA 2015报告，Global Forest Resources Assessment 2015-Country Report Lithuania。

立陶宛森林主导功能类型及其面积变化见表11-4。

表11-4　立陶宛森林主导功能类型及其面积变化　10^3hm^2

年份	1990	2000	2005	2010	2015
商品林	1412	1466	1494	1549	1550
多功能用途林	127	132	158	163	163

资料来源：FRA 2015报告，Global Forest Resources Assessment 2015-Country Report Lithuania。

立陶宛针叶林资源很丰富，针叶林面积114.84万hm^2，占森林总面积的55.8%，落叶树种面积占44%。最常见的树种是欧洲赤松、白桦、欧洲云杉、赤杨、灰桤木、欧洲山杨和夏栎（图11-3）。

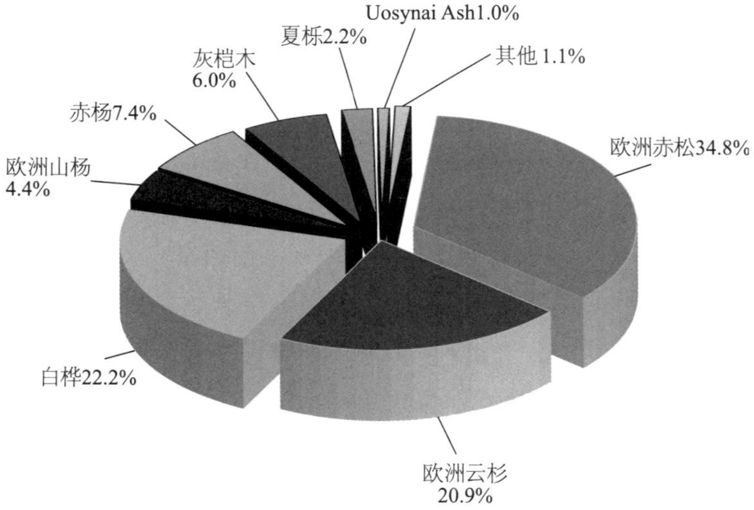

图11-3　立陶宛主导树种林分比例

11.1.4　森林采伐量

立陶宛的营林，到目前为止仍沿用传统的同龄林皆伐方式，目的是扩大木材出口，换取外汇以缓和国内的经济困境，木材出口额占总出口额的6%，其中80%出口到斯堪的纳维亚半岛各国。因此，该国木材采伐中用于薪炭材的比重基本保持不变。(图11–4)。

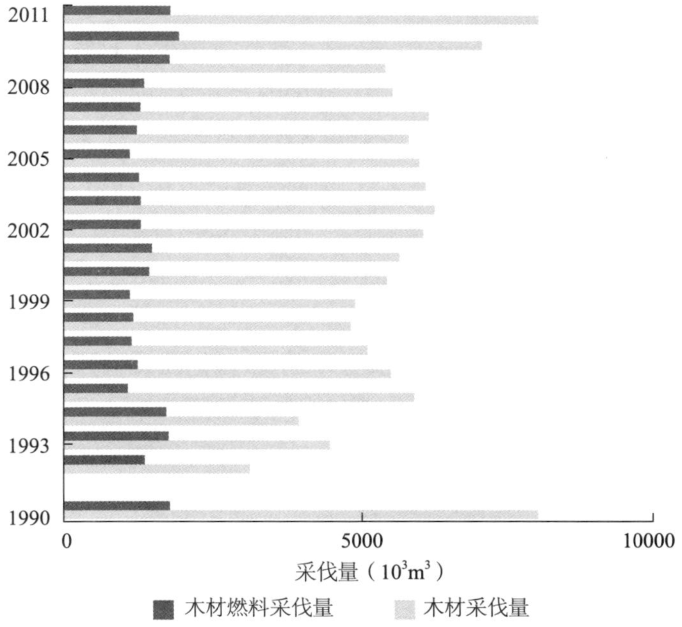

图11–4　1990—2011年立陶宛的森林采伐量

2015年生产的原木数量为0.067亿m^3。2012—2015年国有林采伐量变化不明显。2015年国有林原木采伐量总数达0.038亿m^3，其中0.036亿m^3由企业采伐，销售总额（图11–5）。

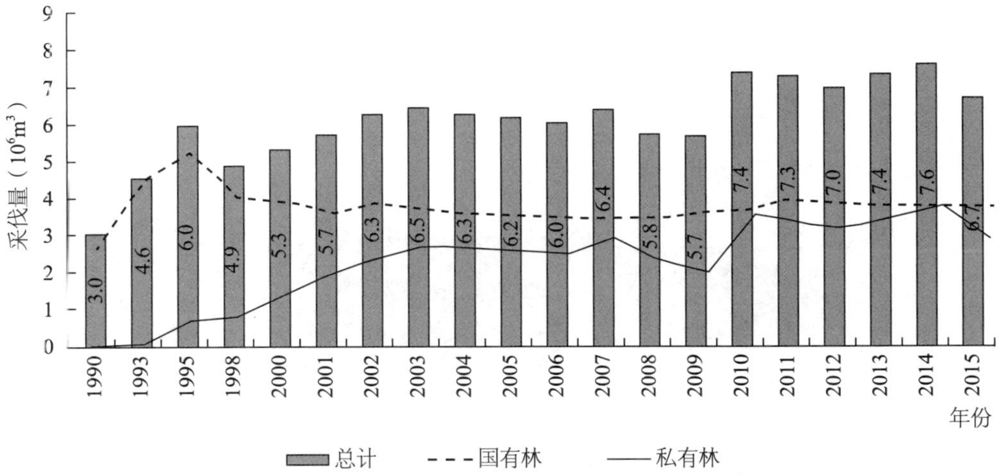

图11–5　1990—2015年立陶宛按森林所有权分类统计的采伐量

2015年国有林主伐总量增加了2%，增加了0.027亿m^3。主伐量占总采伐量的72%（2014年占比70%）。针叶树主伐量增长2%，达到129.2万m^3。主伐云杉林的原木量增长5%（准备木采伐量66.5万m^3），松树林原木生产量减少2%（准备木采伐量62.7万m^3）。对于非针叶林，主伐原木蓄积增加2%至144.7万m^3。桦木林分采伐量增长了2%，从72万m^3增至73.8万m^3。山杨增长了3%，采伐量为33.4万m^3。赤杨林分增长了5%，达到29.1万m^3。其余树种变化量如下：灰桤木4.9万m^3（3%）；白蜡1.65万m^3（-14%）以及夏栎1.25万m^3（-4%）。

国有林间伐量减少了6%，减至0.011亿m^3。择伐量减少了14%，由2014年的43万m^3减至2015年的36.8万m^3。其他采伐由9.7万m^3减至9万m^3。

商业性储备木材材积减少了1%，达到59.5万m^3，占据了全部采伐量的16%。私有林采伐率下降到0.029亿m^3（专家估值）。私有林主拥有0.023亿m^3森林的采伐许可。其中一半（0.011亿m^3）获准在针叶林分采伐。可采伐松树林分由2014年的706万m^3减至2015年的54.5万m^3。可采伐云杉林分降低了20%，至57.6万m^3。桦树林分采伐量约降低了20%，至66.9万m^3。

国有林企业购买了私营采伐公司的服务，约0.373亿欧元的采伐及货运服务（2014年为0.322亿欧元）。42家国有林企中的12家外包了全部的采伐业务，承包商采伐77%运输58%国有林企业生产林（图11-6）。

图11-6　1995—2015年立陶宛由私人承包商采伐的国有林木蓄积量

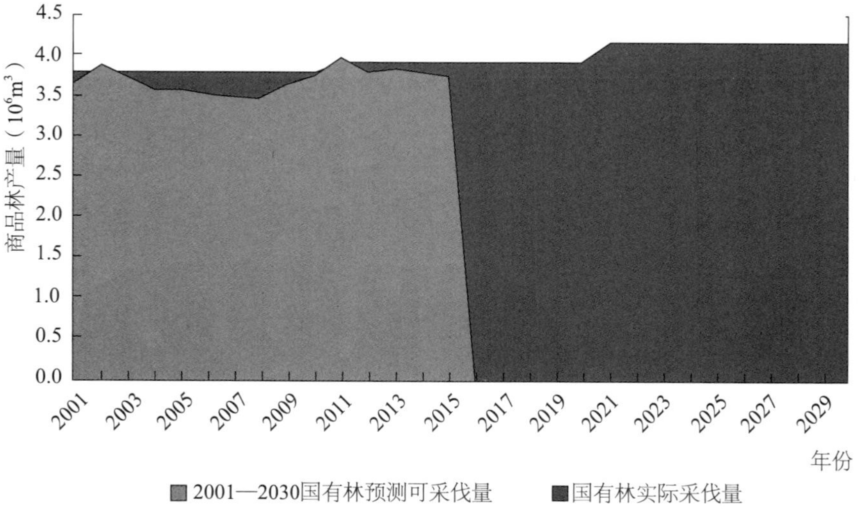

图11-7　2001—2030年立陶宛国有林木材生产变化

据21世纪立陶宛森林资源预测数据显示（Kuliešis A. Petrauskas E. 2000），2001—2030年间国有林年平均增量上涨，在这30年内，国有林主伐、间伐量均有轻微上涨，保护性采伐量很稳定（图11–7）。

活立木蓄积量的预测基于年增长量。森林生长结构或因森林更新方法、森林生长、林分组成而变化。这些都取决于立陶宛的经济情况、木材工业、林业发展情况（包括木材加工），以及这些因素在该国经济中的地位。

11.2　林业管理体制与政策

11.2.1　林业管理部门

11.2.1.1　林业部

林业部是立陶宛林业的最高领导机构，直接管辖全国44个林管局、3个国家公园和1个林业研究所。

11.2.1.2　环境部

环境部是立陶宛政府管理机构，主要负责环境保护、林业、自然资源、地质和水文气象、国土规划、建设、居民住房、公用事业和住房等方面国家政策的制定并协调实施。环境部设立林业咨询委员会，由主要林业相关机构、非政府机构、国家林业工作者的代表和个人组成（图11–8）。

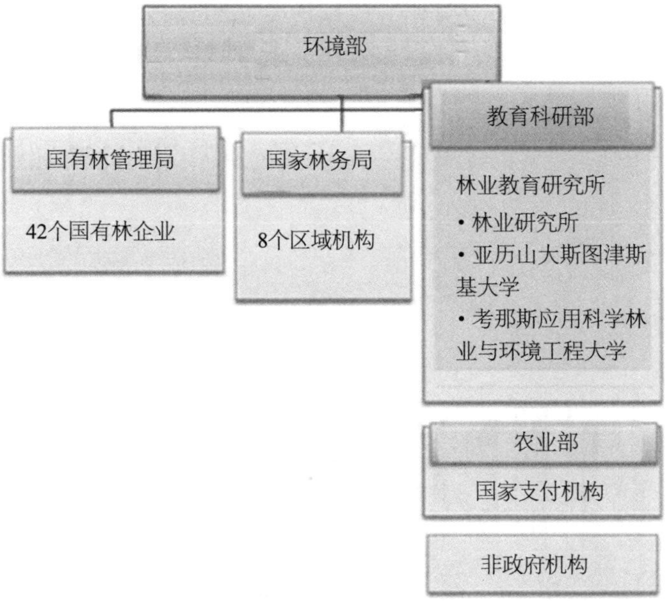

图11–8　立陶宛森林管理机构设置

11.2.1.3 国有林管理局

国有林管理局立陶宛为立陶宛环境部的下设机构，主要依据森林的可持续利用、恢复和扩大森林资源的原则，实现国家森林作为整个国家林业的重要组成部分，在生态、环境、经济、娱乐和其他方面的社会价值。

11.2.1.4 立陶宛森林协会

立陶宛森林协会成立于1993年5月，是全国性木材行业组织，由木制品生产商和贸易商自愿形成。协会代表全体成员企业的经济利益，与立陶宛政府主管部门和各行业组织形成合作关系，宗旨是促进立陶宛木材行业的全面发展。该协会成员包括各种规模和所有制的木材加工、木制品生产、原木贸易、木材制品加工等行业内企业。

协会专职主席和其领导的常设机构，负责为会员在立陶宛国内外收集、传递和管理业内生产和贸易业务信息，组织专家对立陶宛木材行业与国际接轨的认证和贸易等方面提供法律咨询服务，促进协会与国际相关组织的合作，使立陶宛木材产业获取更多的国际行业信息，使立陶宛业内专家有机会参加国际研讨和商业活动。该协会是欧洲林木协会（European Confederation of Wood Industry）和欧洲家具联合会（European Furniture Confederation）的成员。

11.2.2 林业就业

立陶宛自2001—2009年，全部雇员数量降幅超过40%，国有林企业雇员数量在2010—2015年相对稳定（约4000人）（图11-9）。2000—2015年，立陶宛林业行业的从业人数减少量没有私有林业部门增加的数量多，立陶宛从业人数最多的行业为木材制品，软木加工其次是家具加工，林业和采伐，纸和纸产品加工行业一直保持较低水平（图11-10）。

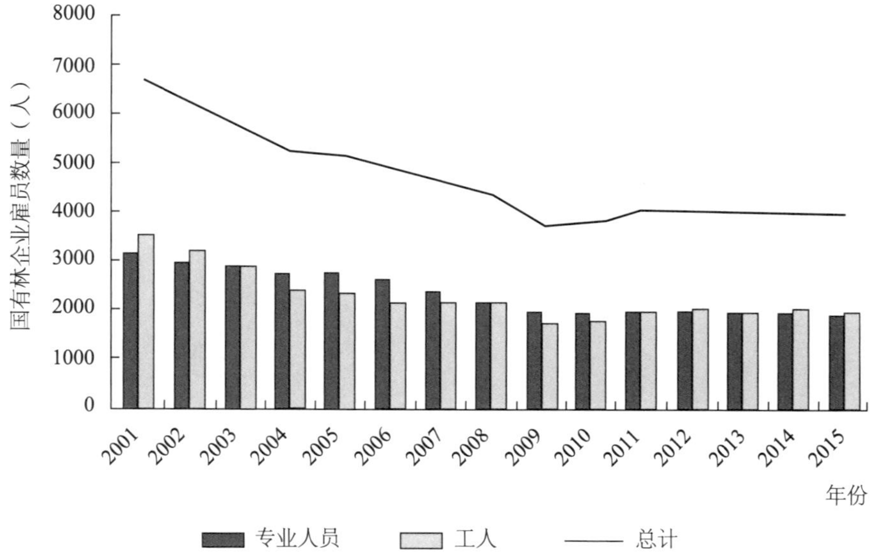

图11-9 2001—2015年国有林企业雇员数量

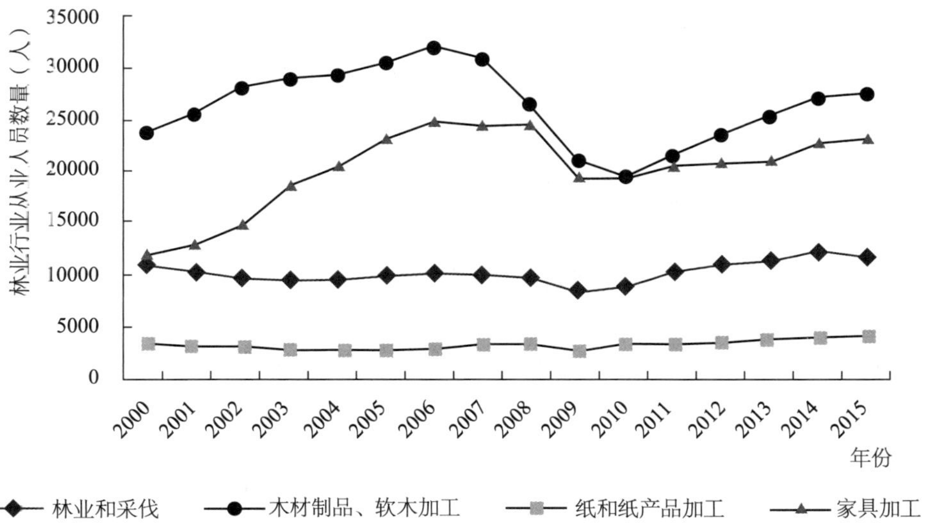

图11-10　2000—2015年立陶宛林业行业的从业人员数量

11.2.3　林业所有制结构

1991年独立前，立陶宛森林几乎全部归国家所有。独立后推行森林私有化政策，将曾经被收归国有的林地重新划归给原来的林主，使成千上万的林主重新获得了林地所有权（表11-5）。

表11-5　1990—2010年立陶宛林地所有权类型及其面积　10^3hm^2

种类	1990年	2000年	2005年	2010年
国有林	1945	1562	1404	1333
私有林	0	458	717	837
个人所有	0	458	705	792
私营商业实体和机构所有	0	0	12	45
总计	1945	2020	2121	2170

资料来源：FRA 2015报告，Global Forest Resources Assessment 2015-Country Report Lithuania。

自实施森林私有化之后至2007年4月1日，立陶宛全国森林面积的35%（约74万hm^2）已划归私人所有，另外还有14%的森林（约29万hm^2）也将划归私有。到2008年已提交申请，要求恢复林地产权的人仍有46万人，还有4万人申请购买土地或森林。立陶宛完成土地私有化之后，将有47%的林地划归私有，另外还有约50万hm^2的边缘农地（多为私有农地）将由国家或私有林主进行造林，预计到2020年将在退耕农地上造林20万hm^2。

立陶宛于2004年5月1日加入欧盟，在立陶宛注册的所有境外公司都可以在该国购买森林，其他国家的公民不能以个人身份在立陶宛购买林地或农地。加入欧盟并经过7年过渡期后外国人才可在立陶宛购买土地或森林。

2016年1月1日前立陶宛约一半的林地（108.8万hm^2）属于国有，87.3万hm^2的私有林

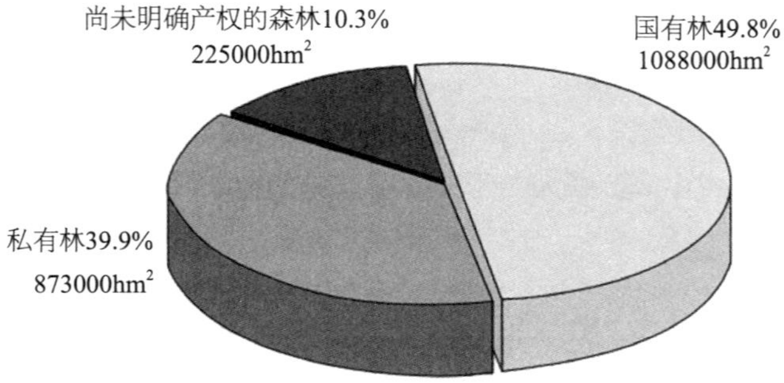

图11-11 立陶宛按所有权划分的森林

注册于国家企业注册中心（图11-11）。环境部下辖的42家国有林企管理了105.02万hm^2的林地。2015年林区数量（SFEs的结构单元）为341个，减少了9个，平均大小为3200hm^2。

11.2.4 森林资源监测

立陶宛在森林资源监测方面有定期的国家森林状况报告，有年度国家森林评估和《立陶宛林业统计年鉴》。立陶宛有森林管理计划的森林面积在2010年是217万hm^2，其中有187.9万hm^2用作生产，29.1万hm^2用作保护。立陶宛的森林管理规划中包括水土保持、高保护价值森林和社会考虑社区参与等因素。森林管理规划每年监测国内所有森林的20%。

森林资源调查与监测工作由国家Standwise森林清查（SFI）和国际森林清查（NFI）执行。SFI提供林区数据及其特征分析是森林管理规划的基地；NFI提供更可靠的立陶宛境内森林蓄积量及变化的数据，且该数据也被用于国家森林政策决策。

11.2.5 林业政策

立陶宛林业政策是基于森林可持续经营原则所制定，其首要目标是促进森林可持续经营、多功能利用、生物多样性保护，通过在废弃农用土地上造林增加森林面积、促进林业科研与教育发展等。立陶宛尊重相关国际森林公约及欧盟要求。

《森林法》自1994年11月22日实施以来，至2001年已经过了数次更新。除《森林法》外，《林业与林产工业发展规划》由政府于1994年实施，并于1996年更新。该计划涵盖多项林业政策相关议题并包括“不适宜农业区域内的多种经营活动，乡村发展与国家可持续发展战略”项目相关的事务。该项目配合国家能源战略，促进木质能源的使用。该项目还实行了在废弃农业用地上的造林绿化活动（乡村发展战略的一部分）。自1997年起，立陶宛开始考虑国际森林认证机制，并由国家林业主管部门推行。立陶宛生物多样性保育战略与相关行动计划由环保部拟订并于1998年通过。

《立陶宛森林政策及发展战略》于2002年获批。这项至关重要的文件涉及了森林政策形成原则、森林政策指导、SWOT分析以及林业部门愿景、国家任务与森林发展战略目标。其他国际任务及IPP/IFF提议书构成了立陶宛森林政策近期实施战略与相应行动计划的主要驱动因素。

2012年，立陶宛制定了《2012—2020年国家林业行业发展规划》，这是政府层面森林管理战略规划的文件，内容覆盖了2020年之前的林业发展战略目标以及实现这些目标的具体活动，并且规定了该项目的负责单位与经费来源。林业发展战略目标是增加森林面积为社会提供多元化利益，并考虑到森林较长的生长周期、不同所有权类型及其关系，实现全国境内所有森林的可持续管理与经营。

11.2.6　森林经营

立陶宛林主协会组织林场主合作社和合作公司成立了一个木材营销网络。该网络作为一个大型木材供应商，可为原木采购者和生产者（小林主）提供稳定而有利的经营条件。目前，加入该网络的林场主合作社和小公司共有25～30个，而且网络规模还在不断扩大。参加该网络的不仅有林场主协会的会员，还有其他林业和森林工业集团。林场主协会雇佣林业技术员130多人，为林场主提供全面的服务，包括森林经营和市场开发，但这种服务仍然满足不了需求。因此，林场主协会于2001年又创办了市场信息服务系统，通过电子邮件，以月报的形式提供私有林原木销售情况和市场价格的最新信息。

2006年，林场主协会通过木材营销网络销售的原木已达65万m^3，比2001年的3万m^3增加了约21倍；同期，除林场主协会以外的全部私有林所供应的原木总量仅提高35%～40%。由此可见，林场主协会的木材营销网络获得了较多的市场份额。2004年，该网络已成为立陶宛最大的原木供应商。

2008年，林场主协会所属的林场主合作社和合作公司提供的木材数量不大，但他们近70%～80%的原木是通过木材营销网络中专门从事木材贸易的公司销售的，目前该网络每月可提供2万～2.5万hm^2的原木。

小林场主可以通过各种方式利用木材营销网络。例如，可以加入林场主协会的某个合作社成为其会员，获得林业服务；非会员也可以通过林场主协会的网络，销售林木（或出售森林）或从林场主协会购买林业服务。

林场主协会的木材营销网络作为全国最大的原木供应商，拥有相当大的议价权，其销售价格比市场平均价高出10%，这些利益可输送给其会员林主。在成立木材营销网络之前，私有林的原木价格比市场平均价低20%。林场主协会木材营销网络计划通过进一步的联盟、合作和纵向一体化等途径，为合作社成员谋求更多的效益。

欧盟国家在森林经营方面相关的政策和法律法规十分完善，一般分3个层次，即欧盟、国家、地方。根据森林经营的政策和法律法规的制定目的，一般包括森林保护和林地扩展、动植物栖息地保护、林副产品保护、木材可持续生产、森林游憩、生物多样性保护、资金扶持、应对气候变化等8个方面。这些森林经营的政策和法律法规对有关部门、机构和个人等在森林经营中的各类权利和义务都做出了明确的规定，对森林经营中为实现森林保护、动植物栖息地保护、林副产品保护、木材可持续生产、森林游憩、生物多样性保护、应对气候变化等必须采取的方法、措施和对森林经营的资金扶持政策等进行了详细的描述。

立陶宛《森林法》（2001年）规定所有森林经营单位必须编制森林经营方案，并严格按照经营方案进行经营管理，分为国有和私有两种，并分别管理，国有林业企业的经营方案使用期限一般为10年，私有林的经营方案使用期限一般为10～20年，编制方案需要2年多的时间，森林经营方案由主管林业的环境部批准并监督实施。可持续地经营本国森林，严格按林分的生长周期经营作业。一般情况下，只主伐成熟林和过熟林，严格控制各林龄的面积比例。

11.3 林业教育与科研

11.3.1 林业教育

考那斯应用科学林业与环境工程大学是一所高等教育机构，是立陶宛国内乃至欧洲公认的机构，提供林业及环境工程领域的高质量教学，并开展应用技术科研。提供高职林业教育，亚历山大斯图津斯基大学森林科学与生态系提供高等林业教育。亚历山大斯图津斯基大学是公立的高等教育与科研院所，不断提高其教育质量，满足社会的多种需求。目前，该大学拥有5000多名学生，这些学生研修的专业包括生物医药学、科技与社会学。该大学是立陶宛唯一一家培育林业、水利工程、房地产及地籍测量领域工程师并授予其专业学士学位的大学，也设有景观设计、土地管理与园林专业。2014年，学士总数达89名，50多名学生于2015年获得硕士学历（表11-6）。

亚历山大斯图津斯基大学还是立陶宛唯一一所被授予食品科学、农业、林业、水资源与土地管理、生物能源与机械工程、气候变化与自然资源可持续利用专业的博士学位、研究型硕士以及本科学士的高等教育机构。这些学位在全世界范围内都获得认可，并得到很高的评价。林学与生态系设环境与生态学院、森林管理与木材科学学院和森林生物与造林学院。为本科生和研究生提供林业研究方向和生态研究方向的学习课程。学生数量超过700名（550多名本科生，150多名研究生）。每年招收学生约180人，有15名教授、22名副教授、16名讲师以及10名助理。林学、森林环境与生态、环境工程系23名博士生在系里开展科研工作。

表11-6 2009—2015年立陶宛林业教育机构毕业生数量

项目		2009年	2010年	2011年	2012年	2013年	2014年	2015年
考那斯应用科学林业与环境工程大学								
林业毕业生	全职学习	21	21	26	38	71	94	79
	兼职学习	17	18	26	14	21	32	53

（续）

项目		2009年	2010年	2011年	2012年	2013年	2014年	2015年
亚历山大斯图津斯基大学								
林业学习项目								
本科	全职学习	50	44	54	53	43	42	40
	兼职学习	23	38	29	21	24	–	18
硕士	全职学习	40	28	27	18	15	12	16
	兼职学习	12	20	2	1	1	10	14
应用生态学学习项目								
本科	全职学习	48	52	44	56	64	47	35
	兼职学习	47	46	27	36	28	–	18
硕士	全职学习	20	21	12	22	14	11	5
	兼职学习	3	1	4	4	5	11	11
野生生物管理学习项目								
硕士	兼职学习	–	–	–	–	–	–	8

资料来源：亚历山大斯图津斯基大学，考那斯应用科学林业与环境工程大学网站。

11.3.2　林业科研

立陶宛林业科学研究院是立陶宛农业研究中心的一个分支，主要开展林业及相关领域的基础研究与实验工作。该机构的主要任务是开展林业与环境领域的基础研究与应用技术研究，从而获取新的知识；实现国家社会、生态与经济发展目标；传播林业与环境领域的科学与技术信息。

该研究院是国际林业研究组织联盟、立陶宛生物质能协会、立陶宛公正定标器协会以及立陶宛农林研究院协会的成员。自2016年，该研究院成为欧洲森林研究所成员，与来自斯堪的纳维亚、德国、波兰、拉脱维亚等国的研究院进行合作。该研究院设有7个研究领域，包括：生态学部、造林部、森林保护与游憩管理部、森林树木基因育种部、森林资源部、经济与政策部、森林植物生物技术实验室。

林业科学研究院的研究方向包括：土壤物理、化学、生物特性与植物营养；森林植物育种、基因与生物技术；立陶宛境内新品种育种与森林植物基因资源研究；木材质量与林分生产力方向的森林植物生物学与造林系统建模；微生物学与植物病理学、林产品及材料毒理学；森林植物加工与产品储藏的最优化与建模；气候变化及森林生态系统的可持续性；林业系统；林业及森林政策的社会经济问题。该机构有职工80人，包括40位科学家、其他研究人员以及16名博士生，拥有充足的能够承担相关项目管理及行政工作的人力资源。

林业科学研究院在立陶宛拥有针对各种实验的500个研究样地及5个森林研究站。该机构的科学家也参与了由立陶宛研究委员会、欧盟委员会等机构资助的国家级、国际级的项目，每年为立陶宛经济实体（国有与私有林业企业）、环保部、农业部及其他国家权威机构开展约20个不同的实用技术项目。

林业科学研究院与亚历山大斯图津斯基大学合作发行出版国家级且经同行评议的科技期刊《Miškininkystė》（林业），并与拉脱维亚和爱沙尼亚森林研究机构与大学合作发行出版经同行评议的科技期刊《波罗的海林业》，该期刊发表的文章被14个国际数据库收录（SciSearch®，CAB摘要，森林科学数据库等）。

11.4 林产品贸易

11.4.1 主要林产品生产

立陶宛木材加工业包括木材及木制品业、家具业和造纸业等相关产业。木材加工业是该国发展较快、颇具前景的制造产业之一，其增长速度大大超过整个制造业的平均水平，是立陶宛制造业的重要支柱。主要产品为锯木、胶合板、木质板材、家具、木箱、木制构件、瓦楞纸板、纸箱等。

虽然立陶宛木材行业实力较强、发展迅速、产品附加值较高，但是，当地消费水平比较低，只能消费家具、刨花板、卫生用纸及纸箱等产品，大部分木材产品主要销售给本国的建筑公司、家具零售商和个人客户等。立陶宛木材行业通过采用现代化加工技术和新商业模式，再加之物流成本较低，基本保持了国内市场对产品的需求稳定增长，销量没有下降。2008年金融危机之后，立陶宛木材行业固定资产投资大量增加，2010—2011年，新生产线投入很多，使林业产业的总产量迅速上升，为出口增长奠定了良好基础。投资的快速增长对木材和家具行业的发展起到了巨大推动作用，不仅更新了设备，扩大了产能，而且使生产技术工艺实现了升级换代，提高了产业竞争力。目前，大部分生产企业均已获得ISO9001和ISO14000质量管理证书，生产的家具等产品均符合欧盟的质量和设计要求，产品用料好，价格有竞争力，出口增长快。

除应用现代生产技术和工艺外，木材制造业还大量采用创新的业务解决方案和恰当的市场战略，接受非标订单等灵活多样的运作方式，再加之具有优质的原料供应，使立陶宛木材及木制品制造业具备了一定的地区竞争优势。

11.4.2 林产品进出口贸易

2015年立陶宛GDP增长1.8%。2014年GDP增长3.5%。失业率由2014年第四季度的10.1%下降至2015年末的8.8%。

2015年林业行业（含家具制造）的总附加值达到了16亿欧元，比2014年高了10%。该行业占国家总附加值比重由2014年的4.4%上升至2015年的4.7%。其中占林业行业内最大份额（7.19亿欧元）的是家具行业。该附加值（以现价计算）相比2014年增加了11%。木材行业附加值增长了7%，达4.55亿欧元。纸浆工业增幅（10%）更显著，但是总附加值里占份额最小的。林业与林产工业贡献了2.02亿欧元的附加值，比2014年多了16%（彩图11–1）。

立陶宛工业销售总额（以现价计算）相比2014年下降了4%，为0.188亿欧元。森林工业销售额相比2014年增长（含家具制造）了11%，达27.4亿欧元。家具行业销售额增长13%，达14.1亿欧元。木材行业销售额增至9.7亿欧元，相比2014年增长10%。纸和纸浆工业销售额增长4%，销售额达3.6亿欧元（彩图11–2）。

2001—2015年，林业、伐木业与林业工业公司数量由2233个增至2281个。林业与伐木业公司数量增长了2%，家具制造商增长5%，纸和纸浆工业增长4%。木工行业公司数量与2014年相同。

所有国有林企业总支出减少了3%，约1.51亿欧元（2015年）。直接原木生产成本占国有林企业总支出的36%。这些支出达0.54亿欧元，减少了6%。林区人员与森林保护支出费用减少0.8%，占总支出的13%。

锯木厂生产量减少125万m^3。胶合板装饰板及类似的复合板产量达4.14万m^3。纤维板产量由0.211亿m^3增至0.217亿m^3。2015年刨花板产量（71.2万m^3）不变。纸和纸板的生产情况类似，该行业产出12.5万t。贴面板产量达7万m^3，降幅为6%。

出口家具占木材工业份额的56%。家具进口量增长5%，达13.9亿欧元。家具主要市场仍为欧洲国家。瑞典市场销售额上涨11%，达2.61亿欧元。德国市场销售额下降4%，达1.65亿欧元。英国市场销售额上涨22%，达1.33亿欧元。俄罗斯市场销售额下降29%，达1.04亿欧元。

非木质林产品蘑菇的主要市场仍为欧盟国家。最大量的蘑菇出口国是德国和波兰，最大量的新鲜野生浆果出口国是爱沙尼亚与俄罗斯（图11–12）。自2006年起，蘑菇与野生浆果的出口开始增加，2015年累计有4600t蘑菇与1000t野生浆果的出口量（图11–13）。2015年野生浆果的出口量减少与俄罗斯对欧盟的食物禁运有关。

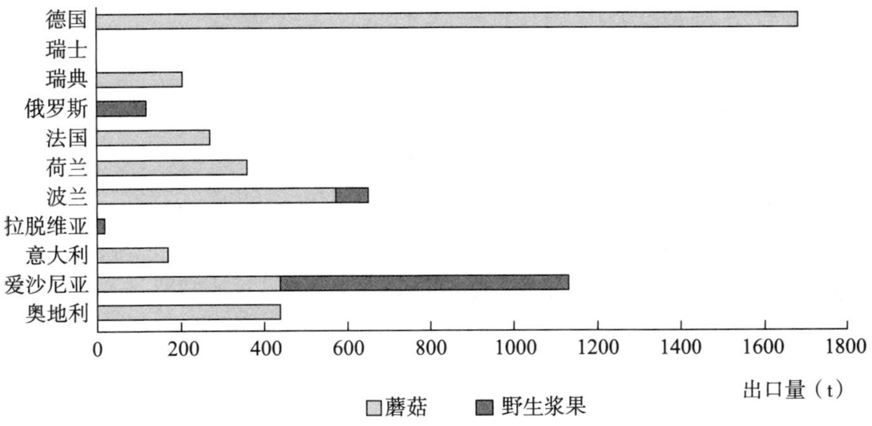

图11–12 2015年立陶宛对各国蘑菇与野生浆果出口量

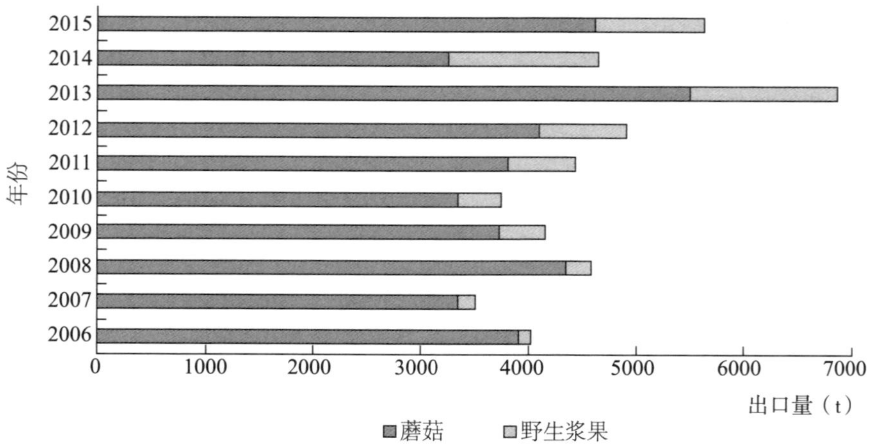

图11-13　2006—2015年立陶宛蘑菇与野生浆果出口量

11.4.3　同中国合作情况

2016年，中立签署《立产乳制品对华出口的卫生检验检疫议定书》，立陶宛17家乳品生产企业获得对华出口资格。继2016年1月立陶宛首批20t奶酪产品运往中国之后，又一家乳制品公司Rokiskio Suris AB与中国合作伙伴达成合作协议，首批数百吨奶制品将运往中国试销，并根据试销情况开展进一步合作。

立陶宛牛肉产量严重过剩，供应量超国内市场需求3倍，急需寻找出口市场，立陶宛农业部长就牛肉对华出口事宜专程赴华会见国家质检总局副局长。称中国市场规模巨大，有助于缓解立陶宛牛肉产品出口难题，称赞中方为立陶宛牛肉进入中国市场做出的积极努力，并期待立陶宛更多农产品进入中国市场。

2017年4月，中国全国人大常委会委员长率团访问立陶宛，并会见立陶宛总理。会见中，立陶宛总理表示，立方重视同中方开展交通物流领域合作，愿与中方一道积极寻求合作机遇。除克莱佩达深水港项目外，立方还积极寻求同中方在铁路运输方面开展合作。据称，立陶宛铁路股份有限公司正在同中方企业开展积极沟通，以期达成“中欧班列”等铁路运输方面的合作。

参考文献

李兴汉. 2003. 列国志（波罗的海三国）. 北京: 社会科学文献出版社.
联合国粮农组织. 2000–2015. Yearbook Forest Products.
欧盟统计局. EUROSTAT. http://ec.europa.eu/eurostat/
任琳, 丁天恒. 2015. “一带一路”投资政治风险研究之立陶宛. 观点中国网. http://opinion.china.com.cn/opinion_0_137900.html
中国林业新闻网. http://www.greentimes.com/
中国林业信息网. http://www.lknet.ac.cn/
中国社会科学院俄罗斯东欧中亚研究所. http://euroasia.css.cn/

中华人民共和国商务部. 2014. 对外投资合作国别（地区）指南——立陶宛.
中华人民共和国外交部. 立陶宛国家概况. https://www.fmprc.gov.cn/web/gjhdq_676201/gj_676203/oz_678770/1206_679354/1206x0_679356/
中华人民共和国驻立陶宛共和国大使馆经济商务参赞处. 2014. 立陶宛木材制造业概述. http://lt.mofcom.gov.cn/article/ztdy/201408/20140800690121.shtml
Euro Forest Portal (EFI). http://forestportal.efi.int/
European Forest Institute. http://dataservices.efi.int/medbase/
FAO. 2015. FAO Forestry statistics. http://www.fao.org/forestry/
FRA .2015. Global Forest Resources Assessment−Country Report Lithuania.

第12章 罗马尼亚

罗马尼亚（Romania），位于东南欧巴尔干半岛东北部，北部和东北部分别与乌克兰和摩尔多瓦交界；西北部和西南部分别同匈牙利和塞尔维亚接壤；南部同保加利亚以多瑙河为界；东南临黑海。海岸线长245km，国土面积23.84万km^2，人口约1953万（2017年）（表12–1）。罗马尼亚自然资源丰富，气候宜人。首都布加勒斯特市是罗马尼亚政治、经济、科学、文教中心，是罗马尼亚最大的城市。2004年和2007年，罗马尼亚分别加入北约和欧盟。

表12–1　罗马尼亚行政区划面积和人口数量

行政区	罗马尼亚语	面积（km^2）	人口（人）
阿尔巴	Alba	6250	328311
阿拉德	Arad	7746	419360
阿尔杰什	Argeș	6822	585730
巴克乌	Bacău	6622	591035
比霍尔	Bihor	7539	564109
比斯特里察–讷瑟乌德	Bistrița-Năsăud	5358	280106
博托沙尼	Botoșani	4987	385046
布勒伊拉	Brăila	4766	294143
布拉索夫	Brașov	5361	551183
布加勒斯特	Bucharest	240	1827810
布泽乌	Buzău	6101	419829
克勒拉希	Călărași	5087	288043
卡拉什 – 塞维林	Caraș-Severin	8532	275063
克卢日	Cluj	6672	704759
康斯坦察	Constanța	7104	676215
科瓦斯纳	Covasna	3707	203534
登博维察	Dâmbovița	4056	496173
多尔日	Dolj	7425	630911

（续）

行政区	罗马尼亚语	面积（km^2）	人口（人）
加拉茨	Galați	4465	509471
久尔久	Giurgiu	3544	269279
戈尔日	Gorj	5572	319919
哈尔吉塔	Harghita	6637	304280
胡内多阿拉	Hunedoara	7072	388600
雅洛米察	Ialomița	4455	258931
雅西	Iași	5477	791210
伊尔福夫	Ilfov	1564	473445
马拉穆列什	Maramureș	6303	463354
梅赫丁茨	Mehedinți	4942	245120
穆列什	Mureș	6705	538329
皮亚特拉	Neamț	5897	447102
奥尔特	Olt	5503	400802
普拉霍瓦	Prahova	4715	725609
瑟拉日	Sălaj	3867	213816
萨图 · 马雷	Satu Mare	4420	334678
锡比乌	Sibiu	5432	400110
苏恰瓦	Suceava	8553	626789
特列奥尔曼	Teleorman	5788	341440
蒂米什	Timiș	8692	701499
图尔恰	Tulcea	8484	197754
沃尔恰	Vâlcea	5764	353188
瓦斯卢伊	Vaslui	5317	380001
弗朗恰	Vrancea	4854	324545
合计		238397	19530631

资料来源：www.insse.ro，罗马尼亚国家统计局2019年1月人口统计数据。

罗马尼亚地形奇特多样，境内平原、丘陵和山地各占国土面积的1/3。罗马尼亚山河秀丽，蓝色的多瑙河、雄奇的喀尔巴阡山和绚丽多姿的黑海是罗马尼亚的三大国宝。多瑙河在境内长1075km，国土上蜿蜒流淌的大小数百条河川，多与多瑙河汇流，形成“百川汇多瑙”水系。多瑙河不仅灌溉着两岸肥田沃野，也为罗马尼亚电力工业和渔业等提供了丰富的资源。有“罗马尼亚脊梁”之称的喀尔巴阡山绵亘在罗马尼亚40%的国土上。罗马尼亚濒临黑海，景色秀丽的黑海海滩是著名的旅游胜地。

在当地人口中，罗马尼亚族占88.6%，匈牙利族占6.5%，罗姆族（吉卜赛人）占3.2%，日耳曼族和乌克兰族各占0.2%，其余民族为俄罗斯、塞尔维亚、斯洛伐克、土耳其、鞑靼等，共占1.5%。城市人口所占比例为55.2%，农村人口所占比例为44.8%。官方语言为罗马尼亚语，主要少数民族语言为匈牙利语（李秀环，

2006）。主要宗教有东正教（信仰人数占总人口数的86.5%）、罗马天主教（4.6%）、新教（3.2%）。罗马尼亚重点特色产业包括：石油化工、机械、汽车、医药、软件、纺织服装、食品加工、葡萄酒酿制、生态农业等。

12.1 森林资源状况

12.1.1 森林分布及面积

罗马尼亚是欧洲森林资源较丰富的国家之一，拥有较高的生物多样性。罗马尼亚森林分布的海拔高度达1650～1800m，海拔最高的树种为欧洲云杉，其次为山毛榉及欧洲冷杉的混交林。丘陵地带主要分布有栎树和针阔混交林。平原、低丘壑河流地带主要为苦栎及阔叶树混交林。截至2015年，罗马尼亚森林面积约有656万hm^2，覆盖率为28%（图12-1），相比19世纪而言，森林覆盖率下降了38%。由于第二次世界大战，以及战后大规模乱砍滥伐，毁林开垦，森林覆盖率曾一度下降至24.5%。

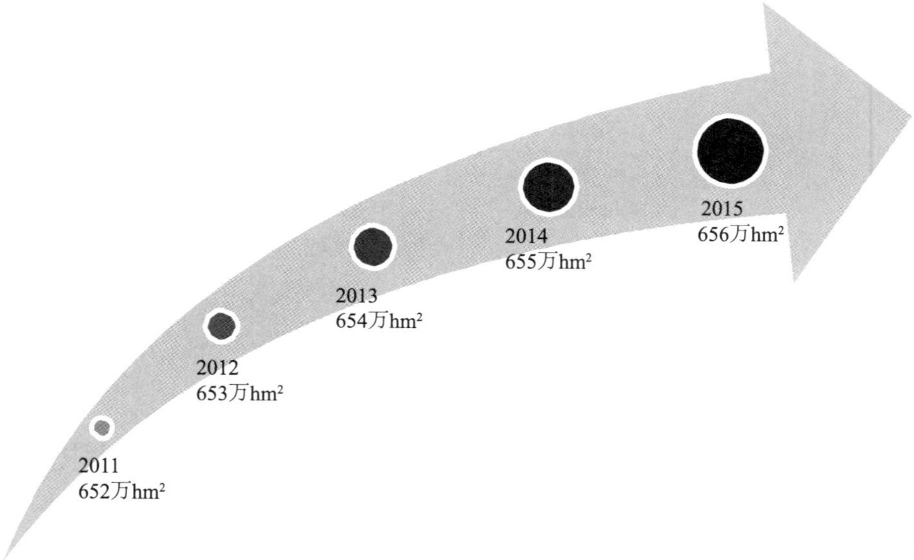

图12-1　2011—2015年罗马尼亚森林面积变化

12.1.2 森林蓄积量

按照树种组成，罗马尼亚森林中针叶林占24%，阔叶林占30%。森林总蓄积量为22.216亿m^3，其中针叶林为6.694亿m^3，阔叶林为15.014亿m^3。森林年采伐量约为1700万m^3。罗马尼亚境内的主要树种有山毛榉（31.7%）、云杉（23.5%）、夏栎（17.8%）、冷杉（5.1%）、洋槐（4.3%）、杨树和柳树（2.4%）、松树（1.9%）、椴树（1.8%）。其他树种如栎类、槭树、桦树、胡桃、樱桃、赤杨、刺槐和栗树等占11.5%。

12.1.3　森林类型

森林按功能类型分为两类：一是以发挥森林生态功能为主的防护林，约占52%；二是以生产木材为主的用材林，约占48%。在功能方面，国家林业基金管理的森林具有以下结构（表12–2）。

表12–2　罗马尼亚按功能组合划分的森林

功能组合		森林类型	比例（%）
功能组合 I	具有水土保持、改善气候和其他经济利益等特殊功能的森林，游憩森林，基因保护和生态保护林，及国家自然保护区森林，保护区森林占国家林业基金森林面积的53.3%	保护土地和土壤	43
		水源涵养	31
		预防灾害	5
		具有游憩功能的森林	11
		科研保护区的森林	10
功能组合II	可以同时实现生产功能（主导功能）和一个或多个保护功能的森林，占国家森林基金面积的46.7%		

国有林面积的60%为功能组合I（具有特殊保护功能），40%为功能组合II（具有生产和保护双重功能）（图12–2）。

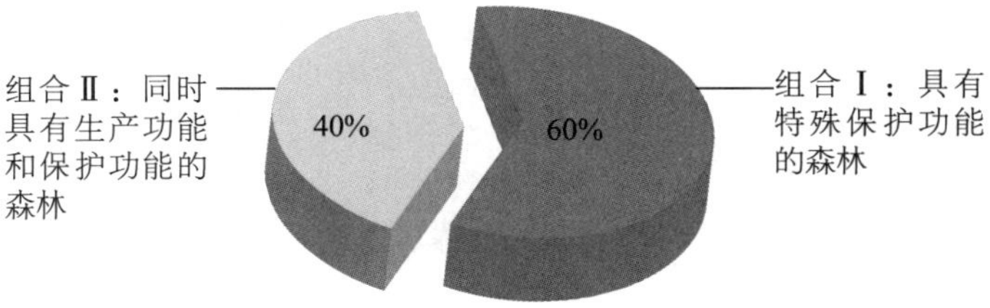

图12–2　罗马尼亚按功能组合划分的国家森林

罗马尼亚森林树种组成的基本情况（主要树种面积及其所占百分比），主要树种为山毛榉（32%），针叶树（云杉、银杉和其他针叶树种，占26%），栎类（18%），硬阔类（17%）和软阔类（7%）（图12–3）。

12.1.4　森林采伐量

罗马尼亚森林采伐量呈下降趋势，从1975年的270万m^3下降至2015年的1.8万m^3。2007—2015年采伐量保持在1.5～1.9万m^3（表12–3）。在木材利用方面，罗马尼亚的采伐承载力超过其可承受的能力，利用形式主要涉及制造业和能源产业。近些年来，木材加工呈现明显的下降态势，一方面是由于采伐量减少（采伐减少是由于森林的不可及性），另一方面是由于缺少修复所需的资金、木材采收技术落后、缺少资金注入，从而使规模化的大面积种植受到限制，相关方面的研究缺乏等。

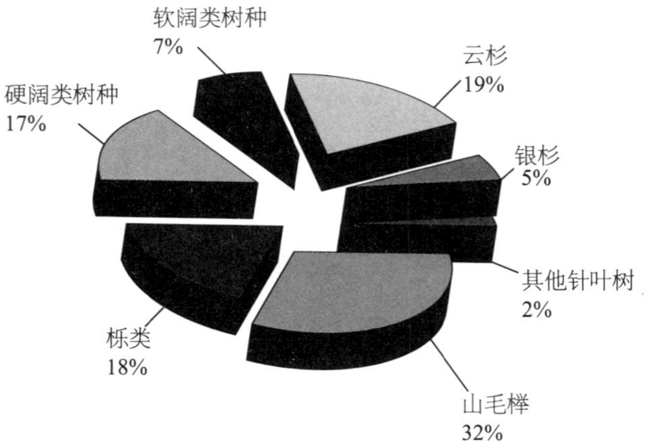

图12-3 罗马尼亚主要树种组成

表12-3 2007—2015年罗马尼亚木材采伐量 10^3m^3

年份	更新伐	疏伐	卫生伐	合计
2006	—	—	—	15684
2007	13250	2964	1024	17238
2008	11852	3043	1810	16705
2009	11215	3375	1930	16520
2010	12070	2933	1989	16992
2011	13152	3584	1969	18705
2012	13082	4071	1928	19081
2013	12803	4162	2317	19282
2014	11928	3785	1928	17889
2015	12045	3889	2199	18133

罗马尼亚的采伐作业系统主要为带状采伐作业体系（shelterwood group），实际上是一种带伐、渐伐混合作业模式，大面积的伞伐作业（shelterwood uniform）也占有相当大的比例。罗马尼亚每年标准木材的销量为1000万m^3，而木材加工销量约为70万m^3。

12.2 林业管理体制与政策

12.2.1 林业管理部门

国有森林（面积占总森林面积的66.0%）的经营和服务由罗姆斯娃（Romsilva）国家森林管理局负责，其他林地面积（34.0%）的经营和服务由森林管理区负责。

截至2015年底，全国共有468个林区，其中322个由罗姆斯娃国家森林管理局管理，146个森林管理区和3个林区属于“Marin Drăcea”国有林研究开发所，1个林区由国家遗产管理局实施自治管理。

罗马尼亚与林业有关的主要政府机构包括森林水资源部、国家森林管理局、国有林研究与发展所、地区森林警察局、国家环境保护监察局、国家环境局。

依据国家公共财产基金的规定，罗马尼亚国家森林管理局在森林水资源部的管理下运行，主要目的是确保可持续管理森林，加大森林对改善环境状况的作用，确保森林为国家经济与木材、林产品等提供服务。国家森林管理局还通过组织体育比赛、展会和展览等活动，协调和实施国家马匹育种计划，在国内外推广国家森林管理局的优质马匹。同时，通过对22个行政区和法人单位的管理，国家森林管理局管理在国家林业基金中占有重要地位的23个国家和自然公园，以确保保护区的生物多样性。

与林业相关的非政府组织有罗马尼亚森林协会、私营森林管理协会、私营森林业主协会、营林协会、宜林协会、罗马尼亚森林服务提供商专业协会以及森林保护联合会。

12.2.2 林业就业

2005年，罗马尼亚从业人员超过50人的林木采伐和加工企业有307家，从业人员不到50人的有5400家；在从业人员中，20家大型林木采伐和木材加工企业的从业人员占总数的34%，产值占全部产值的42%。2005年11月底，罗马尼亚各行业总就业人数为453.8万人，其中农林牧副业就业人数14.1万人。

2010年，罗马尼亚全国林业员工约41300人。1990—2010年，林业部门员工人数逐渐减少（表12-4）。

表12-4 1990—2010年罗马尼亚林业部门就业人数变化情况

年份	1990	2000	2005	2010
林业就业人数	78500	70500	59800	41300

资料来源：FRA 2015报告，Global Forest Resources Assessment 2015–Country Report Lithuania。

12.2.3 林业所有制结构

罗马尼亚森林所有制形式可以分为国有和私有（或非国有制）两种形式。罗马尼亚国有森林企业经营着全国森林总面积的48.8%（图12-4），国有制形式下的管理职能是提供基本的公共服务（如国家公园），在法律范围内持经营权和履行与经营相关的义务，并在各个方面作为公共机构提供服务，也承担许多林业公共服务之外的项目（如马场饲料供应）。

由私营主体拥有的具有明确合法权属的非国有森林占全国森林面积的51.2%，但其中一部分森林交由政府机构经营，私有林主要包括城镇或乡村级所有、教堂所有、公司及个人所有制等形式，其经营权从国有制转出，通过长期租赁合作协议由个人、家庭、企业和非营利机构管理。私有制形式森林在地方的木材及生物市场起到重要的作用。在1948年以前，罗马尼亚的森林全部为国有制形式，1989年东欧剧变以后，政府逐步将土地、森林资源等返还给原所有者。土地、森林资源的私有化进程分为3个阶段：1991年，根据土地私有化方案，将二战前私人所有的、二战后收为国有的土地开始归还原所有者，但规模不超过1hm²；2000年，土地私有化法案进行了重新修改，将限制规模扩大到10hm²；2005年起，完全放开了面积限制。截至2005年年底，国有林森林面积为509万hm²，私有林森林面积为130.1万hm²。

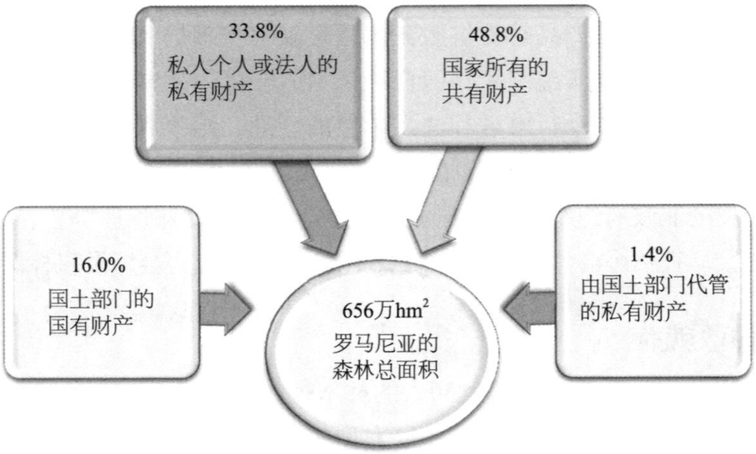

图12-4 罗马尼亚不同类型林权所占比例

20世纪由于自然和人为原因，林木（橡树和杉木）出现了大量死亡的现象，主要原因有长期干旱（气候原因）、工业污染、盗伐和乱砍滥伐、过度放牧等。由于《森林保护法》和《环境保护法》等相关法律没有得到严格的执行，使得造林工作不断受阻，森林面积一度下降。在森林实行私有化后，大批苗圃改作他用，造成树苗严重短缺，植树造林工作受到严重影响。

12.2.4 森林资源监测

自1990年以来，罗马尼亚作为联合国欧洲经委会森林项目的成员国，开展了大量森林监测活动；森林现状调查基于欧洲长期观测网样地（一级）（16km × 16km），1992年在非系统观测网中布设了典型森林生态系统密集监测样地（二级，12个固定样地）。此外，罗马尼亚在两个LTSER观测地点（Retezat和Bucegi – Piatra Craiului）开展了长期的社会生态观测研究。

2010—2015年，罗马尼亚森林的健康状况未受到明显影响（林木受损百分比在14% ~ 17%）。总体而言，除2010年和2015年以外，针叶树的受影响程度比阔叶林稍大（图12-5）。

国家森林资源清查研究非常复杂，包括现场数据收集、GIS分析和数字摄影测量、实验室分析以及大量的数据处理和统计分析等。国家森林资源清查是评估国家森林资源，满足森林资源日益增长的需求的主要手段。国家森林资源清查的主要任务是收集、存储和管理有关森林资源以及分析数据和信息并发布研究成果。此外，国家森林资源清查对森林资源和林业部门发展演变进行研究和预测，以促进国家森林政策的制定和跨部门的合作。

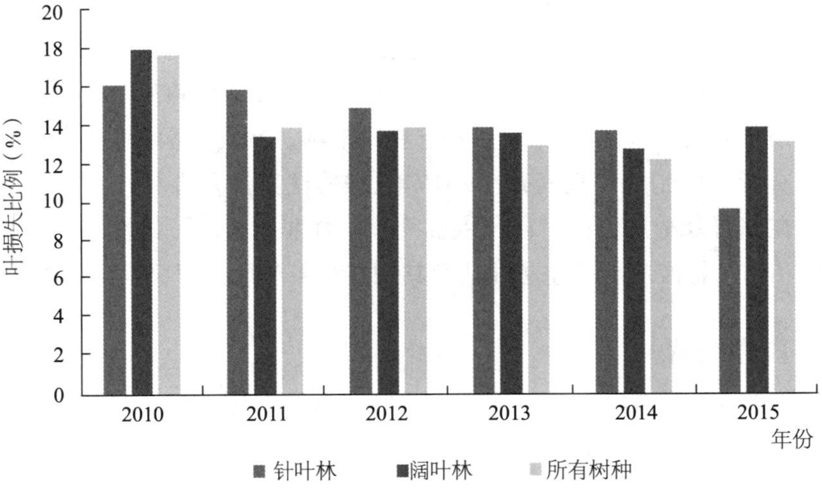

图12-5 2010—2015年森林健康状况（缺陷≤25）与受损林木（缺陷>25）的比例

根据罗马尼亚在欧洲森林保护部长级会议上的承诺，国家森林资源清查成为森林可持续经营报告主要的资料来源。国家森林资源清查还定期向联合国粮农组织、联合国气候变化框架公约或京都议定书和生物多样性公约提供森林资源评估的基本数据。

12.2.5 林业政策

2008年46号法案《森林法》是罗马尼亚主要的林业法律，为全国森林的可持续经营提供了必要的法律、技术和经济框架。最新版本的《森林法》进行了许多修改（2017年7月进行了最后一次修改），旨在改善林业体制。它将森林划分为国家和行政单位的公共财产、社区以及自然人和法人（个人、协会、学校、教会等）的私有财产两个大类。

2000年59号政府紧急条例涉及务林人员。该法案通过了2001年第427号法案及附件，完善了条款。该法指出务林人员是罗马尼亚认可的教育机构毕业的，接受过林业培训且在林业领域内实践过的林业专业工作人员。2002年289号法案涉及防护林带。法案对长度不等、相对狭窄的植被覆盖区实施人工造林的区位和顺序提出要求，以保护不同目标（如城市、道路和农作物）免受有害因素的影响（如土壤侵蚀、雪暴、洪水和污染等）。2006年85号政府令涉及对森林植被损害进行评估的方法。该政府令经2007年84号法案批准，包括了附件和完善条款。该政府令指出，损害是指在不合法条件下，由于不同形式破坏导致的树木或林木的外观、物理完整性或生理特性的改变（无论程度大小）。2010年56号法案涉及国家林业基金建设林道。林道是国家森林可持续经营的重要因素，可通过道路建设工程或对现有道路修缮来实现运输功能的提升。2010年100号法案涉及退化土地造林。对《森林法典》附件第53段任意所有权下退化土地的内容进行了规范，为土地利用工程对保护土地、恢复水资源利用平衡、改善环境状况的工作提供依据。

2014年470号政府令批准了木质材料、木材储存设施以及原木加工厂涉及的原木产地、运输和贸易的规范，规定了木材和木制品经营销售者的义务。2015年32号政府令涉及森林巡查员的设立。该规范旨在保护国家林业基金森林和林地免受非法占用、非法砍伐、盗窃、森林退化和放牧等有害因素的影响。2016年617号政府令涉及公共产权的林业基金森林使用的审批问题。2017年134号法案涉及森林违法行为的认定和制裁。本法旨在完善森林法典，对认定森林管理、林业基金的一体性、森林保护、森林更新、木材和非木材产品行政违法评估及其调查结果和惩处程序提出要求。

12.2.6 森林经营

罗马尼亚重视开展森林经理工作，集约经营本国森林。罗马尼亚在森林可持续经营方面有着很长的历史。从1984年开始，罗马尼亚按照《森林法》规定，对全国森林进行了经理调查，编制了《森林经营方案》，并规定10年为一个森林经理期，方案每隔10年修订一次。通过建立森林资源档案，掌握各地森林资源消长变化，进行有效的监督。在《森林经营方案》的基础上，按照林业自身的特点进行集约经营，注意保持与改善森林生态环境，采用科学的采伐与更新方式，重视低质低效林改造，从而不断提高林分质量。

森林经营管理的标准主要有以下5点：森林功能的连续性、林业生产的可持续性、森林保护功能、林业最佳可持续实践以及生物多样性保护。按照现在的规定，所有的林区都需要按照技术标准来经营。相应地，一个经营实体必须要与私人林区的持有者签订合同并且在法律体系内经营。现在的规定也要求一旦土地所有者同意私人或国有的经营部门经营任何一个私有林区，必须支付经营费用。

在罗马尼亚，林木采伐必须由采伐公司完成。国有林的采伐需报国家林业总公司批准，非国有林的采伐要报非国有林经营公司批准。采伐量严格根据《森林经营方案》确定，2007年以前，森林经营的采伐量要经过农业、林业和乡村发展部批准，2007年以后完全根据《森林经营方案》确定。《森林经营方案》的编制，在1989年前由林业研究与经营方案编制单位完成，目前由独立有资质的私人森林经营方案编制公司完成。

罗马尼亚十分重视森林经营，为确保出材质量高、生态效益好，经营方案确定的轮伐期为100～120年。农业、林业和乡村发展部下设的地区办事处负责《森林经营方案》实施的监督和核查。

在罗马尼亚，林木销售主要有两种方式：一是林木采伐后，通过市场交易销售原木或原条；二是在采伐前，通过竞拍的方式确定林木销售价格。林木销售后，收入的25%作为育林基金，存入专门账户，用于更新造林。

12.2.7 森林保护

根据罗马尼亚的《森林经营方案》，按功能森林可分为（图12-6）：防护林占53%，其中42%的森林用于保护土壤，31%的森林用于保护水，6%的森林用于保护气候和环

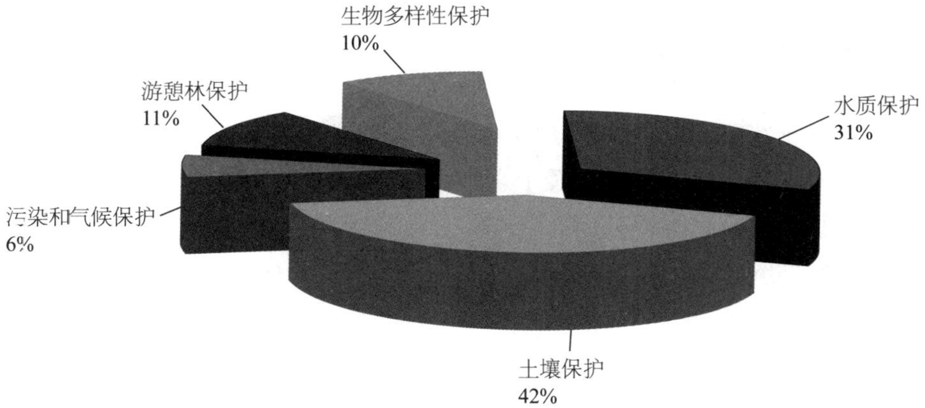

图12-6　国有林森林经营功能划分

境污染，11%的森林承担恢复功能以及10%的森林被用于生物多样性保护。罗马尼亚的森林保护区占森林面积的23%，主要包括13个国家公园和14个自然公园，这27个公园包括134个自然风景区，面积约为117万hm^2。

根据罗马尼亚的森林经营方案，按功能可分为森林基本用地和保护用地。

保护用地可分为：永久林地：仅作为森林保留，不转变做其他土地使用；保护林地：仅用作保护功能被建的森林；用作森林可持续经营管理：可保护并改善生物多样性；提高林产品生产力、再生力、持久性以及保证生态经济和社会功能；用作经营计划：有长期（10年以上）经营计划并有明确的经营目标。

罗马尼亚对森林实行的分类经营，有利于生物的多样性保护。罗马尼亚通过建立国家公园、自然公园、自然保护区等来保护生物多样性，同时兼顾生态和经济，加强对狩猎的管理，合理控制野生动物的数量，罗马尼亚拥有欧洲最大的熊、狼和猞猁种群。

12.3　林业教育与科研

12.3.1　林业教育

罗马尼亚的林业高等教育体系可以追溯到1880年，并且设有不同层次的教育机构，其中包括中等教育林业培训学校、林业职业学校以及高等教育的学院（3年制）和大学里面的相关院系（5年制）。直到1990年罗马尼亚布拉索夫特兰西瓦尼亚大学的造林学和林业专业设立，林业高等教育开始真正起步，这两个专业直到现在仍然是传统优势学科，其方向为造林、木材生产、木材采收和运输。然而，罗马尼亚缺少在木材机械设备方面的研究及教育。

罗马尼亚设有林业相关方向的大学还有：川西凡尼亚大学的造林与森林工程学院和林学院；克鲁日纳波卡大学的农业科学与兽医学院与林学院；蒂米什瓦拉巴马特大学的农业科学与兽医学院和园艺与营林学院；克拉约瓦大学园艺学院的林学系；奥拉

迪亚大学环境保护学院的林业与森林工程系。林业相关的专业有：营林学，营林与森林工程，林业遥感，森林野生动植物，环境保护以及森林资源调查。这6所大学的林业相关方向现有2810名学生。

罗马尼亚林业教育模式：林业博士：由大学类学校授予学历，从本科到博士需要8年时间；林业硕士：由大学类学校授予学历，从本科到硕士需要5年时间；林业本科：由大学类学校授予学历，实行3年本科教育。

公共资金资助的林业研究中心：包括林业技术教育和林业相关教育。林业技术教育：由林业职业学校主办，教育年限1～3年；林业相关教育：侧重于林业某一方面的林业技术教育。

12.3.2 林业科研

罗马尼亚主要国家级科研机构有农林科学研究院（Academy of Agriculture and Forestry Sciences）和林业森林局下属的林业研究和经营研究所（Forest Research and Management Institure，ICAS）。林业研究和经营研究所承担主要的林业研究，始建于1993年，现有职工807名，研究人员185名，研究工作主要分为两大类：一类是进行林业研究（森林研究），其研究重点主要为林业生态、森林生理生态、森林土壤、林木遗传、森林经理、林业地理信息等；另一类是进行森林经营管理，为森林经营方案收集数据，这部分工作也与私人企业合作完成。生物多样性保护、农田防风固沙林、树木改良和更新、木材加工利用为优势科研方向。该院还与法国、美国以及联合国粮农组织开展合作研究。另外，国家木材研究所隶属于工业部，是一个相对独立的部门，研究领域主要集中在采伐和运输方面，包括道路设计及木工厂机械设计，与采伐运输项目相关联。

12.4 林产品贸易

12.4.1 主要林产品

罗马尼亚的木质林产品主要有锯木、木板、纸和纸板及原木这四大类。2013年，锯材的产量为553.229万m^3，进口量仅为5.45万m^3，出口量约为333.66万m^3；木板的产量为439.59万m^3，进口量为449.84万m^3，出口量约为289.57万m^3；纸和纸板的产量为424万m^3，进口量为582.58万m^3，出口量约为118.04万m^3；原木的产量为177万m^3，进口量为134.353万m^3，出口量约为807.954万m^3。

罗马尼亚非木质林产品按产值高低排序主要包括以下7类：蓝莓、观赏植物、圣诞树、柳条、蘑菇、林下野鸡、药材、山珍野味、林下野兔以及果汁（表12-5）。其中蓝莓和观赏植物产值分别点到总产值的38.5%和20.6%，两者之和贡献了将近60%的非木质林产品产值。

表12-5 罗马尼亚非木质林产品的生产数量与产值

按产值高低排序	非木质产品	数量	产值 Euro/ECU（1000）
1	蓝莓	6348	4231
2	观赏植物	29919.8	2265
3	圣诞树	471.9	988
4	柳条	2633.5	780
5	蘑菇	1667.7	732
6	林下野鸡	95779	548
7	药材	793.2	506
8	山珍野味	263.4	422
9	林下野兔	3110	291
10	果汁	612.8	103
所有植物类非木质林产品			99
所有动物类非木质林产品			24
总计			10989

12.4.2 林产品贸易情况

罗马尼亚最初的林产品市场仅是中东欧、中东欧周围国家及北非。近年来林产品也开始远销阿联酋、日本及中国。罗马尼亚同样也从乌克兰、保加利亚、塞尔维亚及克罗地亚等国家进口木材。罗马尼亚是木材主要加工出口国，其木材加工厂多达7500家，并且在过去的10年中吸引了大量资金，加工后主要投向欧洲市场。

罗马尼亚的林产品主要有：锯材、原木、纸和纸浆、单板和胶合板以及木质家具。罗马尼亚的家具主要在当地手工制造，因此，罗马尼亚从西班牙、意大利、奥地利及德国引进了专业制造商。截至2011年，总计有12537家生产加工家具的公司，而木材加工公司仅有7500家操作间（不包括加工家具）。

罗马尼亚木质林产品的产值占国内生产总值的2.2% ~ 4.5%，在过去10年出口额可达到每年2亿多美元；2014年出口额达到3.86亿美元。在近10年中，木材和家具的出口量持续增长，罗马尼亚80%的木制家具出口到德国、法国、荷兰、意大利、澳大利亚、英国和美国等国家。罗马尼亚家具生产总值及出口额从1989—2010年呈现明显的上升态势，2010年罗马尼亚木材家具的产值和出口额均为1989年的3.37倍，而出口额占总产值的百分比呈现抛物线趋势，即在2004年达到最高的91%，而2010年的百分比与1989年一致。这些家具的主要来源是私有林，加工地点多为农村。

罗马尼亚林产品对罗马尼亚国内生产总值的贡献整体呈上升趋势。相比而言，纸产品的生产总值的上升幅度大于木质及木质艺术品的生产总值上升幅度（表12-6）。

表12-6 罗马尼亚林产品对国内生产总值的贡献

分类	年份	产值（10^6欧元）	占毛附加值百分比（%）
林业/森林	2010	442.1	0.400
	2005	314.4	0.446
	2000	192.4	0.527
木材及木质艺术品	2010	1075.6	0.974
	2005	722.5	1.025
	2000	367.2	1.006
纸产品	2010	453.0	0.410
	2005	219.1	0.311
	2000	145.0	0.397

12.4.3 同中国合作情况

中国和罗马尼亚于1949年10月5日建立大使级外交关系。长期以来，中罗两国之间保持着密切友好的合作关系。近年来，两国传统友谊进一步加强，双方高层交往频繁，经贸、科技、教育、军事等领域全面合作富有成效。近年双边开展以下高层交流，并在相关领域签署了相关协定。据统计，2013年度中国副部级以上组团访问罗马尼亚共计21次。

据欧盟统计局统计，2015年罗马尼亚与中国的双边贸易额为37.7亿美元，其中，罗马尼亚对中国出口额为5.8亿美元，占其出口总额的1.0%；自中国进口额为31.9亿美元，占其进口总额的4.6%。罗方贸易逆差26.1亿美元，较2014年年增长10.5%。

中国—中东欧合作方面，罗马尼亚是比较积极和活跃的国家。2013年，中国—中东欧国家领导人会晤在罗马尼亚布加勒斯特举行，并发表《中国—中东欧国家合作布加勒斯特纲要》；2014年，罗马尼亚布加勒斯特承办中国—中东欧国家农业经贸合作论坛；罗马尼亚牵头组建了中国—中东欧国家能源项目对话合作中心，欢迎中国和中东欧国家相关机构、企业、组织等根据自愿原则参与中心建设，支持中心推动能源领域合作。2017年，在布加勒斯特举办了首届“16+1”能源博览会。罗马尼亚支持加强青年交流和青年互访活动并在2017年承办了第三届中国与中东欧青年政治家论坛。

参考文献

李秀环. 2006. 列国志（罗马尼亚）. 北京: 社会科学文献出版社.
联合国粮农组织. 2000–2015. Yearbook Forest Products.
欧盟统计局. EUROSTAT. http://ec.europa.eu/eurostat/
中国林业信息网. http://www.lknet.ac.cn/
中国社会科学院俄罗斯东欧中亚研究所. http://euroasia.css.cn/

中华人民共和国外交部. 罗马尼亚国家概况. https://www.fmprc.gov.cn/web/gjhdq_676201/gj_676203/oz_678770/1206_679426/1206x0_679428/

Euro Forest Portal (EFI). http://forestportal.efi.int/

European Forest Institute. http://dataservices.efi.int/medbase/

FAO. 2015. FAO Forestry statistics. http://www.fao.org/forestry/

FRA. 2015. Global Forest Resources Assessment-Country Report Rumania.

第13章 马其顿

马其顿，全称马其顿共和国（The Republic of Macedonia），位于巴尔干半岛中部，西部毗邻阿尔巴尼亚，东部与保加利亚接壤，南部与希腊相邻，北部与塞尔维亚接壤。国土面积为2.49万km^2。马其顿为多山的内陆国家，瓦尔达尔河横贯南北。气候以温带大陆性气候为主，大部分农业地区夏季最高气温达40℃，冬季最低气温达–30℃。受山地气候影响，昼夜温差较大。西部受地中海式气候影响，夏季平均气温27℃，全年平均气温为10℃。

1993年以来，马其顿陆续成为了联合国、欧洲委员会、世界银行和国际发展协会的成员国，并于2003年加入世界贸易组织。2005年12月获得欧盟候选成员国资格。马其顿下辖8个区84个市镇。首都斯科普里（Skopje）为最大城市，人口62.6万人。马其顿全国共有人口207.45万人（截至2017年）（表13–1），其中，马其顿族占64.18%，阿尔巴尼亚族占25.17%，另有土耳其族、吉卜赛族、塞尔维亚族等少数民族。居民多信奉东正教。官方语言为马其顿语。

表13–1　马其顿行政区划面积和人口数量

行政区	英文名	面积（km^2）	人口（人）
东部地区	East Region	3539	175939
东北地区	Northeast Region	2306	176214
佩拉岗尼亚	Pelagonia Region	4719	229491
浦项区	Polog Region	2479	321199
斯科普里	Skopje Region	1818	626071
东南地区	Southeast Region	2741	173476
西南地区	Southwest Region	3280	219702
瓦尔达尔区	Vardar Region	3995	152410
合计		24877	2074502

资料来源：www.stat.gov.mk，马其顿统计局2017年人口统计数据。

13.1 森林资源状况

13.1.1 森林分布及面积

2015年，马其顿森林面积为99.8万hm^2，森林覆盖率达39.6%，主要分布在西南部以及东南部地区（表13-2）。主要生态林区有4个：品都斯（Pindus）山地混交林、巴尔干（Balkan）混交林、罗多彼（Rhodopes）混交林及爱琴海（Aegean）硬阔混交林。

表13-2 1990—2015年马其顿森林面积和森林覆盖率

年份	1990	2000	2005	2010	2015
森林面积（万hm^2）	91.2	95.8	97.5	99.8	99.8
覆盖率（%）	36.2	38.0	38.7	39.6	39.6

资料来源：FRA 2015报告，Global Forest Resources Assessment 2015-Country Report Macedonia。

13.1.2 森林蓄积量

2000年，马其顿森林蓄积量针叶林为864万m^3，阔叶林为7025万m^3，2005—2015年均有所下降，分别在760万m^3和6870万m^3左右（表13-3）。2010年，马其顿森林总蓄积量为7889万m^3，主要树种包括山毛榉、栎类、欧洲冷杉、松属（表13-4）。

表13-3 2000—2015年马其顿森林蓄积量

年份		1990	2000	2005	2010	2015
蓄积量（万m^3）	针叶林	N/A	864	763	764	764
	阔叶林	N/A	7025	6875	6877	6877

表13-4 2010年马其顿森林主要树种蓄积量 10^4m^3

树种	蓄积量
山毛榉（*Fagus sylvatica*）	4627
栎类（*Querqus* spp.）	1986
松属（*Pinus* spp.）	63
欧洲冷杉（*Abies alba*）	159
其他	487
总计	7889

资料来源：FRA 2015报告，Global Forest Resources Assessment 2015-Country Report Macedonia。

13.1.3 森林类型

按功能划分，马其顿森林主要为用材林，面积约为80.4万hm^2，占森林总面积的80.6%。按森林起源划分，马其顿森林主要是天然次生林，几乎没有天然林存在。截至2015年，天然次生林和人工林分别占森林总面积的89.5%和10.5%。森林面积的增加也以天然次生林为主，人工林自1990年以来面积无变化（表13–5）。

表13–5　1990—2015年马其顿天然林和人工林面积变化　10^3hm^2

类型	1990	2000	2005	2010	2015
天然次生林	807	853	870	893	893
人工林	105	105	105	105	105
总计	912	958	975	998	998

资料来源：FRA 2015报告，Global Forest Resources Assessment 2015–Country Report Macedonia。

马其顿的主要树种是栎类，面积约占阔叶林面积的31.30%，山毛榉约占阔叶林面积的23.60%。针叶林中欧洲黑松占4.60%，欧洲冷杉占0.60%（表13–6）。

表13–6　马其顿国有林和私有林主要树种面积

树种	国有林（hm^2）	私有林（hm^2）	合计	
			面积（hm^2）	比例（%）
栎类	258272	49786	308058	31.30
山毛榉	209055	23188	232243	23.60
欧洲黑松	40029	5331	45360	4.60
欧洲赤松	7473	986	8459	0.86
冷杉	5699	148	5847	0.60

资料来源：FRA 2015报告，Global Forest Resources Assessment 2015–Country Report Macedonia。

13.1.4　森林采伐量

2005年，马其顿森林采伐量为82.2万m^3，2007年降至63.4万m^3；2013年和2014年马其顿森林采伐量为69.1万m^3，与2012年相比下降11.3%（图13–1）。

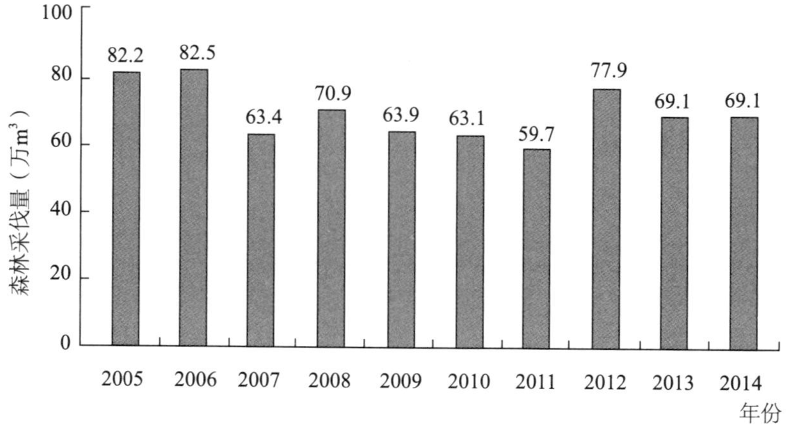

图13–1　2005—2014年马其顿森林采伐量及变化

13.2 林业管理体制与政策

13.2.1 林业管理部门

国家林业和狩猎监督局是农林水和经济部下属的一个机构，负责《森林法》、《狩猎法》和所有其他林业和狩猎领域约束性法律条文的实施监督。森林警察作为MAFWE内的一个部门，负责执行《森林法》，保护森林。

马其顿国有林森林管理公司是森林经营企业的法人，负责经营管理国有林，主要活动有造林、林地恢复、抚育、保护造林和利用森林，此外还从事其他维护和改善森林功能的活动。

在融入欧洲现代环境保护的背景下，作为改革进程的一个重要方面，马其顿政府成立了环境与国土规划部。该部门的职责中与森林和林业部门密切相关的是：监测环境状况；防止噪音和辐射；保护生物多样性；保护地质多样性，国家公园和保护区；对其业务范围内的职责进行监督。环境与国土规划部内设立国家环保总局，根据环境保护法律管控有关实体。

国家私有林所有者协会成立于1997年，作为一个非政府和非政治组织，其主要任务是“在不影响可持续森林管理的原则下，保护私人森林所有者的个人利益”，拥有约6000名成员。

13.2.2 林业就业

马其顿国有林森林管理公司（包括30个分公司）共有2232名员工，其中有2名博士，15名硕士，410名大学毕业生（主要是林业工程师），74名接受过两年以上高等教育，1140名有高中毕业证书（主要是林业技术员），591名接受过小学教育（林业工人）。

尽管林业对国民生产总值的贡献较小，但林业对国民经济很重要，尤其为农村地区人口提供了就业机会。据官方统计，约有7000人直接从事营林业和林产业工作。林业部门间接就业人数3.5万～4万人，成千上万的人依靠林产业谋生。国有企业与200多家小企业签订伐木、木材运输等合同。此外，所有生产锯材的企业都是小企业，这意味着它们未被统计为林业直接就业而是间接就业。40%的人口居住在农村，其中很大一部分人口处于失业状态，因此林业在提高农村生活水平（旅游、非木材林产品销售等）方面极为重要。

13.2.3 林业所有制结构

马其顿的森林以国有林为主，2010年国有林占森林总面积的90.6%（表13-7）。马其顿林业私有化程度较低，并且呈逐年下降趋势，这与中东欧多数国家情况相反。

表13-7 马其顿林地所有权类型及其面积变化

年份	1990	2000	2005	2010
国有林（10^3hm^2）	818	864	881	904
比例（%）	89.7	90.2	90.4	90.6

（续）

年份	1990	2000	2005	2010
私有林（10^3hm^2）	94	94	94	94
比例（%）	10.3	9.8	9.6	9.4
总计	912	958	975	998

资料来源：FRA 2015报告，Global Forest Resources Assessment 2015-Country Report Macedonia。

13.2.4 森林资源监测

马其顿最后一次森林资源清查是在1979年，因此马其顿急需开展新的森林资源清查，为林业经济部门可持续发展提供支持。

森林资源监测应当引进地理信息系统（GIS），重点解决国有林和私有林的划界问题。引进现代信息系统不仅可以帮助私营林所有者，也可以帮助国有企业的员工更好地开展工作。非木质林产品生产和销售开始成为农村居民的重要活动，如果能有计划地进行，对国民经济的贡献将更大。在保护区开展森林旅游是今后发展的一个重要方向，林业部门需要顺应全球可持续林业的趋势，并将其纳入工作规划。目前林业部门仍然是传统产业，林业生产集中于木材生产，另外，国有企业垄断市场应该转向市场经济，国有企业每个分支机构都应该通过市场调查确定产品价格，私有林所有者也会影响市场，在今后规划制定和产品价格确定中，要考虑到他们均为利益相关者。

13.2.5 林业政策

13.2.5.1 森林法

《森林法》（第64/2009号“政府公报”）规定，马其顿森林属于国家和私人所有（第二条）。这意味着在国家或私人森林的经营方式上不应有任何差异，但实际情况并非如此。马其顿在1979年完成了最后一次森林清查工作，实施可持续经营的第一步是森林资源清查，而不是实施森林资源的规划和管理。其次，引进森林和林地地籍管理也是当务之急，这将有助于完善林业部门的整体管理，改善不同所有者（国家、私营、市政、教会）之间的关系（第七十七条）。按照新法律，有关林业数据（林业经营方案、清查资料、地籍文件）是公开的，任何有兴趣的人均可以获得这些文件（需要支付给数据原所有者费用，第四十条）。此外林业部门引入新的信息系统，将这一部门的所有相关方连接在一个数据的网络系统中。这是林业传统部门向民主化和透明化办公迈出的一步，有了这一步，公众可随时获得关于林业状况的数据，这将使林业信息透明化程度大幅度上升（第七十八条）。将公共部门和所有相关方融入林业决策过程，也在本法律中得到体现（第三十八条）。这是第一次在《森林法》中承认其他利益相关者在决策过程中的作用。

13.2.5.2 林业可持续发展战略

马其顿“林业可持续发展战略”于2006年制订，该战略提出了林业部门的发展愿景——森林面积将通过宜林地栽植优质林木（特别是国内乡土树种）而增加。及时适当地实施人工林的抚育保护，提高森林产品品质。非木质林产品管理将为林业发展和国家带来重大经济效益，因此应得到适当的立法保护。现代基础设施和设备将用于采集、加工、包装，确保产品在欧洲市场上的竞争力。马其顿将成为游憩、体育、生态旅游和商业狩猎旅游的热门目的地之一。

13.2.5.3 环境立法

马其顿环境保护政策根据《环境与自然保护促进法》制定。马其顿积极参与欧洲森林保护部长级会议。作为这一进程的一部分，政府制定并通过了“国家环境行动计划”的环境保护战略。马其顿通过政府公报，加入联合国“生物多样性公约”。环境与国土规划部与其他主管机构合作，负责实施公约。马其顿于2000年7月26日签署“卡塔赫纳议定书（Cartagena Protocol）”并批准程序。2004年1月通过了“生物多样性保护与可持续利用国家战略和行动计划”。《自然保护法》是关于自然保护的“特别法”“核心法”及“综合法”。其后的《环境法》是二级法律文件，与《自然保护法》相关的第三级法规是《森林法》《水法》《牧场法》《保护植物法》等自然法。

13.2.5.4 欧盟相关法律

随着欧盟一体化进程推进，马其顿政治和经济变化需要优先考虑和重点关注森林的多功能价值，融合保育生物多样性、保护自然环境等方面。马其顿接受了这些要求并付诸行动，制定了相关森林政策文件。

目前全国的“生物多样性立法”正在向欧盟立法靠近。虽然采用欧盟生境和鸟类指令（EU Habitats and Birds Directives）是向前迈出的重要一步，但落实“生物多样性公约”（例如生物安全）下的所有责任仍需采取进一步的措施。这一过程中的重点是最大限度寻求实现国家统计局与NEAP2、NSSD、欧盟以及“泛欧生物与景观多样性战略”之间达成一致。

13.2.5.5 其他

马其顿还有其他一些条例成为国家立法的指令。如，加入世界卫生组织，要求卫生和植物检疫措施与国际标准一致。这要求对马其顿“国家生物安全框架”[涉及的兽医保护领域、植物检疫体系（《植物保护国际公约》）和食品安全（《食品法典》）]进行法律程序的补充和修订，要求与国际公约相协调。

13.3 林业教育与科研

马其顿主要的林业教育与科研单位是圣基里尔麦托迪大学（Saints Cyril and

Methodius University in Skopje）。该大学是马其顿规模最大的综合性大学，成立于1949年，拥有教学和科研人员2390人，学生超过5万名，其中约700名留学生。现有包括林学院在内的23个学院和5个研究所，4个公共科研机构。圣基里尔麦托迪大学林学院成立于1947年。学院共有17名教授、2名助理、1名技术人员。学院下设11个系，分别是植物与树木学系、林木遗传改良系、种子科学与工程系、造林系、森林保护系、狩猎管理系、木材技术与经营系、土地与水资源管理系、林业经济系、森林管理系、景观设计学系。

13.4 林产品贸易

13.4.1 主要林产品

马其顿的林产品包括原木（工业原木）、木材燃料、木屑、锯材、回收纸、纸和纸板这几大类。其中以原木为主，且在所有林产品中占90%以上。（表13-8），其次是纸和纸板。锯材在2004年生产量为$28 \times 10^3 m^3$，随后呈现出逐年递减的趋势，到2013年仅为$4 \times 10^3 m^3$。

表13-8 2004—2013年马其顿木材及木制品生产量

年份	2004	2005	2006	2007	2008	2009	2010	2011	2012	2013
原木（$10^3 m^3$）	841	822	825	634	709	639	631	597	779	691
木屑及颗粒（$10^3 m^3$）	4	4	3	3	2	0	0	0	0	0
锯材（$10^3 m^3$）	28	18	17	17	9	2	5	3	8	4
回收纸（$10^3 t$）	9	9	2	6	2	2	11	25	26	27
纸和纸板（$10^3 t$）	16	20	20	20	23	20	33	39	24	24

资料来源：FRA 2015报告，Global Forest Resources Assessment 2015-Country Report Macedonia。

13.4.2 林产品贸易情况

马其顿从2009年开始原木需求量激增，进口额急速增加，而出口额从2007年开始骤减。锯材进口2004—2007年呈下降趋势，从2008年开始呈上涨趋势。纸和纸板的进口量也在逐年增加。

据中国海关2013年统计，中马贸易总额为1.72亿美元，同比下降24.9%。其中中方出口额为6348万美元，同比下降28.5%；进口额为1.08亿美元，同比下降22.7%。2014年1～6月，中马贸易总额为7203万美元，同比下降20.2%。其中中方出口额为3931万美元，同比增长10.4%。马其顿是欧洲税收最低的国家之一。

2015年1～4月，马中贸易额1.8亿美元，同比大幅增长17.8%，占马贸易总额的5.4%。其中马对中出口额为6021.3万美元，同比增长1.81倍，占马出口总额的4.5%。马自中进口额为1.22亿美元，同比下降7.9%，占马进口总额的6.1%。中国为马其顿第六大贸易伙伴。

13.4.3 林业对国内生产总值的贡献

马其顿的林业经济占GDP的比例为0.3%~0.5%。如果森林的多功能用途（生态、社会效益）得到量化，森林对国内生产总值的贡献会更高。森林工业（初级和二级木材加工、家具、造纸和纸浆）占国内生产总值的份额为2.5%~3%。

参考文献

马其顿统计局. Republic of North Macedonia – State Statistical Office. http://www.stat.gov.mk/

CEPF. 2008. Confederation of European Forest Owners Analyses of Private Forestry in Macedonia and its Role in the National Forest Strategy Process.

EFI. 2011. Private Forest Owners in the Western Balkans – Ready for the Formation of Interest Associations. European Forest Institute Research Report.

European Forest Institute Central – East and South–East European Regional Office Vienna.

Makedonski Sumi. 2015. http://www.mkdsumi.com.mk/

National Association of Private Forest Owners in Republic of Macedonia. 2011.

第14章

塞尔维亚

塞尔维亚全称塞尔维亚共和国（The Republic of Serbia），地处巴尔干半岛中北部，东北与罗马尼亚、东部与保加利亚、东南与马其顿、南部与阿尔巴尼亚、西南与黑山、西部与波黑、西北与克罗地亚、北部与匈牙利相连。国土面积8.85万km^2（科索沃地区1.09万km^2）。北部为著名的伏伊伏丁那多瑙河冲积平原，地势平坦，土壤肥沃，誉为粮仓。中部、东部、西部及南部为丘陵和山地。塞尔维亚北部属温带大陆性气候，南部受地中海气候影响。

塞尔维亚加入欧盟谈判已经正式启动，力争于2020年前成为欧盟成员国。塞尔维亚全国人口总数702万人（不含科索沃地区，2017年）（表14-1），其中约六成是城市人口。首都贝尔格莱德市是全国的政治、经济、文化及科研中心。塞尔维亚是一个多民族国家，83.3%的人口（不含科索沃地区）是塞尔维亚族，其余有匈牙利族、波斯尼亚克族、罗姆族及斯洛伐克族等（章永勇，2005）。官方语言为塞尔维亚语，主要宗教为东正教（李永全，2015）。

表14-1　塞尔维亚行政区划面积和人口数量

行政区	塞尔维亚语	面积（km^2）	人口（人）
伏伊伏丁那	Vojvodina	21614	1871515
贝尔格莱德	Belgrade	3234	1687132
舒马迪亚和西塞尔维亚	Šumadija and Western Serbia	26493	1941130
塞尔维亚南部和东部	Southern and Eastern Serbia	26248	1521081
科索沃和梅托希亚	Kosovo and Metohija	10910	—
合计		88499	7020858

资料来源：data.stat.gov.rs，塞尔维亚统计局2017年人口统计数据。

14.1　森林资源状况

14.1.1　森林分布及面积

塞尔维亚森林主要分布在西部和中部山区。在鼓励造林育林政策的支持下，森林面积增长明显，其森林面积由1990年的231.3万hm^2增长到2015年的272万hm^2，增长了40.7万hm^2。1990年到2015年森林覆盖率增长了4.7%（图14-1）。

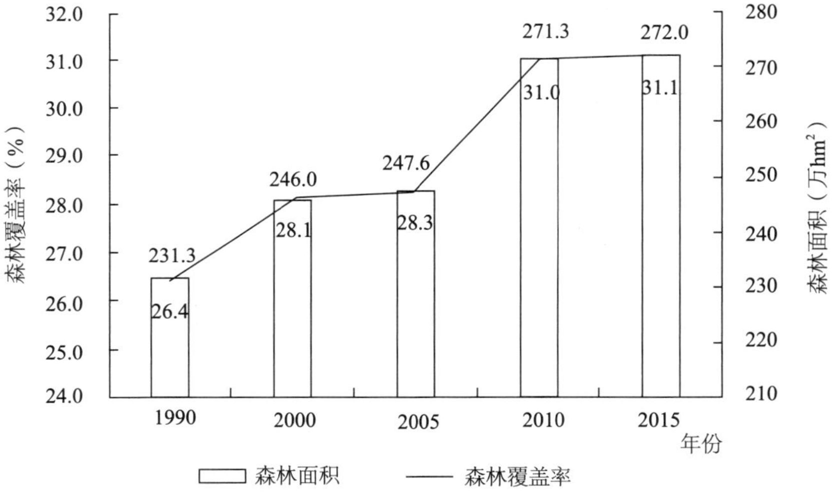

图14-1　1990—2015年塞尔维亚森林面积及覆盖率

对北塞尔维亚2015年与1990年的相关数据（表14-2），森林面积增加了40.7万hm^2，其他林地的面积增加了22.1万hm^2，其他土地的面积减少了62.8万hm^2，主要原因在于部分其他用地向林业用地转化。

表14-2　塞尔维亚主要土地类型及其面积　10^3hm^2

年份	1990	2000	2005	2010	2015
森林	2313	2460	2476	2713	2720
其他林地	287	521	521	410	508
其他土地	6146	5765	5749	5623	5518
有植被覆盖	272	257	256	75	155
内陆水域	90	90	90	90	90
合计	9108	9093	9092	8911	8991

资料来源：FRA 2015报告，Global Forest Resources Assessment 2015-Country Report Serbia。

总体上看，全国森林面积自2000年以来有所增加，但全国2/3地区的森林覆盖率呈减少趋势，包括伏伊伏丁那自治省的所有地区。森林覆盖率下降的主要原因之一是干旱加剧，造成受害木采伐数量增加。其次是与森林衰退和极端事件的发生有关，主要是极端干旱（2000年、2003年、2007年、2011年和2012年），还有风暴、冰雹、火灾和有害生物、病虫的侵袭。塞尔维亚最大的森林经营公司Srbijašume国有企业救灾记录数据显示，严重干旱后两三年内采伐强度增加。森林覆盖的减少也是火灾影响的结果，特别是2007年和2012年的火灾频发，这些年份也是干旱发生年。

14.1.2 森林蓄积量

2015年，塞尔维亚森林蓄积量约为4.18亿m^3，单位面积蓄积量为153m^3/hm^2，低于中东欧16国的平均水平。年人均蓄积量为58m^3/人，也低于中东欧16国的平均水平（75m^3/人）。

活立木蓄积量达到4.18亿m^3，2015年比1990年增加了1.83亿m^3，其中针叶林和阔叶林面积分别增加1.59亿m^3和0.24亿m^3（表4-3）。

表14-3 1990—2015年塞尔维亚活森林活立木蓄积量 10^6m^3

项目	森林					其他林地				
	1990年	2000年	2005年	2010年	2015年	1990年	2000年	2005年	2010年	2015年
阔叶林	24	26	30	50	48	0	0	0	3	5
针叶林	211	224	268	365	370	6	3	3	23	32
合计	235	250	298	415	418	6	3	3	26	37

资料来源：FRA 2015报告，Global Forest Resources Assessment 2015-Country Report Serbia。

塞尔维亚主要树种是水青冈、苦栎、无梗花栎等，水青冈、苦栎、无梗花栎的蓄积量2010年比1990年分别增长了0.43亿m^3、0.25亿m^3、0.07亿m^3（表14-4）。

表14-4 1990—2010年塞尔维亚主要树种的蓄积量 10^6m^3

年份	1990	2000	2005	2010
水青冈（*Fagus moesiaca*）	120	101	127	163
苦栎（*Quercus cerris*）	27	15	18	52
无梗花栎（*Quercus petraea*）	19	11	13	26
夏栎（*Quercus robur*）	3	5	4	9
欧洲云杉（*Picea abies*）	11	4	3	20
匈牙利栎（*Quercus frainetto*）	3	4	4	22
欧洲鹅耳枥（*Carpinus betulus*）	3	4	5	15
欧洲冷杉（*Abies alba*）	6	3	4	10
银叶椴（*Tilia tomentosa*）	2	3	2	2
刺槐（*Robinia pseudoacacia*）	2	2	3	26
其他	39	98	115	70
总计	235	250	298	415

资料来源：FRA 2015报告，Global Forest Resources Assessment 2015-Country Report Serbia。

14.1.3 森林类型

根据国家森林资源清查结果，塞尔维亚的所有森林分为三类：没有人为干扰的天然林、天然次生林和人工林（施昆山，2001）。其中，占比最大的是天然次生林，面积占90%以上，其次是人工林，天然林占比不到1%。

塞尔维亚天然林面积保持基本稳定，1990—2015年保持在1000hm^2。天然次生林面积由1990年的227.3万hm^{2}增加至2015年的250.4万hm^2，增加了23.1万hm^2。1990年和2015年人工林面积分别为3.9万hm^{2}和21.5万hm^2，增长了17.6万hm^2（表14-5）。

表14-5 1990—2015年塞尔维亚不同森林类型及其面积 10^3hm^2

年份	1990	2000	2005	2010	2015
天然林	1	1	1	1	1
天然次生林	2273	2420	2436	2532	2504
人二林	39	39	39	180	215
总计	2313	2460	2476	2713	2720

资料来源：FRA 2015报告，Global Forest Resources Assessment 2015–Country Report Serbia。

按森林的功能划分，塞尔维亚森林主要包括水土保持林、水源涵养林、海岸防护林、治沙林、雪崩防护林、防洪林等。水土保持林的面积在近30年中增长较为迅速，2015年水土保持林面积达到59.8万hm^2，相比1990年的12.5万hm^2，增加了47.3万hm^2（表14-6）。水土保持林的主要用途在于防侵蚀、防洪，降低洪水风险。

表14-6 1990—2015年塞尔维亚防护林类型及其面积 10^3hm^2

年份	1990	2000	2005	2010	2015
水土保持林	125	286	586	177	598
水源涵养林	5	6	6	7	39
海岸防护林	0	0	0	0	0
治沙林	50	60	65	70	33
雪崩防护林	0	0	0	0	0
防洪林	125	286	586	177	598
其他类型	5	6	6	7	39

资料来源：FRA 2015报告，Global Forest Resources Assessment 2015–Country Report Serbia。

塞尔维亚非常注重生物多样性保护，1990年专门用于生物多样性保护的森林面积为12.3万hm^2，2015年该森林面积增长至16.3万hm^2，增长了4.0万hm^2。自然保护区面积也由2000年的23.9万hm^{2}增长至2015年的50.1万hm^2，增长了26.2万hm^2（表14-7）。

表14-7 1990—2015年塞尔维亚生物多样性保护与保护区的森林面积 10^3hm^2

年份	1990	2000	2005	2010	2015
生物多样性保护	123	125	128	126	163
保护区的森林面积	N/A	239	380	452	501

资料来源：FRA 2015报告，Global Forest Resources Assessment 2015−Country Report Serbia。

2015年塞尔维亚商品林面积达到178.7万hm^2，相比1990年的201.3万hm^2，下降了22.6万hm^2；多功能用途林面积1990—2010年达到短期内的从无到最高值达6.6万hm^2，2015年多功能用途林面积减少到0.8万hm^2（表14-8）。

表14-8 1990—2015年塞尔维亚按功能划分的森林类型及其面积 10^3hm^2

年份	1990	2000	2005	2010	2015
商品林	2013	1952	1628	2276	1787
多功能用途林	0	33	65	66	8

资料来源：FRA 2015报告，Global Forest Resources Assessment 2015−Country Report Serbia。

14.1.4 森林采伐量

塞尔维亚木材总采伐量1990年为365.7万m^3，2005年减少至248.5万m^3。而从2006年开始，木材总采伐量持续增大，到2011年木材总采伐量达到790.4万m^3，相比1990年增加了424.7万m^3。薪炭材的采伐量1990—2011年间也出现了巨大变化，由179.3万m^3增长至650.8万m^3，增加了471.5万m^3（表14-9）。

表14-9 1990—2011年塞尔维亚木材采伐量 10^3m^3

年份	1990	1995	2000	2005	2006	2007	2008	2009	2010	2011
木材总采伐量	3657	2852	2947	2485	2876	2981	3186	3137	7636	7904
薪炭材采伐量	1793	1509	1606	1515	1626	1554	1571	1778	6223	6508

14.2 林业管理体制与政策

14.2.1 林业管理部门

塞尔维亚林业归属农业、林业和水利部（Serbian Minister of Agriculture Forestry and Water Management）。塞尔维亚的森林可持续管理依赖于国家级、地区级、省/州级、地方级拥有的相关的支持国有林以及私有林的可持续管理的政策，国家级、省/州级拥有的对国有林和私有林相关的法律及法规制度，确保林业可持续发展。

塞尔维亚森林公司（State Enterprise for Forest Management，Srbijašume）为国营

企业，总部位于贝尔格莱德，成立于1991年。其管理机构包括董事会、总经理和监事会。董事会由11名成员构成。其基本业务范围包括：国有林经营、森林多功能的改善和利用（含保护区管理）、木材及非木材林产品的生产和开发、森林游憩和狩猎。该公司经营89.6万hm^2国有林（占比75%），并为106万hm^2私有林提供专业服务（2014年12月资料）。总部设林业和环境保护部、森林利用和其他资源部、商业事务部、财会部、发展与战略规划部、狩猎–渔业和旅游部、法律事务部7个部。下设18个FE和2个局：林业规划设计局、安全生产局。

国有林企业伏伊伏丁那森林公司成立于2003年，经营国有林。机构管理上分3个层面：公司董事会；公司各部门（林业持股公司）；实施单位（经营单位等）。公司董事会对本公司各部门的战略、发展和协调活动进行监督管理。持股林业公司以林地面积为基础，其组织结构包括提供服务等内容。森林经营单位是规划、组织森林经营管理活动的基本单元。

14.2.2 林业就业

从塞尔维亚林业就业人数来看，1990年和2011年木材行业就业人数较大。从林业就业结构来看，木材工业行业与家具行业就业人数基本持平，但是营林造林带动的就业效果极为微弱。从林业就业总人数来看，2011年比1990年下降2.4万人；从林业就业占总劳动力的比例来看，2011年比1990年下降0.4%。

14.2.3 林业对国民生产总值的贡献

塞尔维亚林业总附加值增加较为明显，2011年原木生产、木材加工、纸浆和纸的总附加值分别比2006年增长了400万美元、7400万美元、1.30亿美元，分别比2006年增长了0.05、1.90、1.81倍。林业部门对国内生产总值贡献的百分比，2011年比2006年增长了0.5%。林业对国民经济贡献不断增大，林业发展较为迅速。

14.2.4 林业所有制结构

塞尔维亚的森林按所有制形式分为国家所有和私人所有，国有林的面积占国家森林总面积的47%左右，其中包括6.5%的比例为国家公园、自然保护区，由政府环保部门负责管理，1%为科研单位的试验基地，其余大部分由塞尔维亚森林公司和伏伊伏丁那森林公司两家国有公司负责经营管理。管理的内容主要包括森林的维护和繁育、森林培育、人工林种植、灌木丛地的开垦等。

1990年以前塞尔维亚的林业私有化程度相对较高，1990年私有林面积达到117万hm^2，比国有林面积多2.7万hm^2；2010年私有林面积为121.3万hm^2，相比1990年增长了4.3万hm^2，但是随着国有林和不明权属林面积的增大，私有林率降低，比1990年减少了5.87%（表14–10）。

表14-10 1990—2010年塞尔维亚林地所有权类型及其面积 10^3hm^2

年份	1990	2000	2005	2010
国有林面积	1143	1246	1252	1382
私有林面积	1170	1214	1224	1213
不明权属林面积	0	0	0	118
森林面积总计	2313	2460	2476	2713
国有林所占比重（%）	49.42	50.65	50.57	50.94
私有林所占比重（%）	50.58	49.35	49.43	44.71

资料来源：FRA 2015报告，Global Forest Resources Assessment 2015–Country Report Serbia。

14.2.5 林业政策

自20世纪90年代以来，塞尔维亚从中央计划经济向市场经济体系转变。伴随着这一改革进程，现有部门政策也已经发生改变，并提出了新的政策。对塞尔维亚林业部门来说，有一些重大变化，如制定了新的战略和立法文件，现有组织机构（如国有林业企业）发生变化，并与联合国粮农组织等国际援助项目的援助有关。

塞尔维亚的《林业发展战略》（2006）是由芬兰政府资助、联合国粮农组织制定的。它高度强调森林可持续性（森林和林业发展的可持续性）和森林多功能性两个原则。在“维护和改善林业状况，追求林业发展作为整体经济不可分割的一部分”的基础上，明确制定了主要战略目标。为了实现这一目标，政府将努力提供有效的监管、体制和经济框架，并制定作为林业部门发展行动框架的《国家林业行动计划》（NFP）。

塞尔维亚新的《森林法》于2010年颁布实施，其内容上最重要的变化是将私有林权与国有林权同等对待。该法律区分国有林和私有林，后者包括：私有林主、公司法人以及合作社、公民协会、教会和其他宗教团体拥有的森林。

《林业发展规划》仍是一个战略性的文件，它涉及整个塞尔维亚的领土，颁布机构不是议会而是政府（2015年）。行动计划仍然是一个实施框架，各主管部门没有必要向政府提供年度进度报告（2015年）。

14.2.6 森林资源监测

国家森林资源清查需要的资金来自国家预算，森林资源清查每10年进行一次，目的是摸清森林状况，服务战略部门和其他机关、经济部门、国防和研究的规划工作。森林资源清查是林业部门的责任，这项任务可以通过公开招标转让给其他机构执行。

14.3　林业教育与科研

塞尔维亚现有林业研究集中在3个机构：贝尔格莱德大学林学院（教育研究），Novi Sad大学低地林业与环境研究所（教育但兼有研究任务），贝尔格莱德林业研究所（研究）。在这些机构中有超过85名教师和研究人员，专业覆盖林业所有的重要研究和教育领域。

14.3.1　林业教育

贝尔格莱德大学林学院（University of Belgrade，Faculty of Forestry）是塞尔维亚林业技术、管理和家具、木制品、景观建筑与园艺、水土保持领域最古老的高等院校。该林学院组织不同专业的知识创新、职业技能培训和人员教育等继续教育。该学院有4个系：林学系，管理与家具、木制品设计系，景观建筑与园艺系，水土保持生态工程系。

贝尔格莱德大学林学院教育等级设置（表14-11）包括：

第一级：学士本科学历，本科学历学习课程时间为4年，毕业后学生获得240个ECTS学分，具有该部门森林工程师专业资质。

第二级：硕士研究生课程。学生持续学习1年，获得60个ECTS学分。硕士学位要求具有一定的专业水平，可以进行研究工作。通过硕士学位论文答辩，学生获得所在部门研究生林业工程师资质。

第三级：博士研究生。学生持续学习3年，获得180个ECTS学分，毕业后获得生物技术科学博士学位。

表14-11　贝尔格莱德大学林学院教育等级设置

教育等级		ECTS学分
生物科学博士（博士）		
3级	博士研究生课程	180
林业工程（硕士）		
2级	硕士研究生课程	60
林业工程（4年制本科）		
1级	学士本科生课程	240

14.3.2　林业科研

14.3.2.1　诺维萨德大学低地林业与环境研究所

诺维萨德大学低地林业与环境研究所（Institute of Lowland Forestry and Environment Novi Sad，ILFE）成立于1958年，共有研究人员、教授、助理和博士生30人。低地林业与环境研究所开展多种研究，设立于塞尔维亚第二大的诺维萨德大学内，独立开展林业和环境科技推广活动。低地林业与环境研究所在林业经营和管理各个环节（杨树人工林，短轮伐期矮林，气候变化的影响、适应和减缓，天然林、森林生态系统监测等）均具有较强实力，其中农林复合经营、环境专业技术、涉林政策分析（政策工具、主题、评估等）的能力突出。研究树种主要集中在杨树、柳树、山毛榉、栎类、野樱桃、云杉等。低地林业与环境研究所因其技术推广方面的作用发挥出色而被多个国家机构认可。

诺维萨德大学低地林业与环境研究所的林业政策研究人员对能源林的生产和使用、可再生能源相关的概念、制度框架以及将私有林用于能源目的现状进行研究。诺维萨德大学低地林业与环境研究所拥有1个实验林场，面积358hm^2，实验区是研究低地木本植物生物、生态和生产特征的综合试验场。在蜜蜂采蜜场，刺槐种子园实验区收集了木本物种的遗传资源。实验林场同时提供市场需求的技术和产品。诺维萨德大学低地林业与环境研究所也参与林业教学活动，主要是农学院的“林学”博士课程和正在建设中的学士学位课程。

14.3.2.2 林业研究所

1946年由塞尔维亚共和国政府成立的林业研究所，在林业、环境保护等领域的基础应用和发展研究有优异表现。研究所的经费主要来自塞尔维亚科学技术发展部、农业部、环境保护和水管理部的森林局、贝尔格莱德市环境秘书处以及林业企业等机构。除了研究还提供咨询、工程和设计服务。由于其卓越的产品和服务，林业研究所已成为林业和环境保护领域追求创新科技解决方案的可靠合作伙伴。林业研究所参与法律以及空间规划的起草，在多学科研究方面，知识专业且经验丰富。林业研究所的科研业务致力于林业与环境保护领域内的科学和技术的一体化。林业研究所成功实施了新造森林和改造现有林，对矿区退化土地进行垦复和园林绿化、极端困难立地造林、水土流失控制、城市森林多功能化、空间规划、林业政策，苗木生产和育种新技术，森林抚育和保护等研究工作起了重要作用。

目前，通过参与国际项目，林业研究所进一步加强了与欧洲主要研究机构，特别是巴尔干地区机构的合作。林业研究所的研究人员也积极参与多类框架合作项目。

14.4 林产品贸易

14.4.1 主要林产品

塞尔维亚的木质林产品以原木为主，而且也是增长最快的一类。由表14–12可知，原木生产量由2006年的$2876 \times 10^3 m^3$，增长到2013年的$7678 \times 10^3 m^3$，增长了167%。其次是锯材、纸和纸板。锯材的生产量虽有波动，但相对比较稳定。纸和纸板的生产量从2006—2013年增长较快，2013年比2006年增长了95%，将近一倍。回收纸的增幅也比较明显，由2007年的$60 \times 10^3 t$增长到2013年的$148 \times 10^3 t$，增长了75%。

表14-12　2006—2013年塞尔维亚木材及木制品生产量

年份	2006	2007	2008	2009	2010	2011	2012	2013
原木（10^3m^3）	2876	2981	3186	3137	7636	7706	7549	7678
木屑及颗粒（10^3m^3）	5	7	19	24	47	335	347	164
木材剩余物（10^3m^3）	–	387	442	457	461	332	325	298
木炭（10^3t）	2	5	8	14	34	33	29	27
锯材（10^3m^3）	493	602	672	574	589	512	495	502
人造板（10^3m^3）	91	148	179	145	239	268	309	151
木浆（10^3t）	14	16	20	0	0	0	0	0
其他纤维浆（10^3t）	0	0	0	0	0	0	0	0
回收纸（10^3t）	–	60	70	60	25	177	162	148
纸和纸板（10^3t）	231	245	268	309	385	382	325	451

资料来源：FRA 2015报告，Global Forest Resources Assessment 2015–Country Report Serbia。

14.4.2　林业相关产业链

现代林业产业链目的是提高人工林培育、保护、狩猎旅游开发、非木材产品采收加工、开发健康休闲度假、园林公园、林木采伐运输，进行初级生产、加工、出口，生产和二次能源生产、初级产品二次加工。这一完整的生产链已在许多发达经济体成功实施，林业生产、制造和服务潜力的开发使用，可确保不会对环境和可持续发展带来危害，不会对后代产生威胁。这种森林资源利用方式是一种经济建筑形式，旨在促进林产品先进系统规划、分析、生产和销售。在欧盟的影响下，塞尔维亚的林业及其组织正融入欧洲国家。塞尔维亚的林业生产和供应链还存在不完善的环节，林业生产方面具有丰富经验的林务人员和企业家试图建立当地和地区完整的林业生产功能链。提高优质树种的育苗水平，是恢复森林资源和林业发展的基础。在苗圃生产中，优良种质资源和幼林培育是林业研究机构中的重要任务，诺维萨德低地林业与环境研究所就是其中的重要支撑单位之一。林业生产的重要先决条件是发展道路基础设施，促进运输，降低采伐木材进出的物流成本。有必要为森林和木材加工企业建立物流公司，提供快捷廉价运输道路、河流以使原材料和产品运输更加便利。在森林服务业方面，林区旅游和休闲服务业潜力巨大，有助于降低当地的失业率，让人们享受森林的自然之美，利用资源发展游憩，也可以让人们享受健康的生活方式，增强国民整体健康水平。另外，需要更多地关注国内趋势，发展采集非木质林产品，这是推进形成有机食品生产的组成部分。有机食品生产应以当地经济为基础，形成竞争性生产链中的战略优势。总之，森林服务业已经成功地创造了一个社会和经济正常运行所必需的林业生产链。当然，要严格控制每一环节，坚持可持续发展理念、避免对国家后代和人类生存造成不必要的威胁。

14.4.3 林产品贸易情况

2013年塞尔维亚出口量的前三名分别是纸和纸板、人造板、锯材，分别出口了16.4、15.1、13.6万m^3，而木浆、其他纤维浆出口量为0；进口量的前三名分别是纸和纸板（36.3万m^3）、锯材（27.1万m^3）、人造板（22.4万m^3），而其他纤维浆、木炭材的进口较少（表14-13）。

表14-13 2006—2013年塞尔维亚木材及木制品进出口量

年份		2006	2007	2008	2009	2010	2011	2012	2013
原木（10^3m^3）	出口	50	72	49	30	43	44	56	57
	进口	88	85	96	82	105	74	95	97
木屑及颗粒（10^3m^3）	出口	1	4	11	1	0	4	2	4
	进口	1	2	1	1	2	1	1	15
木材剩余物（10^3m^3）	出口	0	0	0	7	0	6	3	9
	进口	1	1	1	4	26	59	27	26
木炭材（10^3t）	出口	4	5	6	9	7	7	10	10
	进口	5	6	8	1	1	1	2	0
锯材（10^3m^3）	出口	144	206	155	97	114	124	128	136
	进口	419	459	496	353	357	332	321	271
人造板（10^3m^3）	出口	39	61	56	24	100	114	171	151
	进口	352	419	397	233	293	239	218	224
木浆（10^3t）	出口	1	1	1	0	0	0	0	0
	进口	11	12	15	29	34	37	38	48
其他纤维浆（10^3t）	出口	0	0	0	0	0	0	0	0
	进口	0	0	0	0	0	1	0	0
回收纸（10^3t）	出口	0	57	72	59	59	107	119	52
	进口	0	14	12	11	19	25	14	18
纸和纸板（10^3t）	出口	53	74	84	92	108	128	140	164
	进口	298	458	449	355	329	369	391	363

资料来源：FRA 2015报告，Global Forest Resources Assessment 2015-Country Report Serbia。

塞尔维亚木材产业是全国第二大有贸易顺差的产业。关于木材产业的出口结构，家具出口占一半，另外一半为其他木制品。与2013年相比，2014年对俄罗斯的家具出口量增加了50%。2004—2013年木材工业一直是对外国投资者最具吸引力的行业之一。法国、意大利、奥地利等主流国际品牌均在塞尔维亚建立了自己的工厂，塞尔维亚是巴尔干地区第二大山毛榉、杨木锯材生产区，也是巴尔干地区第三大硬木锯材生产区。锯材是家具之外塞尔维亚木材加工业最重要的林产品。锯木厂占塞尔维亚总木材加工企业的63%。锯材厂年产量超过30万m^3，其中80%是山毛榉木和杨木。刨花板是塞尔维亚重要的木制品。在单板方面，去皮单板占单板总产量的90%左右，其中杨树去皮单板是主导产品，山毛榉单板产量居第二位。近年来，实木板材的生产呈现出显著增长趋势，产品主要由山毛榉和杨树材制成，产品用于楼梯、桌面等。从事锯材的生产企业在扩大，特别是在塞尔维亚中部地区，木材产品出口量大幅增加，主要出口市场是德国和意大利。细木工制品的生产在塞尔维亚有悠久的传统。大量公司制造高品质门窗并直接出口到俄罗斯和欧盟国家。栎类、山毛榉、云杉和冷杉是门窗制造的常见原料。塞尔维亚的木质颗粒主要是山毛榉、白杨和少量云杉。

塞尔维亚国内原材料最昂贵的家具主要用于出口。塞尔维亚生产家具的工厂配备了现代化机器设备，无论在备料还是在表面处理方面都顺应国际潮流，产品在欧洲市场具有较强的竞争力。

目前在自然资源开发利用中，主要针对木材，而其他林产品的开发利用基本被忽视，这种发展状态存在严重缺陷。作为社会经济的一个分支，当前的林业需要考虑充分利用一切可用的资源。现代食品、制药和化妆品行业对当地药用植物、水果、蘑菇等林产品使用的要求不断上升。非木质林产品正扩大到健康食品和健康饮食领域。非木质林产品的生产和贸易在地方比较集中。塞尔维亚是最适合有机生产的地域之一。有机林业可以成为国民经济最重要的优势产业，若对其进行全球市场的定位和生产，将促进非木质林产品生产和贸易的发展。

14.4.4 林业就业

塞尔维亚林业从业人员合计约4995人。主要从事营林、采伐、科学教育和林业等相关活动。至2014年底，有2182家木材加工和家具生产公司共雇佣约22965名工人，这些公司超过90%是私人公司，大多位于塞尔维亚中部地区。这些公司主要从事木材加工，特别是生产锯材、细木工等。其他有制造办公家具、厨房家具的公司，还有大约1600名活跃的企业家涉及林业加工等经营活动，这使在塞尔维亚木材工业的企业数量大幅增加。值得注意的是，除木材加工外，狩猎和狩猎旅游在林业发展中具有重要意义。狩猎服务在塞尔维亚雇佣员工90名，占塞尔维亚国内生产总值的1.4%。如果不包括木材加工，营林和采伐在国内生产总值中的份额约为0.3% 。

企业和员工人数情况见表14-14。

表14-14 塞尔维亚木材加工和家具企业规模及员工数量

规模	木材加工		家具	
	公司数（个）	员工数（位）	公司数（个）	员工数（位）
微小	1296	3.350	524	1.620
小	179	3.621	106	2.114
中等	28	2.548	43	4.095
大	1	0.582	5	5.035
合计	1504	10.101	678	12.864

14.4.5 同中国合作情况

自塞尔维亚总统2009年访华期间两国建立战略伙伴关系以来，两国友好关系得到快速发展。特别在经济层面，塞中两国已经开始实施具体的合作项目，包括科斯托拉茨电站、贝尔格莱德跨多瑙河大桥等，这些项目为两国企业今后继续开展合作提供了契机。中塞政府间建有经贸混委会机制，签有《投资保护协定》、《避免双重征税协定》《基础设施领域经济技术合作协定》、《文化合作协定》、《科技合作协定》和《中华人民共和国公安部和塞尔维亚共和国内务部合作协议》等协议。

2015年11月，在中国—中东欧国家领导人会晤会议上，同塞尔维亚总理武契奇会谈时，李克强总理强调了提升中塞战略伙伴关系，打造中国—中东欧合作新高地的重要意义。中国愿同塞尔维亚对接发展战略，实现共同发展。希望双方落实好已达成的铁路、公路、电站等项目建设。积极创造条件，确保塞—匈铁路项目尽早开工。中国政府支持本国企业同塞方开展钢铁等领域产能合作，为塞方基础设施建设提供高质量、低成本的建材，助力塞经济社会发展，对周边发挥辐射和带动作用。希望双方共同推进多瑙河沿岸工业园区建设，进一步拓宽合作领域，挖掘农业科技、中小企业、文化、教育、旅游等广泛领域合作潜力，实现互利双赢。会谈后，两国总理共同见证了双方基础设施、建材、科技、质检、教育等领域多个合作文件的签署。2016年6月，中赛关系提升到全面战略伙伴关系。

塞尔维亚积极参与“16+1”合作。2014年，第三次中国—中东欧国家领导人会晤在塞尔维亚贝尔格莱德举行，与会各方发表《中国—中东欧国家合作贝尔格莱德纲要》；2016年塞尔维亚牵头组建了中国—中东欧国家交通基础设施合作联合会；2016年在塞尔维亚，贝尔格莱德举办了首届中国—中东欧国家文化产业论坛；2017年，在塞尔维亚举行了中国—中东欧国家文化遗产论坛。

参考文献

李永全. 2015. 丝路列国志. 北京: 社会科学文献出版社.

联合国粮农组织. 2000–2015. Yearbook Forest Products.

欧盟统计局. EUROSTAT. http://ec.europa.eu/eurostat/

施昆山. 2001. 当代世界林业. 北京: 中国林业出版社.

章永勇. 2005. 列国志（塞尔维亚和黑山）. 北京: 社会科学文献出版社.

中国林业信息网. http://www.lknet.ac.cn/

中国社会科学院俄罗斯东欧中亚研究所. http://euroasia.css.cn/

中华人民共和国教育部国际合作与交流司. 中国与塞尔维亚教育合作与交流简况. http://old.moe.gov.cn/publicfiles/business/htmlfiles/moe/moe_853/201005/87473.html

中华人民共和国外交部. 塞尔维亚国家概况. https://www.fmprc.gov.cn/web/gjhdq_676201/gj_676203/oz_678770/1206_679642/1206x0_679644/

中华人民共和国驻塞尔维亚共和国大使馆. http://rs.chineseembassy.org/chn/

Euro Forest Portal (EFI). http://forestportal.efi.int/

European Forest Institute. http://dataservices.efi.int/medbase/

FAO. 2015. FAO Forestry statistics. http://www.fao.org/forestry/

FRA. 2015. Global Forest Resources Assessment−Country Report Serbia.

Vasiljević A, Jokić M. 2013. Regional Profile of the Biomass Sector in Serbia Timok Forest Area.

第15章 斯洛伐克

斯洛伐克，全称斯洛伐克共和国（The Slovak Republic），是欧洲中部的一个内陆国家，国土面积4.90万km^2，地形以喀尔巴阡山脉为主，东邻乌克兰，南接匈牙利，西连捷克、奥地利，北毗波兰。斯洛伐克属海洋性向大陆性气候过渡的温带气候，气候随地理位置而变化较大，最温暖地区的年平均气温为9～10℃，山区的年平均气温低于5℃。

斯洛伐克自1993年1月1日起成为独立主权国家，2006年斯洛伐克进入发达国家行列。斯洛伐克在2004年3月29日加入北大西洋公约组织，从2004年5月1日加入欧盟，2006—2007年担任联合国安理会非常任理事国，在2007年12月21日成为申根公约会员国，2009年1月加入欧元区。

截至2018年，斯洛伐克全国人口544.3万人，斯洛伐克族占85.8%，匈牙利族占9.7%，罗姆族（吉卜赛）占1.7%，其余为捷克族、乌克兰族、日耳曼族、波兰族和俄罗斯族（姜琍，2006）。官方语言为斯洛伐克语。居民大多信奉罗马天主教。全国划分为8个行政区域（州），斯洛伐克首都为布拉迪斯拉发（Bratislava），人口65.08万人（表15-1）。

斯洛伐克的农业用地192.85万hm^2，占据了将近一半的国土面积（49.3%），可耕地面积为136.2万hm^2，主要农作物有大麦、小麦、玉米、油料作物、马铃薯、甜菜等，主要的自然资源包括岩盐、煤、铁矿和铜。

表15-1　斯洛伐克行政区划面积和人口数量

行政区（州）	斯洛伐克语	面积（km^2）	人口（人）
布拉迪斯拉发州	Bratislava Region	2052.62	650838
特尔纳瓦州	Trnava Region	4146.4	562372
尼特拉州	Nitra Region	6344	678692
特伦钦州	Trenčín Region	4502	587364
班斯卡-比斯特理察州	Banská Bystrica Region	9454	649788
日利纳州	Žilina Region	6809	691023
科希策州	Košice Region	6754	799217
普列索夫州	Prešov Region	8973	823826
合计		49035.02	5443120

资料来源：slovak.statistics.sk，斯洛伐克统计局2018年人口统计数据。

15.1 林业资源状况

15.1.1 森林分布及面积

近年来，斯洛伐克森林面积不断增加，截至2016年达到201.47万hm²。1980—2015年，斯洛伐克商品林面积和林分面积均呈上升趋势，2015年分别达到201.47万hm²和194.26万hm²（彩图15-1）。

斯洛伐克的森林分布并不均衡，不同地区的森林覆盖率和活立木蓄积量差别较大。森林覆盖最多的区域是斯洛伐克北部的日利纳州，森林覆盖率占其土地总面积的56%，其次分别是位于西部的特伦钦州、位于中部的班斯卡-比斯特里察州和位于东部的普列索夫州，这三个地区的森林覆盖率都达到49%。特尔纳瓦州和尼特拉州的森林覆盖率最低，仅为15%～16%。

斯洛伐克的树种多样，针叶树和阔叶树种都十分丰富。过去林业以木材生产为主，多以云杉和松树为主。从20世纪50年代起，林业部门逐渐意识到应当根据具体地区的立地条件和自然条件因地制宜种植适合的树种，同时，国内公众也逐渐要求发展多功能森林，提供其他森林服务和效益。按面积计算，39.8%是针叶树种，60.2%为阔叶树种。斯洛伐克制定了要提高林分多样性的长期目标，并认为阔叶树种在维护森林稳定性方面发挥积极作用。因此，当前的森林经营工作以建立抗逆性更强、生物多样性更加丰富、生态价值更高的混交林为主。阔叶树种主要分布在低地以及西南部和东部的丘陵地带，以针叶树种为主的混交林则主要分布在中部和北部山区。根据树种组划分的森林类型为针叶林（31%）、阔叶林（50%）、针阔混交林（19%）。主要树种为山毛榉（31.8%）、云杉（25.3%）和沼生栎（10.7%）（表15-2）。

表15-2 斯洛伐克主要森林树种构成

树种	面积（10^3hm²）	比例（%）
针叶	767.8	39.8
云杉（*Picea asperata*）	487.7	25.3
松树（*Pinus* spp.）	135.0	7.0
冷杉（*Abies fabri*）	77.4	4.0
落叶松（*Larix gmelinii*）	46.2	2.4
欧洲山松（*Pinus mugo*）	21.0	1.1
其他	0.5	0.03
阔叶	1161.5	60.2
山毛榉（*Fagus sylvatica*）	613.2	31.8
沼生栎（*Quercus palustris*）	206.7	10.7
鹅耳枥（*Carpinus turczaninowii*）	111.7	5.8
槭树（*Acer* spp.）	41.7	2.2
刺槐（*Robinia pseudoacacia*）	33.3	1.7
白蜡树（*Fraxinus chinensis*）	29.4	1.5
桦树（*Betula* spp.）	27.9	1.4
其他	97.6	5.1
合计	1929.3	100

资料来源：FRA 2015报告，Global Forest Resources Assessment 2015—Country Report Slovakia。

2016年，斯洛伐克森林覆盖率近41.1%。除森林之外，斯洛伐克还有一定比例的农地和其他有林分覆盖的土地。2005—2006年以统计抽样方法进行的国家森林资源清查和监测的结果显示，该类森林植被面积近27.5万hm^2（精度±3.7%）。因此，按森林和森林斑块面积计算，斯洛伐克全国森林覆盖率为44.3%±0.4%。

15.1.2 森林蓄积量

2012年，斯洛伐克的活立木蓄积量为4.66亿m^3（国家清查中的活立木蓄积量是指去皮材积），单位面积蓄积量为241m^3/hm^2（表15-3）。

表15-3 2005—2012年斯洛伐克森林活立木蓄积量

年份		2005	2006	2007	2008	2009	2010	2012
总蓄积量（10^3m^3）	合计	43890	44380	44590	45210	45640	46195	45607
	针叶林	20735	20980	20920	21120	21150	21216	21193
	阔叶林	23155	23400	23670	24090	24490	24979	25414
单位面积蓄积量（m^3/hm^2）	合计	229	231	232	235	237	239	241
	针叶林	264	268	269	272	274	276	278
	阔叶林	204	206	207	210	212	215	217

资料来源：FRA 2015报告，Global Forest Resources Assessment 2015–Country Report Slovakia。

2005—2015年，斯洛伐克森林的活立木蓄积量逐年增加，森林生长趋势和实际年龄结构说明了这一点。2015年，蓄积生长量达到4781.2万m^3（不带皮蓄积）。每公顷平均蓄积量为247m^3（不带皮）。如果按照树种组进行评价，2015年阔叶树种蓄积量增加到2.759亿m^3，比2005年增长17.9%（彩图15-2）。相反，针叶树种组蓄积量自2010年以来一直逐渐减少，主要是由于针叶林（特别是云杉）遭遇频繁的风灾，其次是有害生物（皮象害虫）的爆发。2015年连年生长量达1210万m^3，即每公顷6.32m^3。

表15-4 斯洛伐克按树种划分的蓄积量 10^6m^3

年份	1988	2000	2003	2005	2007	2010
欧洲云杉（*Picea abies*）	131.3	156.3	158.2	162.1	162.8	163.7
山毛榉（*Fagus sylvatica*）	107.6	139.2	149.6	154.1	157.3	166.6
栎类（*Quercus* spp.）	57.2	60.4	61.1	62.6	63.9	66.5
松木（*Pinus*）	24.6	29.4	30.6	31.3	32.0	33
欧洲冷杉（*Abies alba*）	34.8	27.6	26.8	26.8	27.1	27.6
欧洲鹅耳枥（*Carpinus betulus*）	11.4	18.2	21.2	21.7	22.1	22.9
欧洲落叶松（*Larix decidua*）	4.6	7.2	8.0	8.5	8.8	9.7
挪威槭（*Acer platanoides*）	3.3	5.0	5.6	5.9	6.3	7.1
白蜡树（*Fraxinus chinensis*）	2.7	5.0	5.5	5.8	6.0	6.7
刺槐（*Robinia pseudoacacia*）	3.9	4.8	4.6	4.7	4.6	4.7
其他树种	7.9	10.1	10.7	11.0	11.5	5.6
总计	389.3	463.2	481.9	494.6	502.4	514.1

资料来源：FRA 2015报告，Global Forest Resources Assessment 2015–Country Report Slovakia。

15.1.3　森林类型

斯洛伐克森林根据其主要功能可划分为以生产木材为主的商品林、防护林和以满足非生产性社会生态功能（包括水土保护、生物多样性保护和休闲游憩）为主的特种用途林三大类。商品林的主要经营目标是在不影响其他重要的生态功能和社会功能的前提下生产高质量的木材，2010年斯洛伐克商品林面积为137.02万hm^2，占全国森林总面积的70.7%。防护林主要发挥保护性的生态功能，一般分布在立地条件十分不利的地方，比如高海拔山区或者特定树种种植区。2010年斯洛伐克防护林面积为33.106万hm^2，占全国森林总面积的17%。特种用途林主要是为了满足社会特种需求，面积为23.76万hm^2，占全国森林总面积的12.3%。

除了受严格保护的自然保护区以外，斯洛伐克法律并没有完全禁止砍伐防护林和特种用途林，但限制了采伐范围和采伐方式。由于斯洛伐克越来越重视森林的社会效益和服务功能，商品林的相对比例有所下降，而防护林和特种用途林的比例有所提高（图15-1）。斯洛伐克商品林1950—2010年，总体呈现出下降的趋势，尤其在1990年下降比较严重，史上最低，比1950年降低了30%。2000—2010年，商品林面积的比例在逐渐增加，特种用途林的面积比例在降低，防护林面积变化不大，商品林面积的增加和东欧剧变森林所有权的变化有关，随着私有化程度和比例的提高，森林资源得到恢复和保护，同时用于国防、军事等的特种用途林面积比例相应的表现出下降趋势。因此森林数量的增加和质量的提高，在一定程度上受国家政策和制度的影响。

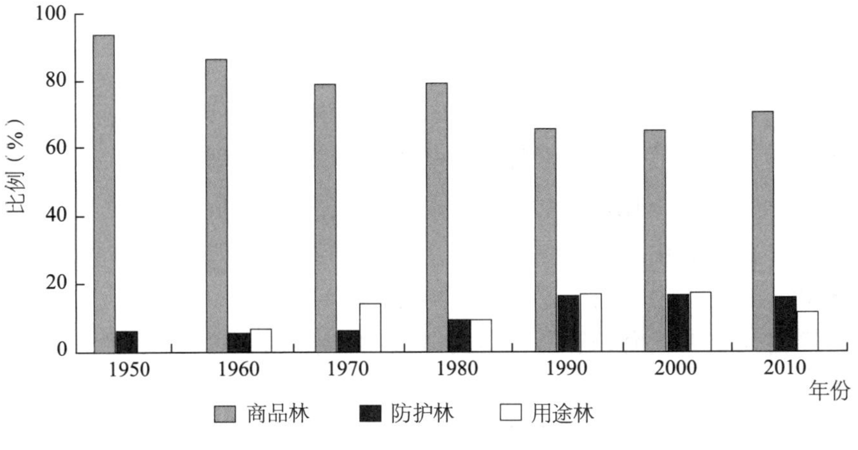

图15-1　1950—2010年斯洛伐克三大类型森林所占比例

15.1.4　森林采伐量

斯洛伐克的木材采伐量呈增长趋势，年采伐量从80年代和90年代的500万～600万m^3增加到2000年之后的600万～700万m^3。2011年斯洛伐克木材采伐量为940万m^3，其中58%为针叶材，42%为阔叶材；490万m^3（52%）由国家林业机构采伐，450万m^3（48%）由非国有机构采伐。同年，由于暴风雪和虫害爆发等多种原因导致的计划外采伐量占据了总采伐量的53%，其中受其影响较大的针叶材占73%。这种高强度的计划外采伐尽管一时带来了收入增长，但同时也降低了采伐潜力。从2011年采伐的树种来看，云杉占56%，山毛榉占25%，栎类占4%，松树和冷杉各占3%，毛白杨和山杨占2%，落叶松、刺槐和鹅耳枥各占1%，其他树种占3%。

斯洛伐克规定，每年的采伐量一般不得多于连年生长量的60%。随着实际林龄结构和活立木蓄积量的增长，预计连年生长量将在2020年达到高峰，之后将会下降。从1990年，尤其是1995年以后，几乎每一年的实际采伐量都超过年允许采伐量（图15-2），这是由于暴风雪和病虫害导致的计划外森林采伐增多。绝大多数（95%~97%）的木材采伐作业交由林业公司开展，多使用链锯进行采伐，但特殊地形（主要是坡度）会对采伐技术提出更高要求，尤其是斯洛伐克45%的林地位于坡度大于40°的地区。

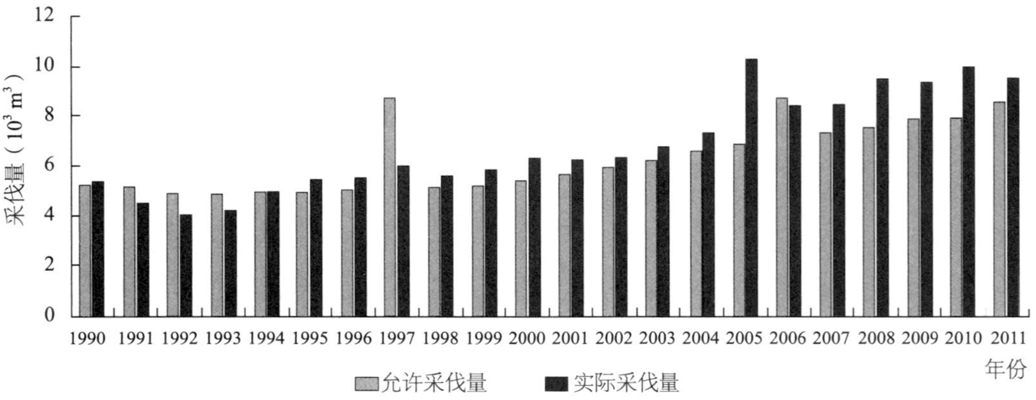

图15-2　1990—2011年斯洛伐克允许采伐量与实际采伐量对比

2010年，斯洛伐克的林道总长度为40518km，林道网络的平均密度为20.1m/hm^2。林道网络的密度不足和质量不佳增加了采伐点到集材点的运输距离。目前，斯洛伐克普遍采用全干集材法和拖拉机集材，也限制了采伐机械、森林索道及其他木材利用设施的有效利用。此外，由于天气原因和其他非生物因素导致的计划外采伐量增加，也对采伐技术和集材方法的应用造成了较大制约。

目前，斯洛伐克大规模开展渐伐经营体系、因地制宜、适地适树，促进森林天然更新并逐步增加天然更新的比例，从而实现环境友好型经营。商品林主要采用渐伐方式，防护林和特种用途林更多采用择伐。总体而言，渐伐方式采伐占总采伐面积的67.8%，皆伐方式采伐占总采伐面积的29.4%，择伐占2.8%（表15-5）。

表15-5　斯洛伐克不同收获类型采伐面积所占比例　　%

经营类型	采伐面积	森林蓄积
皆伐	29.4	27.4
渐伐	67.8	64.2
择伐	2.8	8.4

斯洛伐克的法律要求，在采伐后2年之内必须在伐区内重新造林，但对于天然更

新的区域，可在主管部门批准下延至4年。重新造林后的2～10年之内，必须根据具体的立地条件对树种组成进行调整，使森林无需另外采取任何措施也能获得较高的生长量。斯洛伐克森林更新方式包括天然更新和人工更新。自2000年以来，由于越来越多地采用渐伐，人工更新比例逐渐减少，天然更新的比例从1995年的10%上升到2010年的40%。

截至2009年，斯洛伐克共有74%的森林面积通过了森林认证认可计划（PEFC）和森林管理委员会（FSC）的认证，其中通过PEFC认证的森林占森林总面积的64%。斯洛伐克森林认证协会（SFCS）是与PEFC对接合作的国家森林认证管理机构。

15.2　林业管理体制与政策

15.2.1　林业管理部门

斯洛伐克农业与农村发展部（以下简称“农业部”）是负责林业与狩猎管理的最高国家部门，农业部在全国设有8个地区林业局和40个地方林业局。目前，全国一半以上的森林由农业与农村发展部经营管理，仅有很小一部分归国防部管理。

农业部的林业管理职能主要由林业与木材加工司负责履行，该司负责制定和实施国家林业政策，制定林业发展战略、发展纲要、法律文件并下达实施。农业部的主要工作还包括监督地方林业管理并提供技术指导，以及与林业部门及其他非林业部门的利益相关者开展合作。

国家林业中心提供林业研究、教育、公共关系、森林经营方案的制定等服务。由林业研究所、森林资源与信息研究所、林业咨询与教育研究所、森林经营规划研究所4个专门机构组成。

地区林业管理部门负责制定林业制度及相关规定，包括制定森林经营方案、监督森林经营以及审批地区森林经营规划。地方林业局主要负责确保各项决策符合法律要求以及决定与森林所有者和利用者相关的法定权利和义务。

斯洛伐克各林场和林场主还成立了林业协会、非国有林林主协会、林业从业者协会、狩猎协会等多个协会，通过有关协会来保护林地所有者的权益，向政府提出建议并协调会员间的纠纷等。截至2015年，斯洛伐克有以下组织团体和协会：斯洛伐克林业商会、斯洛伐克狩猎商会、林主协会、斯洛伐克非国有林主协会（包括教区森林协会、市政林协会、私有林协会）。

15.2.2　林业就业

斯洛伐克在林业部门推行就业支持政策，各地方劳动管理部门与当地林场等组织签署就业支持协议。劳动管理部门对林场增加的就业岗位（特别是造林和森林保护方面）提供无偿补贴（表15–6）。

表15-6 2010—2015年斯洛伐克林业部门就业人数 10^3人

年份	2010	2011	2012	2013	2014	2015
林业就业人数	21	–	21	20	20	19
木材加工业	22.49	–	21.04	17.55	21.57	22.09

资料来源：Statistical Office of SR – Slovstat databases. Ministry of Economy of the SR（Timber processing industry）。

15.2.3 林业所有制结构

森林所有权和经营管理的结构与趋势见图15-3、彩图15-3。2015年，国有林地面积为77.3801万hm^2，占全国林地面积的39.8%。国有企业管理森林103.5344万hm^2，占总面积的53.3%。另外有35.8743万hm^2森林面积所有权不详（18.5%）。

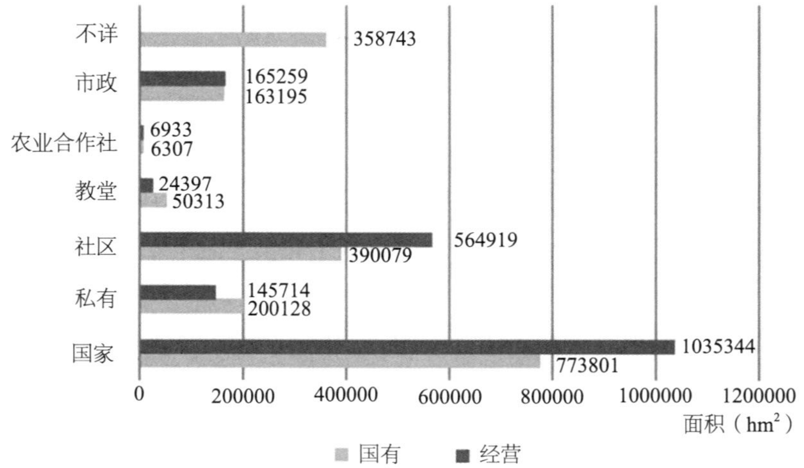

图15-3 2015年斯洛伐克森林所有权和管理权组成结构

斯洛伐克森林所有权和地权私有化进程尚未完成。有待转让所有权和地权的林地由国有林业企业交给相应的业主。未归还的林地包括自然人和法人的土地（已经声索拥有林地所有权且已受理的土地）、尚未有人申报的土地以及地籍不明的土地。

15.2.4 森林资源监测

斯洛伐克森林资源监测的主要任务是获取和评估反映森林生态系统现状定量和定性的变量信息。斯洛伐克部分森林监测系统以及欧洲森林监测系统均包括两个基本组成部分：一般监测（一级监测）和精准监测（二级监测）。

目前，斯洛伐克共有112个永久监测样地，按16km × 16km的网格分布（一级监测）和7个选定的森林生态系统监测的永久样地（二级监测）。这些样地是欧洲森林监测体系的一部分。国家森林监测系统的重要优势是与欧洲相关监测体系完全兼容。

一级监测网络和二级监测网络是斯洛伐克森林现状监测的主要方法。在清查样地方面，主要收集以下信息：调查由生物或非生物有害物质引起的落叶和树木损害；评估分析阔叶和针叶样品；测量大气沉积物的数量和质量；生长量变化测定；植被预估；土壤测量；气象观测；空气质量的观测和评估；可见的臭氧损害评估；物候评估。

15.2.5 林业政策

斯洛伐克现有一套修定的林业政策文件，对林业领域提出总体性有约束力的法律规定，包括：2013年8月21日，由斯洛伐克政府第492号法令核准的“国家有关木材资源利用方案”；2014年12月18日，第442/2014号斯洛伐克政府文件批准的“国家现有木材资源利用方案行动计划”；2015年12月16日，第697/2015号斯洛伐克政府法令，“2014—2020年国家林业项目行动计划”；2013—2020年斯洛伐克农业部门战略发展规划。

斯洛伐克全国委员会已批准的第182/2014-Coll号法案，修订了“关于森林的第326/2005-Coll号法令”相关措施及其他部分法律。欧盟委员会在2015年批准了2014—2020年斯洛伐克农业发展规划。

15.2.6 森林经营

斯洛伐克在可持续森林经营方面有着悠久传统，森林经营规划主要分为3个层次：一是政策水平上的综合性战略性全国规划工具，即《国家林业发展纲要》（NFP）；二是针对森林经营单位（森林面积最小不少于1000hm^2）制订的十年森林经营方案（FMP）；三是持有相应专业资格的森林经营人员为森林所有者提供的符合法律要求的森林经营专业建议。斯洛伐克法律规定，无论任何类型森林，都必须将森林经营方案落实到经营活动中去。森林法（第326/2005号）要求制订森林经营方案、并对方案必须包含的内容以及制订过程中的具体步骤和时间期限做了明确详细的说明，最终应当综合考虑各方因素形成一个最佳方案。森林所有者必须按照获得批准的森林经营方案开展经营，方案中强制性规定了森林所有者必须遵照的步骤和时间期限，并由持有相应资质的森林经营人员负责监督整个经营过程以确保合法合规。

15.2.7 森林保护

斯洛伐克共有1114个保护地，保护地面积大小不一，其中9个国家公园和14个景观保护区面积较大，其他各州的自然保护区、自然纪念区和各类保护区的面积较小。斯洛伐克规划保护地面积为110.3244万hm^2，占林地面积的57%，占国土总面积的25%。

斯洛伐克采取的林业保护措施可以分为预防性措施、灾害防治措施和抢救措施三类。从1987年开始，斯洛伐克进行了大范围的林业监测和普查。监测计划由斯洛伐克国家林业中心执行，将全国林地划分为面积为256km^{2}的111个区域进行监测，根据受损害的程度，将林地分为无损害、轻微损害、中度损害、重度损害和完全破坏5个等级。通过监测，了解森林状况，及时采取补救措施。

为保证树种繁殖安全，避免基因流失，斯洛伐克还采取了一系列树种保护和改良措施，包括良种选育、建立种质资源和基因库等。按照上述计划，所有树种被分为A、

B两个类别，A类为珍贵经济林树种，B类为一般经济林树种，在全国范围进行普查和认证，并划出专门林区作为种质资源圃，重点培育A类树种。目前，纳入树种培育计划的树种主要有冷杉、云杉、苏格兰松、落叶松、栎类、桤木、榆树等，共计210hm^2。

根据森林经营方案，除特殊情况外，斯洛伐克不允许大面积皆伐。所有采伐林地必须在2年内重新造林，并保证至少30%以上是国家鼓励种植的树种。

15.3 林业教育与科研

15.3.1 林业教育

斯洛伐克林业教育机构主要包括斯洛伐克科技大学林学院（兹沃伦）、班斯卡—什佳夫尼察林业学校、利普托斯基林业学校、普雷绍夫林业学校、比贾科夫策（Bijacovce）林业技术学校、特尔夫多辛林业职业技术学校以及3家联合职业技术学校。其中，斯洛伐克科技大学林学院的专业设置见表15-7。

表15-7 斯洛伐克技术大学林学院的专业设置（2013年）

学士	硕士	博士
林业 应用动物学和狩猎管理	林业 森林生态学 应用动物学和狩猎管理 地理信息学与林业测绘技术	森林经营 森林植物学 营林与森林保护 林业生产技术 应用动物学与狩猎管理 林业改良

斯洛伐克科技大学林学院共有13位全职教授、20位副教授、34位助教、32位科研人员和31位技术管理职工，该学院提供学士、硕士和博士3个等级的学位教育，2011—2012学年，共有134名学士、123名硕士和18名博士（全日制和非全日制）毕业。

15.3.2 林业科研

15.3.2.1 国家林业中心

国家林业中心是斯洛伐克最主要的科研机构，斯洛伐克国家林业中心由农业与农村发展部的林业与木材加工司直接管辖，由林业研究所、林业咨询与教育研究所、森林资源信息研究所及森林经营研究所4个专业研究所组成。国家林业中心的主要任务是加强全国森林资源的经营管理，并发挥森林在可持续发展中的作用。为此，该中心开展了一系列与林业相关的工作，包括森林规划、森林清查与监测、林业信息学、森林地图测绘等高质量研究和林业咨询、公共教育和林业专业培训。

斯洛伐克国家林业中心是欧洲森林研究所及其下属各项目中心的成员单位，同时也在国际林联、联合国粮农组织、联合国森林论坛、联合国欧洲经济委员会、欧洲森林保护部长级会议、欧盟委员会、欧盟统计局、欧洲植物保护联盟等国际组织或区域组织的工作组和专家组中任职，该中心负责协调与这些组织的合作事宜。值得一提的是，该中心专家一直积极参与欧洲科技合作活动以及欧盟框架项目。

15.3.2.2 斯洛伐克科技大学

斯洛伐克科技大学拥有著名的国际校园，一直致力于参与苏格拉底计划、达•芬奇计划、中欧大学研究交流计划（CEEPUS）等教育项目，促进学生间交流以及课程交流，提升流动性。大学是国际林联、欧洲森林研究所、欧洲近自然林业工作联盟（Pro Silva）、国际木材科学院（IAWS）、国际木材解剖学家协会（IAWA）、林产品协会（FPS）等国际专业学术组织的成员，并积极参与欧盟框架项目、欧洲科技合作项目（COST）以及官方开发援助项目（ODA）。

15.3.2.3 斯洛伐克科学院森林生态研究所

斯洛伐克科学院森林生态研究所是国际林联、联合国教科文组织“人类与生物圈”计划、国际树木学会（ISA）、国际园艺学会（ISHS）等国际科技学术组织的成员。此外，该研究所也参与和主编Folia zoologica和Sylvia两个国际期刊。

15.4 林产品贸易

15.4.1 主要林产品

2010年，斯洛伐克的木材生产总量为959.9万m^3，比2009年增长5.6%，其中针叶材为638.3万m^3，增长1.7%；阔叶材为321.6万m^3，增长14.4%；木材燃料产量为51万m^3，比2009年下降13%；工业原材产量为908.9万（针叶材609万m^3，阔叶材300万m^3），比2009年增长6.92%；锯木和单板产量达到559万m^3，比2009年增长17.8%；纸浆材产量为346.9万m^3，比前一年下降6.8%；其他工业原材产量为3.1万m^3。

15.4.2 林业相关产业链

斯洛伐克2015年经济产出达到4480万欧元。与2014年相比，全国国有和非国有林业行业产值有所下降，主要是由于采伐量下降导致木材供应下降，以及造林成本增加（表15-8）。

表15-8 2010—2015年斯洛伐克林业部门造林成本和采伐成本

指标	单位	2010年	2013年	2014年	2015年
国有林业部门	欧元/ hm^2造林	1.91	8.61	12.74	11.06
	欧元/ m^3采伐	0.36	2.19	2.85	2.43
非国有林业部门	欧元/ hm^2造林	18.57	25.18	39.51	36.69
	欧元/ m^3采伐	3.85	5.97	8.06	7.50
合计（10^3欧元）		17840	31584	51945	44803

15.4.3 林产品贸易情况

2010年，斯洛伐克进口原材65万m^3，比2009年增长15%，其中工业原材58.2万m^3，增长15%；木材燃料6.8万m^3，增长15.2%；木屑10.8万m^3，增长54倍。同年，出口原材256.4万m^3（出口值为1.875亿欧元）比前一年下降4.4%，其中工业原材243.4万m^3，下降4.4%，木材燃料13万m^3，下降11.6%，木材剩余物6万m^3；出口木屑19.8万m^3，比前一年多2倍。

2010年，斯洛伐克软木锯木产量为177.9万m^3，进口23.6万m^3（进口最多为俄罗斯和乌克兰），出口53.7万m^3（主要向欧盟国家出口），国内消费量147.8万m^3；硬木锯木产量为79.7万m^3，进口5.9万m^3，出口35.9万m^3（主要向欧盟国家进出口），国内消费量49.7万m^3。生产单板19万m^3、胶合板2万m^3、刨花板56.15万m^3、纤维板8.8万m^3、纸浆63.7万t、纸和纸板78万t。

2011—2012年针叶锯木和单板原木的供应量降至367万m^3或360万m^3的水平，出口量降至135万m^3，国内消费量为235～242万m^3。年进口量达到10万m^3。非针叶锯木和单板原木的年供应量增至138～140万m^3，出口量增至15万m^3，国内消费量达到125.5～127.5万m^3。针叶纸浆材供应量降至148～150万m^3，导致出口下降，国内消费水平仍与2010年持平。非针叶纸浆材年供应量达到187～189.5万m^3，从而导致国内消费量增至212～214.5万m^3。受到年度木材采伐量及其供应量减少影响的领域主要是木屑、木屑和木材剩余物生产，木材燃料的供应量仍与2010年持平（表15-9、表15-10）。

15.4.4 同中国合作情况

2003年1月，中斯双方签署了《中华人民共和国国家林业局和斯洛伐克共和国农业部关于在林业领域合作的议定书》。2007年2月，中国林业科学研究院与斯洛伐克国家林业中心签订合作协议，中国林业科学研究院院长和斯洛伐克驻华大使分别代表双方在合作协议上签字。斯洛伐克总理、贸易部长、农业部长，中国商务部副部长、驻斯洛伐克大使出席签字仪式。根据合作协议，双方将在有利于促进和发展两个研究机构之间合作关系的多个领域开展合作，具体包括森林可持续经营、全球气候变化对森林生态系统的影响、森林生态系统的生态稳定性、生物多样性保护、遗传和森林植物育种、森林保护和虫害综合治理、森林生态系统状态的监测与数据收集、森林经理规划、木材能源研究与应用、森林生物质产品和生物质材料的研究与开发等领域，联合申请包括欧盟项目在内的国际项目，开展信息、知识和专业技术的交流。在该合作协议框架下，中国林业科学研究院资源信息研究所与斯洛伐克国家林业中心合作实施了科技部资助的国家国际科技合作专项项目“基于遥感和地面监测的森林经理数据集成技术”等3个双边合作项目。

在“16+1”的合作框架下，斯洛伐克积极参与国际合作和技术转让。2015年9月，斯洛伐克布拉迪斯拉发承办第二届中国—中东欧国家创新技术合作及国际技术转移研讨会，鼓励中国和中东欧国家的科研机构和企业在产学研及国际技术转移等领域加强合作。

表15-9 2010—2014年斯洛伐克各类林产品产量、进出口量及消费量

指标		原材					锯木				
		2010年	2011年	2012年	2013年	2014年	2010年	2011年	2012年	2013年	2014年
产量（10^3m^3）	针叶材	6 090	5 124	4 134	3 696	4 890	1 779	1 460	1 110	990	1 190
	非针叶材	2 999	3 446	3 480	3 677	3 718	797	744	450	440	560
进口量（10^3m^3）	针叶材	103	71	208	142	181	236	143	150	205	296
进口额（10^3美元）		7 202	6 516	49 205	10 599	9 459	86 525	58 934	57 068	68 300	75 639
进口量（10^3m^3）	非针叶材	479	806	632	616	693	59	38	71	49	19
进口额（10^3美元）		18 889	27 408	16 879	11 956	14 159	18 009	21 821	71 985	42 740	25 000
出口量（10^3m^3）	针叶材	2 075	1 988	1 570	1 969	2 223	537	1 013	486	502	696
出口额（10^3美元）		211 488	173 783	177 184	137 390	148 222	170 488	196 295	151 149	162 483	178 113
出口量（10^3m^3）	非针叶材	359	545	478	673	703	74	96	147	78	114
出口额（10^3美元）		31 134	38 754	27 106	37 807	38 531	81 582	48 819	123 340	71 280	50 441
消耗量（10^3m^3）	针叶材	4 118	3 207	2 772	1 869	2 848	1 478	590	774	693	790
	非针叶材	3 119	3 707	3 634	3 620	3 708	782	686	374	411	465

表15-10 2010—2014年斯洛伐克各类林产品产量、进出口量及消费量

指标	胶合板					刨花板					纤维板				
	2010年	2011年	2012年	2013年	2014年	2010年	2011年	2012年	2013年	2014年	2010年	2011年	2012年	2013年	2014年
产量（10^3m^3）	20.00	22.00	26.00	24.50	26.00	561.50	550.00	530.00	520.00	540.00	88.00	95.00	100.00	100.00	120.00
进口量（10^3m^3）	29.00	41.08	42.20	38.61	65.71	311.00	248.88	228.29	261.65	289.75	126.00	121.54	164.12	135.14	133.25
进口额（10^3美元）	20 810	29 927	30 791	22 524	37 646	105 974	102 340	97 290	84 321	100 476	100 692	57 166	75 716	53 701	58 136
出口量（10^3m^3）	16.00	27.21	34.26	35.51	84.89	345.00	282.99	340.73	253.85	202.44	86.00	35.99	29.08	15.36	0.22
出口额（10^3美元）	23 292	30 081	30 445	33 871	75 293	77 615	74 902	77 384	62 405	48 152	60 570	20 196	14 803	14 348	185
消耗量（10^3m^3）	33.00	35.87	33.94	27.60	6.82	527.50	515.89	417.56	527.80	627.31	128.00	180.55	235.04	21978	25303

（续）

指标	纸和纸板					纸浆				
	2010年	2011年	2012年	2013年	2014年	2010年	2011年	2012年	2013年	2014年
产量（10^3m^3）	637	716	711	701	719	780	748	736	723	793
进口量（10^3m^3）	199	211	186	140	161	435	488	512	471	485
进口额（10^3美元）	160 608	174 489	140 959	93 977	120 177	601 725	500 529	483 528	427 488	450 283
出口量（10^3m^3）	162	174	197	183	231	740	591	636	540	638
出口额（10^3美元）	120 670	115 919	128 731	111 410	128 162	1 156 742	631 190	626 527	523 064	576 292
消耗量（10^3m^3）	674	753	700	658	649	475	645	612	654	640

参考文献

姜琍. 2006. 列国志（斯洛伐克）. 北京: 社会科学文献出版社.

UNECE. 2011. 斯洛伐克2011年国家市场报告.

联合国粮农组织. 2000–2015 Yearbook Forest Products.

欧盟统计局. EUROSTAT. http://ec.europa.eu/eurostat/

中国林业信息网. http://www.lknet.ac.cn/

中国社会科学院俄罗斯东欧中亚研究所. http://euroasia.css.cn/

中华人民共和国外交部. 斯洛伐克国家概况. https://www.fmprc.gov.cn/web/gjhdq_676201/gj_676203/oz_678770/1206_679714/1206x0_679716/

Euro Forest Portal (EFI). http://forestportal.efi.int/

European Forest Institute. http://dataservices.efi.int/medbase/

FAO. 2015. FAO Forestry statistics. http://www.fao.org/forestry/

FRA. 2015. Global Forest Resources Assessment−Country Report Slovakia.

第16章 斯洛文尼亚

斯洛文尼亚全称斯洛文尼亚共和国（The Republic of Slovenia），位于欧洲中南部，巴尔干半岛西北端。毗邻阿尔卑斯山，西邻意大利，西南通往亚得里亚海，东部和南部与克罗地亚接壤，北接奥地利和匈牙利。国土面积2.03万km^2（表16-1）。

斯洛文尼亚是世界贸易组织的创始国之一，且属于欧盟成员国，并加入了中欧国家维和组织、东南欧多国维和组织等多种军事外交组织。全国分为12个行政区，首都卢布尔雅那（Ljubljana）。斯洛文尼亚曾为前南斯拉夫成员，目前实行议会民主制。2019年全国人口208万人。主要民族为斯洛文尼亚族（83.1%）（汪丽敏，2006），居民主要信奉天主教（李永全，2015）。官方语言为斯洛文尼亚语（斯拉夫语系）。

斯洛文尼亚是经济发达国家，工业、科技基础非常好，矿泉、温泉和水力资源丰富。

表16-1 斯洛文尼亚行政区划面积和人口数量

行政区	斯洛文尼亚语	面积（km^2）	人口（人）
波穆尔	Pomurska	1335	114287
波德拉夫	Podravska	2170	324104
科林斯	Koroška	1041	70588
萨维尼	Savinjska	2301	256359
萨瓦河中央区	Zasavska	485	56962
萨瓦河下游区	Posavska	968	75559
斯洛文尼亚东南部	Jugovzhodna Slovenija	2675	144032
斯洛文尼亚中部	Osrednjeslovenska	2334	549171
戈雷尼	Gorenjska	2137	204670
内普里莫	Primorsko-notranjska	1456	52544
戈里齐亚	Goriška	2325	117616
海岸区	Obalno-kraška	1043	115016
合计		20271	2080908

资料来源：www.stat.si，斯洛文尼亚统计局2019年1月人口统计数据。

16.1 森林资源状况

16.1.1 森林分布及面积

斯洛文尼亚森林资源丰富，是欧洲森林覆盖率最高的国家之一（施昆山，2001）。2015年，森林面积124.8万km^2，森林覆盖率达61.6%，位列欧洲第三（表16-2）。森林资源主要分布在南部、西部和北部的山区。此外，还有5593km^{2}的草场，363km^{2}的果园，以及21.6万m^{2}的葡萄园。斯洛文尼亚生物多样性丰富，拥有维管植物3200种，特有种22种，主要树种有山毛榉、云杉、橡树、欧洲赤松等。国树为欧洲小叶椴（*Tilia cordata*）。

表16-2 斯洛文尼亚森林资源情况

年份		1990	2000	2005	2010	2015
森林面积（10^3hm^2）		1188	1233	1243	1247	1248
覆盖率（%）		58.6	60.8	61.3	61.5	61.6
蓄积量（10^6m^3）	针叶林	143	165	177	188	1.97
	阔叶林	131	168	197	218	2.34
总蓄积量（10^6m^3）		2.74	333	374	406	431

资料来源：FRA 2015报告，Global Forest Resources Assessment 2015-Country Report Slovenia。

16.1.2 森林蓄积量

2015年斯洛文尼亚森林蓄积量为4.31亿m^3，且针叶林和阔叶林相差无几。蓄积量较高的树种是云杉和山毛榉。森林每公顷蓄积量为332m^3，为中东欧16国平均森林单位蓄积量的1.6倍。人均蓄积量为202m^3/人，是中东欧16国人均蓄积量的2.7倍，是中国人均蓄积量的18.4倍。

16.1.3 森林类型

斯洛文尼亚森林以温带林为主（88%），亚热带林占12%。按森林起源划分，2015年天然林、天然次生林和人工林分别占森林总面积的3.9%、93.4%和2.7%，各林型的面积变化不大（表16-3）。从森林功能来看，斯洛文尼亚生产林和森林保护区面积总体呈现减少趋势，而水土保持林和生物多样性保护林增长迅速，2015年生物多样性保护林面积是1990年的11.9倍（表16-4）。

表16-3 1990—2015年斯洛文尼亚天然林和人工林面积变化 10^3hm^2

年份	1990	2000	2005	2010	2015
天然林	49	53	49	49	49
天然次生林	1105	1144	1157	1166	1165
人工林	34	36	37	32	34
总计	1188	1233	1243	1247	1248

资料来源：FRA 2015报告，Global Forest Resources Assessment 2015-Country Report Slovenia。

表16-4 斯洛文尼亚按照功能划分的森林面积变化 10^3hm^2

年份	1990	2000	2005	2010	2015
商品林	645	667	676	553	555
水土保持林	76.1	145.4	181.9	181.9	237.3
生物多样性保护林	5.1	5.1	59.3	59.3	60.5
保护区内的森林面积	228	238	239	241	179

资料来源：FRA 2015报告，Global Forest Resources Assessment 2015-Country Report Slovenia。

16.1.4 森林采伐量

斯洛文尼亚森林生产力达到332m³/hm²，高于中东欧16国平均值204m³/hm²，是中国森林生产力的4.7倍。森林年采伐量达342万m³，其中针叶树占60%，落叶树占40%。

斯洛文尼亚森林采伐呈现“减少-增加-减少-增加”的灵活波动趋势，1990年木材采伐量最高，1995年降低，2006年、2011年又分别达到高峰。薪材林采伐量也随着总体采伐量的波动进行了增减，于1995年采伐量达到最低，1990年和2011年达到高峰值（表16-5）。根据林木状况，灵活调整木材采伐数量，更有利于森林的可持续发展。

表16-5 1990—2011年斯洛文尼亚森林采伐量及其变化 10^4m^3

年份	1990	1995	2000	2005	2006	2007	2008	2009	2010	2011
森林采伐总量	338.8	186.6	225.3	273.3	317.9	288.2	299.0	293.0	294.5	338.8
其中：薪材林	133.6	22.7	53.2	94.3	98.4	78.8	92.8	98.2	110.4	133.6

16.2 林业管理体制与政策

16.2.1 林业管理部门

斯洛文尼亚林业管理部门归属农业和环境部。由农林和食品部、环境和空间规划部2个部新整合而成。下设2处2司1厅，即部长办公室、EU协调和外事处（国际合作处）、农业司、林业、狩猎和渔业司、办公厅。其中林业、狩猎和渔业司（Forestry Hunting and Fisheries），下设林业处（Forestry Division）。

林业监察局（Forestry Inspection Service）是斯洛文尼亚农业监察局的一部分；林业、狩猎和渔业司对林业部门执行林业法律及其他条例的情况和行为进行监督。

斯洛文尼亚林业局（Slovenia Forest Service，Zavod za gozdove Slovenije）。斯洛文尼亚的森林经营由斯洛文尼亚林业局提供专业指导，由森林所有者具体管理。斯洛文尼亚林业局成立于1993年，现有职工813人（其中林业专家688人）。其职能包括：国家森林森源保护、近自然经营、森林多功能经营、可持续和最佳经营（sustainable and good management）、自然保护。下设4个司：森林经营规划司、造林和森林保护司、林业技术和乡村发展司、野生生物和狩猎司。其中林业技术和乡村发展司职能包括公共关系和林场主培训教育。另设14个区域机构93个地方机构，有408个森林区和

10个狩猎场。其中狩猎场的主要任务是野生动物的可持续管理、保护珍稀濒危动物，且执行狩猎旅游活动。林业公共服务有国家预算支撑，而狩猎场运营来自于自筹资金，自负盈亏。

斯洛文尼亚非政府林业组织较多，其中斯洛文尼亚农林协会和斯洛文尼亚木材工业协会（Lesarski Grozd，Wood Industry Cluster [Slovenia]）影响力较大。斯洛文尼亚农林协会是由农业和林业业主组成的协会，而木材工业协会成员包括全国大约1/3的林业和木材加工业人员，包括林业企业、木材加工企业、科研和教育机构。此外，其他非政府组织还有斯洛文尼亚林业工商协会（Forestry Association at the Chamber of Commerce and Industry of Slovenia）、林业协会联盟（Federation of Forest Associations of Slovenia）、斯洛文尼亚林主联盟（Federation of Forest Owners of Slovenia）、林业社会团体协会（Association of Forest Societies）、斯洛文尼亚狩猎协会（Hunting Association of Slovenia）等。

16.2.2 林业就业

根据2005年斯洛文尼亚统计局提供的数据，共有2100人在林业部门工作，其中大多在城市中心区以外就业。2003—2012年间，林业、木工和纸浆造纸工业的从业人员总数下降了5800人，2012年就业人数为24000人。木材加工业中主要就业人员从2003年的13000人下降到2012年的9200人。

16.2.3 林业所有制结构

斯洛文尼亚74%的森林是私有林，26%的森林为国有林（由国家或社区所有）。国有林面积较大、地理不分割，能够进行良好的专业管理；私有林面积小，平均仅3hm^2。最新数据显示，斯洛文尼亚有314000个（共有林主489000个）私有林主。1990—2010年斯洛文尼亚林地所有权类型及其面积变化见表16–6。

大多数私有林由自然人管理，通常由业主自己及其家属管理。普遍的运作模式是自己劳动。有森林和木材生产活动的家庭农场数量在过去10年中逐渐减少。从2000—2010年，家庭农场薪材销售额增加了1.2个百分点。拥有森林的家庭农场数量减少，导致林场中森林总面积的比例下降。2003年和2007年，森林占林场总面积比例分别为1.5%和2.9%，与2000年相比有所下降。过去10年中，依靠林业谋生的林场比例下降。相反，私营企业提供服务略有增加，说明私有林就业的专业化进程缓慢。

国有林业企业负责国有林木经营管理工作，直到1992年，管理工作部分由斯洛文尼亚森林局接替，部分由私营公司承担，这些私营公司可在国有林中获得20年的采伐特许权，斯洛文尼亚农地和森林基金管理依据2010年颁布的法律对此实施管理，特许权于2016年到期。这为部分私营林业的发展带来新的动力，特别是有权申请国有林特许经营权的山地林场。这样一来，山区森林资源规模增大，技术装备、作业组织和私营业务将更加专业化。

表16-6　1990—2010年斯洛文尼亚林地所有权类型及其面积变化　10^3hm^2

年份	1990	2000	2005	2010
国有林	44.2	36.5	32.3	30.9
其中：国有林	44.2	36.5	32.3	30.9
其中：地方国有林	0	0	0	0
私有林	74.6	86.8	92.0	93.8
其中：个人所有林	73.4	85.3	88.5	90.5
其中：私有机构所有林	0	0	0	0
其中：地方私有林	1.2	1.5	3.5	3.3
总计	118.8	123.3	124.3	124.7

资料来源：FRA 2015报告，Global Forest Resources Assessment 2015-Country Report Slovenia。

16.2.4　森林资源监测

斯洛文尼亚拥有森林经营方案的森林面积为124.7万hm^2，占全国森林面积的99.9%。不管是国有林还是非国有林，森林经营受森林经营方案指导。森林经营方案的实施，每年都是斯洛文尼亚森林务局对规划内的所有森林进行监测，并提出年度报告。

16.2.5　林业政策

斯洛文尼亚非常重视森林管理，在前南斯拉夫时期，斯洛文尼亚曾是森林管理最好的国家之一。

斯洛文尼亚森林可持续经营与发展在国家和地方均有具体的相关政策与法律法规。斯洛文尼亚国家森林计划（National Forest Programme [Slovenia]，Nacionalni gozdni program），是斯洛文尼亚森林可持续发展的基本战略文件，旨在从国家政策层面确定斯洛文尼亚森林可持续经营发展。为创造良好的政治、立法和制度环境，斯洛文尼亚政府与不同的利益相关者建立了合作，并与众多参与者形成长效对话机制。斯洛文尼亚国家森林计划由国民议会通过，定义了国家政策层面上近自然的森林管理，为保护和发展森林及其使用条件、多功能用途提供了指南。该计划的实施准则基于斯洛文尼亚森林法，适用于斯洛文尼亚各个省（州）和地区的所有国有林和私有林。

斯洛文尼亚现行的森林法于1993年5月颁布，至今已经多次修正与完善。主要修正见表16-7。

表16-7　2005—2013年斯洛文尼亚森林法修正情况

年份	内容
2005	保护森林和森林具有特殊用途的规制
2008	实现对森林道路规制；国家森林方案决议
2009	修改对森林保护和有特殊用途的森林法
2010	对国有制林业服务的情况进行调节
2012	修改对森林保护和有特殊用途的森林法令
2013	木材运输管理文件规定；关于没收和收缴木材和木材产品法规

斯洛文尼亚新《森林法》在森林经营方案的基础之上，规定了保护、造林、开发和管理森林等方面的内容。对私有林进行了一定程度的规划。不论森林所有权如何，所有森林都必须制定森林经营方案，并根据这些计划与指南进行经营。同时，森林所有者有权参与森林经营和野生生物经营方案的制订。对他们的需要、提议和请求都尽可能给予考虑，并与生态系统的局限性和法律约束相一致。新的《森林法》规定了一切保护和开发森林的活动要以确保森林生态系统功能的完整性为前提。森林拥有者有参与森林经营规划的权利，但必须依据不超过采伐的最高计划，并实施必要的营林措施。树木实行择伐，必须提前预订采伐方案。该法在林业保护方面也做了详尽的规定，如化学物质的使用、森林火灾的预防措施、林区公路的建设等。

此外，斯洛文尼亚在自然保护、环境保护、空间管理、植物保护、狩猎和野生动物保护、住房和建筑公共利益等相关森林可持续经营方面也有详尽的法律法规。

16.3 林业教育与科研

斯洛文尼亚高等教育有大学和高等教育学院。来自欧盟和本地的全日制学生可免费就读大学。在职和研究生课程需要交纳学费，非欧盟国家学生的大学本科和研究生学费每年约1000欧元（除艺术类）。斯洛文尼亚语为教学语言。

16.3.1 林业教育

斯洛文尼亚有5所综合性大学，其中3所为公立大学：卢布尔雅那大学（University of Ljubljana）、马里博尔大学（University of Maribor）和普利莫斯卡大学（University of Primorska）。此外，还有1所私立大学新戈里察大学（University of Nova Gorica）及1所国际性的大学EMUNI University。

卢布尔雅那大学成立于1919年，是斯洛文尼亚共和国内历史最悠久、办学规模最大、开设学科最丰富的高等教育院校，世界排名前500。目前在读本科生及研究生人数约为5万人，在职教师4000人。下设23个学院及3个艺术研究院。其中生物技术学院（Biotechnical Faculty）涉及农、林（林学和木材科学）、牧，下设8个系，2个林学相关系为林业和可再生资源系（Dept. Forestry & Renewable Forest Resources），木材科学和技术系（Dept. Wood Science & Technology）。该校是斯洛文尼亚唯一能提供林学硕士和博士学位的教育机构。

生物技术学院属于卢布尔雅那大学，是斯洛文尼亚最古老、最大和最优秀的学院。卢布尔雅那大学有26个学院和研究院。学院约有3000名学生，近600名员工，以研究为导向，约50%自研发由其完成。

生物技术学院基于博洛尼亚原则组织教育活动。学士学位学习需要3年，而硕士需要2年。林业与森林科学研究中心的硕士研究主要分为两类：实践类和学术类。两类课程的学生可以继续攻读博士学位，博士学位的最后一个学期撰写毕业论文。

生物技术（生物科学）学院提供博士学位课程。卢布尔雅那大学有4个学院参加了该博士课程，课程以科学为导向，学生可以选择各科学领域的课程，林业和木材科学是其中之一，并且鼓励选修大学的其他课程。

林业专业研究计划（学士），木材工程专业学习计划（学士），林业和可再生林业资源学术研究计划（学士），木材科学学习课程（学士），景观设计学院学习计划（学士），生态学生物多样性（硕士），自然资源经济学（硕士），林业和森林生态系统管理（硕士），景观建筑（硕士），木材科学与木材工程（硕士）。

马里博尔大学，成立于1975年。现设17个学院，学生1.8万人。其中农业和生命学院（Faculty of Agriculture and Life Science），涉及果树栽培。

林业相关专业学生和国际学生人数：

林业专业学习计划（学士），83人；木工专业学习课程（学士），77人；森林和可再生林业资源学术研究计划（学士），86人；木材科学学习课程（学士），75人；景观设计学院学习课程（学士），78人；生态与生物多样性（硕士），46人；自然资源经济学（硕士），17人；林业与森林生态系统管理（硕士），23人；景观建筑（硕士），32人；木材科学与木材工程（硕士），21人。

整体来说，90个伊拉斯姆斯奖学金名额（生物技术学院的国际交流学生）中各课程国际学生获得率为5%。

16.3.2 林业科研

斯洛文尼亚现有15个国家级科研机构，与林业有关的主要有4个。

斯洛文尼亚林业研究所（SFI，Slovenian Forestry Institute，Gozdarski inštitut Slovenije），成立于1994年。现有职工约75人，其中科研人员40人。下设森林生态、森林生理及遗传、森林保护、森林培育和树木年轮学、森林工程和林业经济、森林经营及景观规划监测6个研究室。上级部门包括科技部（Ministry of Science and Technology）、农林部（Ministry of Agriculture, Forestry and Food）及环境与空间规划部（Ministry of the Environment and Spatial Planning）。该所重点研究方向有森林生态、森林生理学与遗传学、森林保护与森林动物群、森林工艺与经济、森林经营与景观研究、森林生长和森林学、森林信息学。开展国际合作的领域有森林生态、森林生理学与遗传学、森林保护与森林动物群、森林工艺与经济、森林经营与景观研究、森林生长和森林学、森林清查，遥感和GIS。

斯洛文尼亚科学艺术院科研中心（Scientific Research Centre of the Slovenian Academy of Sciences and Arts），下设18个研究所，其中包括生物研究所（Jovan Hadži Institute of Biology）、喀斯特研究所（Karst Research Institute）等。

此外，斯洛文尼亚纸浆和纸研究所（Pulp and Paper Institute [Slovenia]，Inštitut za celulozo in papir [ICP]）也属斯洛文尼亚国家林业科研机构。

16.4 林产品贸易

16.4.1 主要林产品

斯洛文尼亚的木质林产品主要有原木、木屑、锯木、纸和纸板四大类（表16-8）。原木的生产量最大，高达341.5万m^3，其中工业原木产量占67%。木炭和其他纤维浆的生产量为0。非木质林产品中主要包括野蜂蜜、野兔、野鸡、蘑菇等。

表16-8 2004—2013年斯洛文尼亚木材及木制品生产

年份	2004	2005	2006	2007	2008	2009	2010	2011	2012	2013
原木（10^3m^3）	2551	2733	3179	2882	2990	2930	2945	3388	3341	3415
木屑及颗粒（10^3m^3）	64	65	86	122	150	118	82	82	105	120
木材剩余物（10^3m^3）	114	155	258	320	250	580	354	314	340	390
木炭材（10^3t）	0	0	0	0	0	0	0	0	0	0
锯材（10^3m^3）	461	527	580	610	475	525	760	703	660	660
人造板（10^3m^3）	474	442	523	616	474	409	360	361	312	256
木浆（10^3t）	192	161	170	50	175	172	43	43	58	70
其他纤维浆（10^3t）	0	0	0	0	0	0	0	0	0	0
回收纸（10^3t）	0	150	160	180	183	198	212	174	175	172
纸和纸板（10^3t）	497	763	760	794	763	732	750	691	704	689

16.4.2 林产品贸易情况

斯洛文尼亚林业技术较为先进，林业公司的采收能力较强，是中东欧国家重要的原木出口、林产品输出国。近年来，斯洛文尼亚林产品的进出口数额均在持续增加。出口额较大的主要是原木、锯木、纸和纸板，分别占总木材出口的36.00%、26.16%、13.01%。木炭材、其他纤维浆的出口较少。进口额较大的是锯木、原木、纸和纸板，分别占总木材进口比例的33.88%、17.89%、11.00%（表16-9）。

斯洛文尼亚林业进出口呈现贸易顺差，2011年出口比进口多3.74亿美元，贸易顺差值由大至小依次是木材工业（2.03亿美元）、家具工业（0.7亿美元）、营林（0.57亿美元）、纸浆和纸业（0.44亿美元）。营林由1991年的贸易逆差0.06亿美元到2011年已实现贸易顺差0.57亿美元。

斯洛文尼亚在森林开发、木材加工方面具有良好经验，中斯双方将在林产工业、林业经贸领域加强合作，实现互利共赢。

表16-9 2004—2013年斯洛文尼亚木材及木制品出口量和进口量变化

年份		2004	2005	2006	2007	2008	2009	2010	2011	2012	2013
原木	出口	244	423	546	706	724	767	844	1142	1324	1550
(10^3m^3)	进口	403	409	416	254	241	261	307	448	460	574
木屑和颗粒	出口	49	102	142	155	196	178	153	201	281	442
(10^3m^3)	进口	78	101	56	33	46	125	170	194	199	300
木材木材剩余物	出口	55	121	213	298	316	336	363	77	253	270
(10^3m^3)	进口	134	147	186	235	381	318	336	50	173	178
木炭材	出口	0	1	1	1	1	0	0	2	0	1
(10^3t)	进口	1	2	3	2	2	2	2	4	2	3
锯材	出口	411	429	432	931	1038	1069	1091	983	1146	1126
(10^3m^3)	进口	224	215	223	982	939	1013	959	821	1008	1087
人造板	出口	222	252	292	408	370	293	315	304	252	232
(10^3m^3)	进口	252	295	350	318	279	230	250	237	224	234
木浆	出口	31	45	25	0	0	0	0	0	2	4
(10^3t)	进口	203	195	198	233	223	222	211	198	202	200
其他纤维浆	出口	0	0	0	0	0	0	0	0	0	0
(10^3t)	进口	0	0	0	0	0	0	0	0	0	0
回收纸	出口	62	72	86	105	112	72	128	128	126	120
(10^3t)	进口	246	248	302	322	303	312	349	306	301	279
纸和纸板	出口	557	567	561	597	582	544	573	613	582	560
(10^3t)	进口	222	251	266	264	253	225	262	312	338	353

16.4.3 同中国合作情况

16.4.3.1 已有合作

中国与斯洛文尼亚两国有着深厚友谊，中斯建交23年来，友好合作、互利共赢不断深化。近年来两国高层交往日益密切，政治互信不断加强，双边经贸合作不断提升，斯已成为中国在前南地区最大的贸易伙伴。由于处于欧洲的中心位置，是分划南欧、东欧和西欧的十字路口，斯洛文尼亚以其独特的地理优势已成为中国投资者在中东欧的重要投资目标。

在林业方面，2015年5月，双方就林业领域合作签署了《中华人民共和国国家林业局和斯洛文尼亚共和国农业、林业和食品部关于林业合作的谅解备忘录》，探讨了两国之间在林业领域进行进一步合作的可能性。2016年5月24日，第一次中国—中东欧国家林业合作高级别会议在斯洛文尼亚首都卢布尔雅那召开。国家林业局与斯洛文尼亚副总理兼农业、林业和食品部就落实中斯林业合作谅解备忘录、建立两国林业合作长效机制进行了双边会谈，中斯林业合作将发展永续，成果丰硕。

16.4.3.2 潜在林业合作

中斯两国林业发展存在的共同点和差异性，让双边林业合作潜力巨大。在第四次中国—中东欧国家领导人会晤召开前夕，斯洛文尼亚总理米罗·采拉尔接受《欧洲时报》专访，助力“绿色通道”更好地连接欧洲与亚洲。同时，中国驻斯大使叶皓也表示中斯在政治、经济、文化等各领域合作迈上新台阶。

首先，斯洛文尼亚森林开发经验是最大程度的，且是最有效和最安全的。斯洛文尼亚森林覆盖率较高，2015年森林覆盖率已增长至62.0%，远高于中国的21.63%。关于森林开发、植树造林、物种保护可以进行交流学习，在林产工业、林业经贸领域加强合作，实现互利共赢。然而，斯洛文尼亚森林覆盖率虽然较高，但其木材和其衍生品转换成绿色能源的比例并不高，低于欧盟平均水平。中国在绿色能源开发中投入巨大，与斯洛文尼亚共同合作探讨林产品的高效转换。

其次，斯洛文尼亚森林资源私有化程度高达74%，且经营与管理高效，中国可学习斯洛文尼亚林业改革和管理经验，更好地实现中国林权改革。《中共中央国务院关于全面推进集体林权制度改革的意见（2008年6月8日）》提出进一步解放和发展林业生产力，发展现代林业，增加农民收入，建设生态文明，全面推进集体林权制度改革。斯洛文尼亚林权私有化改革起源早，私有化进程效果明显，中斯可以进行林权改革的经验交流。

第三，斯洛文尼亚处于欧洲的中心位置，是分划南欧、东欧和西欧的十字路口，地理区域优势明显，在中国—中东欧国家合作苏州纲要中提出支持斯洛文尼亚牵头组建中国–中东欧国家林业合作协调机制。2016年5月在斯洛文尼亚召开第一次中国–中东欧国家高级别林业合作会议，在中国与中东欧林业合作的进程中，斯洛文尼亚都将扮演重要的角色。

参考文献

李永全. 2015. 丝路列国志. 北京: 社会科学文献出版社.

联合国粮农组织. 2000–2015. Yearbook Forest Products.

欧盟统计局. EUROSTAT. http://ec.europa.eu/eurostat/

施昆山. 2001. 当代世界林业. 北京: 中国林业出版社.

斯洛文尼亚技术博物馆. Technical Museum of Slovenia. http://www.tms.si/

斯洛文尼亚农场和森林基金. Farmland and Forest Fund of the Republic of Slovenia. http://www.s-kzg.si/

斯洛文尼亚农林会所. Chamber of Agriculture and Forestry of Slovenia. http://www.kgzs.si/

斯洛文尼亚农业和环境部. Ministry of Agriculture and the Environment. http://www.mko.gov.si/

斯洛文尼亚森林数据. Slovenia Forest Service (SFS). http://www.zgs.gov.si/

斯洛文尼亚统计办公室. Statistical Office of the Republic of Slovenia. https://www.stat.si/

汪丽敏. 2006. 列国志（斯洛文尼亚）. 北京: 社会科学文献出版社.
中国林业信息网. http://www.lknet.ac.cn/
中国社会科学院俄罗斯东欧中亚研究所. http://euroasia.css.cn/
中华人民共和国外交部. 斯洛文尼亚国家概况. https://www.fmprc.gov.cn/web/gjhdq_676201/gj_676203/oz_678770/1206_679738/1206x0_679740/
中华人民共和国中央人民政府网. 2008. 中共中央国务院关于全面推进集体林权制度改革的意见. http://www.gov.cn/gongbao/content/2008/content_1057276.htm
中华人民共和国驻斯洛文尼亚共和国大使馆. http://si.china-embassy.org/chn/
COFACE. 2015. Country risk assessment map. http://www.coface.com
Euro Forest Portal (EFI). http://forestportal.efi.int/
European Forest Institute. http://dataservices.efi.int/medbase/
FAO. 2015. FAO Forestry Statistics. http://www.fao.org/forestry/
FRA. 2015. Global Forest Resources Assessment-Country Report Slovenia
IMF. 2014. Montenegro. International Monetary Fund. Expansion. http://www.countryeconomy.com/
The World Bank. 2015. Doing Business –Country Tables Since 2003. https://www.doingbusiness.org/

第17章 匈牙利

匈牙利（Hungary），地处欧洲中部，东邻乌克兰、罗马尼亚，南接塞尔维亚、克罗地亚、斯洛文尼亚，西靠奥地利，北连斯洛伐克，边境线全长2246km，多瑙河及其支流蒂萨河纵贯全境。国土面积9.3万km^2，全境以平原为主，80%的国土海拔不足200m，属多瑙河中游平原。鲍科尼山南麓的巴拉顿湖，面积为596km^2，为中欧最大湖泊。

匈牙利地处北半球温带区内，是大陆性气候、温带海洋性气候和地中海亚热带气候的交汇点，其中受大陆性气候的影响较大，属大陆性温带阔叶林气候。匈牙利的气候变化较大，国内不同地区之间温度差别也较大，全年平均气温为10.8℃。冬天最冷的月份在1月和2月，平均气温为-1.2℃。喀尔巴阡山挡住了来自地中海的水汽，因此，匈牙利的气候比较干燥，降水较少，年平均降水量为630mm，西部地区的降水量较多，蒂萨河中游地区的降水量较少。在春、夏和秋末，地中海式气候对匈牙利气候的影响很大，经常会有暴雨和大雨，冬季阴冷潮湿，近几年多雨雪。

匈牙利全国行政区划分为首都和19个州，有24个州级市。首都布达佩斯是全国的政治、经济、文化和科技中心。截至2018年，匈牙利人口总数为977.8万人，人口密度105.3人/km^2。匈牙利主要民族为马扎尔族（即匈牙利族），约占90%。少数民族有茨冈、德意志、斯洛伐克、克罗地亚、罗马尼亚、乌克兰、塞尔维亚等民族（李丹琳，2006）。官方语言为匈牙利语。匈牙利居民中有66.2%的人信奉天主教，17.9%的人信奉基督教（表17-1）。

1919年3月，建立匈牙利苏维埃共和国。1949年8月20日，宣布成立匈牙利人民共和国并颁布宪法。1989年10月23日，根据宪法修正案，匈牙利人民共和国改称匈牙利共和国，并开始实行政治经济体制转轨，实施以私有化为主体的市场经济体制、多党制和三权分立的议会政体。根据2011年出台的《匈牙利基本法》，自2012年1月1日起，原“匈牙利共和国”更名为“匈牙利”。1999年3月12日，匈牙利加入北约组织，2004年5月1日，加入欧盟，2007年12月21日，加入申根区。

匈牙利农业基础较好，国土面积的62%为农业用地（欧盟平均水平为42%），土地肥沃，主要农作物有小麦、玉米、向日葵、甜菜、马铃薯等。水资源丰富，除著名河流湖泊外，全国2/3的地区有地热水资源。匈牙利旅游资源丰富，美丽的自然风光与壮丽古老的建筑交相辉映，全国有8处被联合国列入《世界文化与自然遗产名录》，另外还有9处国家公园。主要旅游景点有布达佩斯、巴拉顿湖、多瑙河湾和马特劳山等。首都布达佩斯坐落在多瑙河畔，是欧洲著名的古城，被誉为“多瑙河上的明珠”。独特的自然风光和人文景观使匈牙利成为旅游大国，也使旅游业成为匈牙利重要外汇来源之一。此外，匈牙利的葡萄酒以其历史悠久、酒味醇香而闻名于世。

表17-1　匈牙利行政区划面积和人口数量

行政区	匈牙利语	面积（km^2）	人口（人）
布达佩斯	Budapest	525.14	1749734
巴奇-基什孔	Bács–Kiskun megye	8444.89	505602
巴兰尼亚	Baranya megye	4429.60	363721
贝凯什	Békés megye	5629.71	338025
包尔绍德	Borsod–Abaúj–Zemplén megye	7247.19	648216
琼格拉德	Csongrád megye	4262.79	400238
费耶尔	Fejér megye	4358.48	416691
杰尔-莫松-肖普朗	Győr–Moson–Sopron megye	4207.79	461518
豪伊杜-比豪尔	Hajdú–Bihar megye	6210.39	530464
赫维什	Heves megye	3637.17	295792
加兹-纳杰孔-索尔诺克	Jász–Nagykun–Szolnok megye	5581.63	371271
科马罗姆-埃斯泰尔戈姆	Komárom–Esztergom megye	2264.35	297454
诺格拉德	Nógrád megye	2544.48	190937
佩斯特	Pest megye	6391.18	1261864
绍莫吉	Somogy megye	6065.06	303802
贝拉格	Szabolcs–Szatmár–Bereg megye	5935.92	558361
托尔瑙	Tolna megye	3703.20	219317
沃什	Vas megye	3336.11	253305
维斯普雷姆	Veszprém megye	4463.64	341425
佐洛	Zala megye	3783.84	270634
合计		93022.56	9778371

资料来源：匈牙利地方行政手册，2018版。

17.1　森林资源状况

17.1.1　森林分布及面积

匈牙利属于中欧和东欧森林最少的国家，森林面积206.9万hm^2（表17-2），森林覆盖率仅为22.2%。与邻国不同的是它的森林中阔叶林占优势，其比例高达85%；乡土树种的比例也较高，达到了55%。以前匈牙利的林业主要以生产木材为主，而现在森林的多功能性也逐渐得到了重视。

表17-2　匈牙利主要土地类型

10^3hm^2

种类	1990年	2000年	2005年	2010年	2015年
森林	1801	1917	1983	2046	2069
其他林地	0	0	0	0	121
其他陆地	7326	7210	7144	7081	6937
有树木覆盖地	95	95	103	103	103
内陆水域	176	176	176	176	176
总计	9398	9398	9406	9406	9406

资料来源：FRA 2015报告，Global Forest Resources Assessment 2015–Country Report Hungary。

由于持续的退耕还林政策，匈牙利的森林面积持续增加。而植物的自然恢复导致天然次生林面积增长。在贫瘠的农用土地上造林，主要目的是为了木材生产，这是匈牙利引进外来树种的主要原因，外来树种主要是刺槐、欧美杨、欧洲黑松、苏格兰松、云杉等。

由于森林面积相对较小，匈牙利很重视森林火灾的预防和监测。2002年，匈牙利国家林务局（SFS，State Forest Service）和灾害恢复服务局（DRS，Disaster Recovery Service）共同建立了一个新的火灾数据收集系统。该系统由DRS向SFS提供火灾位置，SFS根据互补性和合理性原则完善森林烧毁面积和森林立木信息。从2007年起，该系统增加了森林火灾方面的其他不同数据，如森林烧毁地区的燃料类型、受火灾影响的次生林数据等。从2011年起，国家林务局可以在森林火灾信息系统中使用统计数据和GIS分析方法。收集到的数据可以通过大小、日期、原因、火灾持续时间等来分析评价，并且可以与森林管理进程、森林地区游客和徒步旅行者的行为进行对比。

17.1.2　森林蓄积量

匈牙利的阔叶林蓄积量占据了绝对优势，2015年达到森林总蓄积量的85.4 %，这与匈牙利的气候和土质有关。匈牙利最主要的6种树木是无梗花栎、苦栎、刺槐、山毛榉、欧洲赤松、夏栎（表17–3、表17–4）。

表17-3　匈牙利主要森林类型活立木蓄积量

10^6m^3

种类	1990年	2000年	2005年	2010年	2015年
针叶林	40.875	49.615	52.809	54.064	55.166
阔叶林	247.133	275.55	288.585	305	321.883
总计	288.008	325.165	341.394	359.064	377.049

资料来源：FRA 2015报告，Global Forest Resources Assessment 2015–Country Report Hungary。

表17-4　匈牙利主要树种活立木蓄积量　10^6m^3

树种	1990年	2000年	2005年	2010年
无梗花栎（*Quercus petraea*）	44.948	46.715	45.884	45.29
苦栎（*Quercus cerris*）	38.257	42.472	44.03	45.212
刺槐（*Robinia pseudoacatia*）	34.508	39.169	43.253	48.09
山毛榉（*Fagus sylvatica*）	36.733	39.092	39.344	39.404
欧洲赤松（*Pinus sylvestris*）	27.6	32.59	34.209	34.872
夏栎（*Quercus robur*）	30.546	31.947	31.675	32.974
欧洲鹅耳枥（*Carpinus betulus*）	17.208	17.88	17.313	17.277
杨树（*Populus* spp.）	13.315	12.956	12.148	15.834
欧洲黑松（*Pinus nigra*）	8.371	10.82	11.69	11.906
水曲柳（*Fraxinus* ssp.）	7.197	9.485	9.81	11.818
其他	29.324	42.039	52.038	56.388

资料来源：FRA 2015报告，Global Forest Resources Assessment 2015−Country Report Hungary。

在森林可持续经营管理下，森林活立木蓄积量持续稳定增长。年增长量远高于年采伐量，由于1990—2010年中大量人工造林，匈牙利的森林面积平均每年增加1万hm^2。夏栎、榉木和鹅耳枥的面积非常稳定，因此其活立木蓄积量也是稳步增长。在造林时刺槐和杨树种植比例高带来了其活立木蓄积量的快速增长。针叶林活立木蓄积量仍然持续增加，主要是因为森林龄级分布。在20世纪70年代，针叶林广泛种植，而在2000—2010年人工林仍被本土阔叶树种所主宰。近自然的管理方法较以前运用得更加频繁，因此关系到树木生长环境时就不得不依赖于本土的阔叶林。杨树等的活立木蓄积量呈现下降趋势，是因为已经开始用其他树种来取代。原因是环境保护主义者组织的干预和一些地方的环境并不适合这些树种的生存。

17.1.3　森林类型

匈牙利在无人类活动的区域，尤其是自然保护区和水土保持的森林资源保护较为严格，但是由于这些地区早前存在过人类活动，因此，在统计数据时，天然林面积为0。人工林面积持续增加的一个重要因素是大量人工造林。

另外，匈牙利的国家法律没有特别指定哪些为多功能用途林，但是实际上几乎所有的森林管理都是以多种用途为目的的。

表17-5　2011—2015年匈牙利天然林和人工林面积变化　10^3hm^2

年份	2011	2012	2013	2014	2015
天然林和近自然林	495	478	462	448	432
天然次生林	529	545	562	576	593
过渡林带	116	122	126	131	135

（续）

年份	2011	2012	2013	2014	2015
开垦地和公园森林	652	654	656	657	657
人工林	130	129	128	127	124
合计	1922	1928	1934	1939	1941

上述分类（表17-5）的依据是《匈牙利森林法》（2009年第37号法案）中给出的“自然度”类别划分的。

天然林：由乡土树种组成、符合天然林的结构和动态特性。林分由种子或萌生而成，只有少量的外来种个体，不存在入侵种。

天然次生林：林分与天然林类似，但具有人工起源和人为经营管理特点。外来物种的比例不高于20%，极少有入侵种个体。

次生林：结构和组成因人类活动发生转变，缺乏当地特有原始森林环境。大部分林分由乡土树种组成，外来种比例为20%～50%，允许有20%的入侵种。

过渡林带：结构和组成发高度转变，只有小部分的林分由乡土树种组成，结构较简单，缺乏自然结构。外来种的比例为50%～70%，允许有50%的入侵种。

开垦地和公园森林：外来树种的比例高于70%，入侵树种比例高于50%，乡土树种的比例小于30%。

人工林：林分通常由外来树种或人工栽培种或杂交种组成，林分具有适合于实施机械化作业的规整结构。收获轮伐期至少15年，实施集约经营。

匈牙利主要树种及其面积见表17-6。

表17-6 匈牙利主要树种面积

树种	面积（10^3hm^2）	占比（%）
刺槐（*Robinia pseudoacacia*）	468	24.1
栎（*Quercus* spp.）	404	20.8
其他硬阔叶树种（枫、白蜡、果木、鹅耳枥等）	219	11.3
苦栎（*Quercus cerris*）	217	11.2
松树（*Pinus* spp.）	210	10.8
杨树（*Populus* spp.）	206	10.6
山毛榉（*Fagus sylvatica*）	115	5.9
其他软阔树种（柳树、桤木、椴树等）	103	5.3

资料来源：FRA 2015报告，Global Forest Resources Assessment 2015−Country Report Hungary。

17.1.4 森林采伐量

匈牙利从1990—2011年森林采伐量见图17-1，近10年来匈牙利的森林采伐量变化不大（表17-7）。匈牙利薪炭材的采伐量有上升的趋势，其采伐量占总采伐量的

40%～50%，可见其对燃料的需求在不断增长。

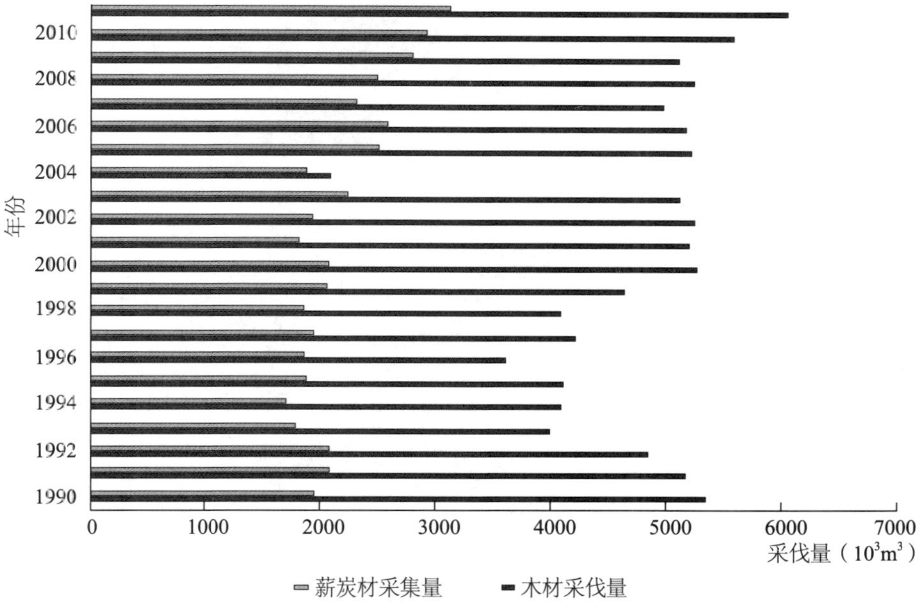

图17-1　1990—2010年匈牙利森林采伐量

表17-7　2007—2016年匈牙利森林采伐量变化情况　10^3m^3

年份	2007	2008	2009	2010	2011	2012	2013	2014	2015	2016
采伐量	6609	7024	6774	7424	8080	7732	7875	7517	7354	6906

匈牙利的森林经营是按10年周期进行规划的，所以未来10年的年计划只代表整个森林面积的1/10左右，但考虑到木材需求的增加和木材价格的上涨，采伐量的平均水平将略有上升，这与过去10年的实际情况是一样的。

近自然经营是符合天然林演变的动态平衡规律，确保森林对林地持续覆盖的营林体系，在过去几年中在匈牙利得到越来越多的应用。这些体系的共同特征是没有主伐，因此不会出现连续大面积裸地。匈牙利规定了3种这样的操作方法：渐伐方法（收获频繁进行，但仅以小块方式进行），过渡方法（主要目的是从轮伐期体系向到渐伐体系转变）和非生产目的方法（主要目的是促进自然更新）。

17.2　林业管理体制与政策

17.2.1　林业管理部门

匈牙利的林业管理部门是国家农业和农村发展部（Ministry of Agriculture and Rural Development）下辖的自然资源司（Department of Natural Resources）主要负责监督和指导林业工作；中央农业办公室（Central Agricultural Office）负责林业经营、组织和管理（图17-2）。

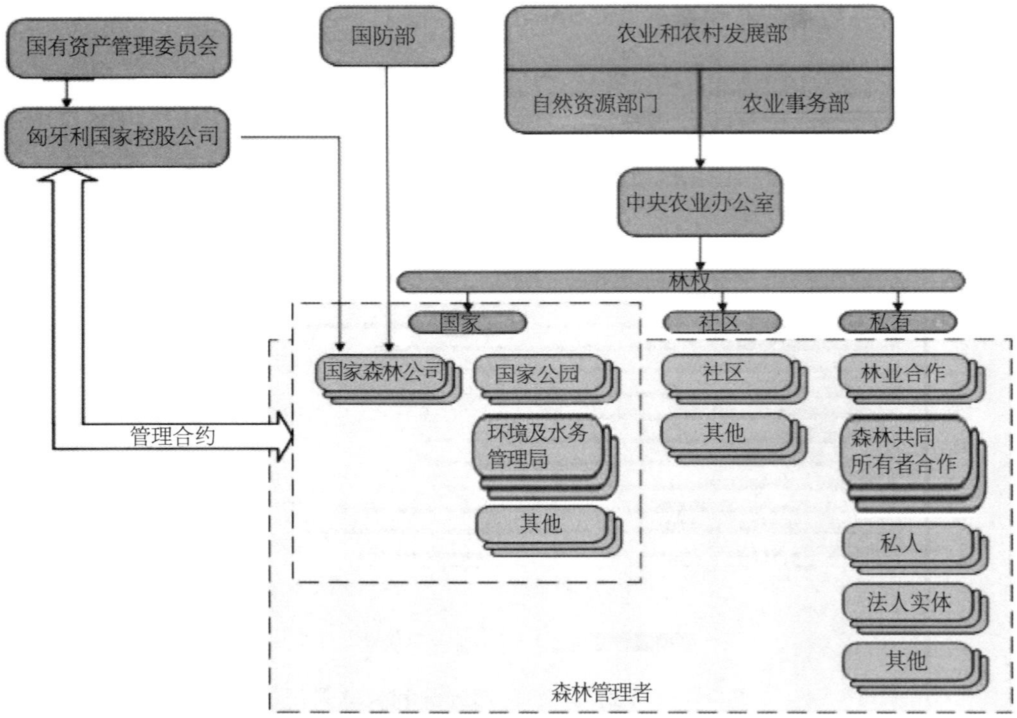

图17-2 匈牙利林业管理部门

中央农业办公室下设有总部和19个县级区域办公室。总部有一个林业署（Forestry Directorate），区域办公室有10个区域林业署。主要负责全国所有林地的森林资源清查、基本和专题制图、国家森林数据库（National Forest Stand Database）管理和更新、森林健康监测、高级和中级林业行政部门实施、支持和参与国家和欧洲林业相关进程。

森林的管理分国有林管理和私有林管理。财政部长（Minister of Finances）委托匈牙利国家资产管理公司（Hungarian National Asset Management Company）行使国有林的管理权利。匈牙利国家资产管理公司作为国有林所有人，将国有林地100 %的监管权分配给大部分国有林业企业。其他林地则由在林业主管部门登记过的森林经理人进行管理。森林经理人是私人或法人实体，对其所管理的地区行使所有权或使用权。

17.2.2 林业就业

1990年匈牙利林业就业人数只有国有林管理人员的数据。1990年，国有林占了匈牙利森林的99.5%，因此就业人数较多。随着1990年土地私有化进程和经济重组等改革的深入，林业就业人数呈现出下降趋势。2008年私有化进程基本完成后，林业就业人数又呈现出增长趋势。2015年林业就业人数相比2008年，增长了100%（表17–8）。

表17-8 2000—2015年匈牙利林业部门就业人数变化情况 10^3人/每年FTE

年份	2000	2005	2008	2009	2010	2011	2012	2013	2014	2015
林业从业人数	18.1	15.1	12.6	15.2	16.26	18.1	19	21.6	22.9	25.3

17.2.3 林业所有制结构

1990年，匈牙利99.5%的森林为国有林。由于1990年开始的土地私有化进程，到2000年，国有林就仅有59.9%了。2010年的国有林为57.2%。匈牙利对私有林面积仍在严格控制中。公共管理部门拥有国有林的管理权，并且管理着全国约98.5%的国有林（表17-9）。

表17-9 1990—2010年匈牙利林地所有权类型及其面积变化情况 10^3hm^2

林地所有权类型	1990年	2000年	2005年	2010年
国有林	1792	1148	1160	1170
其中：国有林	1792	1138	1148	1157
地方政府	0	10	12	13
私有林	4	769	823	876
其中：个人所有	4	586	781	844
私营商业实体和机构	0	183	42	32
所有权不详	5	0	0	0
合计	1801	1917	1983	2046

资料来源：FRA 2015报告，Global Forest Resources Assessment 2015-Country Report Hungary。

17.2.4 森林资源监测

匈牙利每年都会对森林进行调查与监测。森林资源清查主要依靠传统手段，而其他实地评估则运用了多种灵活的高技术含量的手段与方法。匈牙利第一个基于泛欧进程森林可持续经营（SFM）标准和指标的综合报告是根据2011年的数据于2012年完成的。其后，林业主管部门根据SFM最重要的指标来进行评估和报告。同时，他们还会对森林总体经营状况进行报告。国内的森林报告有标准和指标报告、定期的国家林业发展报告，还有在森林保护测量和监测系统下，每年都有的其他报告，比如森林健康状况报告和森林生态系统状况报告等。

匈牙利有18%的森林面积每年都会进行资源监测。每年更新的森林管理计划20.5万hm^2，采伐（harvesting）13.0万hm^2，造林3.8万hm^2。在匈牙利仅使用一种森林认证体系，即FSC国际可持续森林管理认证标准。

17.2.5 林业政策

匈牙利森林管理的基本法律是1996年由农业与农村发展部在前《森林管理规划和监督法案（Forest Management Planning and Supervision Code）》的执行基础上颁布的《森林和森林保护法（Act on Forests and the Protection of Forests）》。其他相关法律有1996年颁布的《自然保护法（the Act No LIII. of 1996 on Nature Conservation）》《狩猎保护法（the Act No. LV. on the Protection of Game）》和《猎物管理和狩猎法（Game Management and Hunting）》。匈牙利的森林法规保护所有的森林，因此，该国所有的林地都是永久林地。

17.2.6 森林经营

匈牙利的国有森林主要由22个森林管理公司管理，匈牙利国家资产管理公司（Hungarian National Asset Management Company）和国防部（Ministry of Defence）监督22个森林管理公司。同时，其他国家机构，如水资源局、国家公园拥有国有林区土地的管理权。社区森林的比例相对较小，主要由村庄和城市自己管理。

私有林管理者是签了责任合同的个人，企业和合作社。另外，还有一种特殊的管理形式，即林业合作社在自己的林地领域内管理森林，并在其他管理者管辖森林内执行专业任务或与他们签订合同来负责特殊的森林管理工作。有些“无人认领”的林地面积没有核定，在林业主管部门也没有登记管理责任人。

17.3 林业教育与科研

17.3.1 林业教育

西匈牙利大学林学院（University of West Hungary，Faculty of Forestry，Sopron）有两百多年的历史，其中森林工程专业不仅是匈牙利历史上独一无二的，现在也是匈牙利独具特点的专业之一。学院主要机构包括森林与环境技术研究所、造林学和森林保护研究所、测绘与土木工程学院、外语中心、林产化学与网站研究所、环境与地球科学学院、数学研究所、林木资产管理研究所、植物学和自然保护研究所、野生动物管理和脊椎动物学研究所、林业博物馆。

目前研究领域主要包括森林生态系统、环境影响评价（例如气候变化）、大自然保护、野生动物生物学、野生动物管理、林木生理过程的分子学基础、林木化学等。

林学院先后与国内外17个高校进行合作，并有活跃的师生交流活动。与哥廷根大学、不列颠哥伦比亚大学都有很好的合作。此外，其合作对象还包括林业科学研究所、国家林业协会、匈牙利私人森林所有者协会、匈牙利联邦林业和木材工业协会、林业和木材工业工会、林业研究组织国际联盟、欧洲森林研究所等。

17.3.2　林业科研

林业研究所（NARIC FRI，National Agriculture Research and Innovation Centre，Forest Research Institute）在森林经营和树木育种方面的研究已有115年的历史。其主要科研任务是对森林的生态环境、演变和发展及内在规律进行研究，进而采取相应的干扰措施。主要研究领域包括气候变化及其潜在的影响因子、改进基于自然过程的管理方法、促进自然更新方法、能源林的栽培和利用等。

17.4　林产品贸易

17.4.1　主要林产品

匈牙利主要林产品为原木，其中主要的产品为工业原木和木材燃料，其次为木屑颗粒。匈牙利原木产量在2011年达到最高为623.2万m^3，产量基本稳定，木屑颗粒的产量也同时达到最高。

17.4.2　林产品贸易情况

匈牙利出口量最大的林产品为原木，其次为锯材、人造板材、纸和纸板。原木出口量2004年为1479×10^3m^3，为近十年来的最大量，随后逐渐降低，到2008年最低，仅为827×10^3m^3，随后逐年增加。锯材、纸和纸浆的出口量表现出与原木相似的趋势（表17-10）。

表17-10　2004—2013年匈牙利木材及木制品生产出口量变化情况

年份	2004	2005	2006	2007	2008	2009	2010	2011	2012	2013
原木（10^3m^3）	1479	1117	1309	1274	827	912	1119	1160	1198	1394
木屑及颗粒（10^3m^3）	4	1	0	0	25	77	207	137	154	208
木材剩余物（10^3m^3）	7	1	4	9	0	61	155	192	109	136
木炭材（10^3t）	1	11	2	2	0	0	0	0	0	0
锯材（10^3m^3）	207	187	172	160	151	160	210	252	316	257
人造板（10^3m^3）	350	487	375	410	396	339	569	437	383	406
木浆（10^3t）	0	0	0	0	0	0	0	4	6	4
其他纤维浆（10^3t）	6	0	0	12	0	16	13	16	17	19
回收纸（10^3t）	51	72	49	69	140	62	140	169	149	147
纸和纸板（10^3t）	435	421	491	495	214	453	610	581	615	654

匈牙利在2004年进口量最大的为锯材，之后逐年降低，其次是原木、纸和纸板。原木的进口量2004年较高，为$589 \times 10^3 m^3$，到2008年降至最低，2010年表现出增长势头，随后又呈现降低趋势。纸和纸板的进口量保持相对稳定，虽然有小幅波动，但波动幅工不大（表17-11）。

表17-11　2004—2013年匈牙利木材及木制品进口量变化情况

年份	2004	2005	2006	2007	2008	2009	2010	2011	2012	2013
原木（10^3m^3）	589	350	357	496	290	284	509	328	276	282
木屑及颗粒（10^3m^3）	52	195	146	60	65	74	467	150	99	117
木材剩余物（10^3m^3）	220	229	324	392	166	96	230	192	161	123
木炭材（10^3t）	1	3	2	2	0	0	1	2	2	1
锯材（10^3m^3）	1138	985	852	791	374	524	461	497	397	396
人造板（10^3m^3）	385	474	410	513	345	402	441	433	426	554
木浆（10^3t）	240	265	164	100	106	91	88	109	94	106
其他纤维浆（10^3t）	3	0	1	1	0	1	0	0	1	0
回收纸（10^3t）	29	18	25	39	17	93	360	390	415	443
纸和纸板（10^3t）	664	689	729	808	853	697	800	766	778	777

17.4.3　林业对国内生产总值的贡献

匈牙利林业附加值对国内生产总值和林业的贡献见表17-12。林业对国内生产总值的贡献比较稳定基本在0.2%左右浮动。

表17-12　2010—2014年匈牙利林业附加值对国内生产总值和林业的贡献

年份	2010	2011	2012	2013	2014
林业国内生产总值（10^9HUF）	50.2	56.0	60.9	59.5	60.5
全国GDP（10^9HUF）	22881.1	23887.4	24038.1	25337.3	27081.9
林业在GDP中的占比（%）	0.2	0.2	0.3	0.2	0.2

资料来源：Central Statistical Office Hungary。

17.4.4　同中国合作情况

匈牙利地处欧洲心脏，交通网络发达，已成为中东欧地区中资企业最为集中的国家之一。截至2015年4月末，中国对匈牙利累计投资31.1亿美元（不含资金尚未到位的两个柠檬酸企业），投资领域涵盖化工、金融、通讯设备、新能源、物流等行业，主要企业有万华、华为、中兴、中国银行、安徽丰原、日照金禾等，共创造就业岗位5000余个。匈牙利在华累计设立投资项目703个，累计投资金额3.6亿美元，投资领域涵盖污水处理、乳品加工等。

近年来，中匈贸易总体呈现较快增长态势。2013年中匈双边贸易额为84.1亿美元，同比增长4.27%，匈牙利继续保持中国在中东欧地区第三大贸易伙伴地位。其中，中方出口56.9亿美元，同比下降0.83%；中方进口27.15亿美元，同比增长16.88%。

2013年7月，中国国家林业局领导访问匈牙利，并向匈牙利副总理表达了加强林业和野生动植物保护方面的合作愿望。2017年，中匈建立全面战略伙伴关系。

参考文献

李丹琳. 2006. 刘国志（匈牙利）. 北京: 社会科学文献出版社.

联合国粮农组织. 2000–2015. Yearbook Forest Products.

欧盟统计局. EUROSTAT. http://ec.europa.eu/eurostat/

匈牙利国家概况. 中华人民共和国外交部. https://www.fmprc.gov.cn/web/gjhdq_676201/gj_676203/oz_678770/1206_679858/1206x0_679860/

徐亮. 2015. "一带一路"投资政治风险研究之匈牙利. 观点中国网. http://opinion.china.com.cn/opinion_86_129286.html

中国林业信息网http://www.lknet.ac.cn/

中国社会科学院俄罗斯东欧中亚研究所. http://euroasia.css.cn/

中华人民共和国商务部. 2014. 对外投资合作国别（地区）指南——匈牙利.

Euro Forest Portal (EFI). http://forestportal.efi.int/

European Forest Institute. http://dataservices.efi.int/medbase/

FAO. 2015. FAO Forestry statistics. http://www.fao.org/forestry/

FRA. 2015. Global Forest Resources Assessment−Country Report Hungary.

图书在版编目(CIP)数据

中东欧国家林业概况 / 江泽平，雷静品等编著 . -- 北京：
中国林业出版社，2019.11
ISBN 978-7-5219-0295-2

Ⅰ . ①中… Ⅱ . ①江… ②雷… Ⅲ . ①林业—概况—中欧 ②林业—概况—东欧 Ⅳ . ① F350.62

中国版本图书馆 CIP 数据核字 (2019) 第 222826 号

出版 中国林业出版社（100009 北京市西城区德胜门内大街刘海胡同 7 号）
http://www.forestry.gov.cn/lycb.html 电话：（010）83143575

发行 中国林业出版社

印刷 固安县京平诚乾印刷有限公司

版次 2019 年 12 月第 1 版

印次 2019 年 12 月第 1 次

开本 787mm × 1092mm 1/16

印张 15.25

字数 330 千字

定价 80.00 元

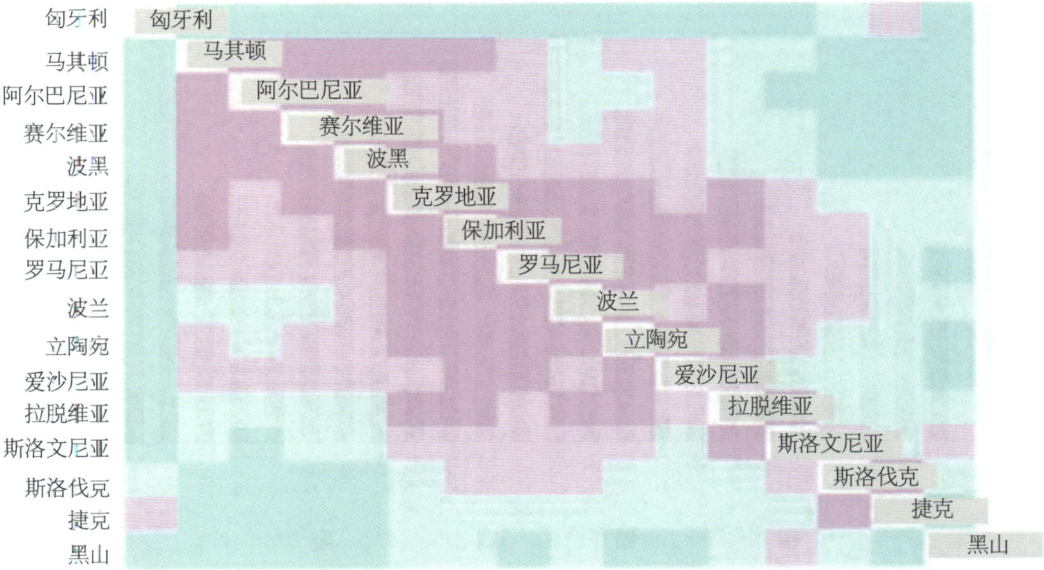

彩图1-1　中东欧16国投资环境相关性分析

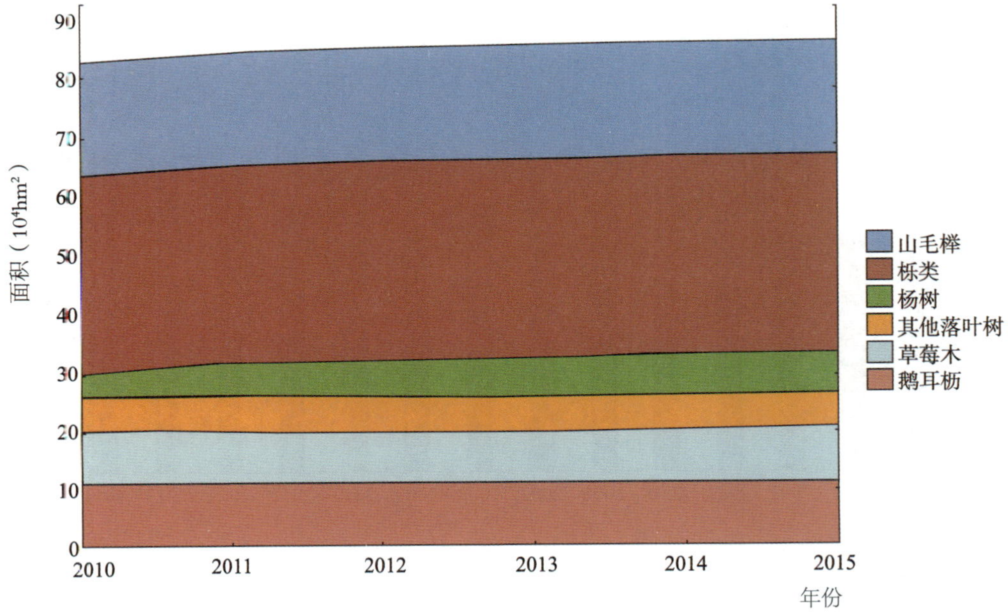

彩图2-1　2010—2015年阿尔巴尼亚落叶林面积的变化

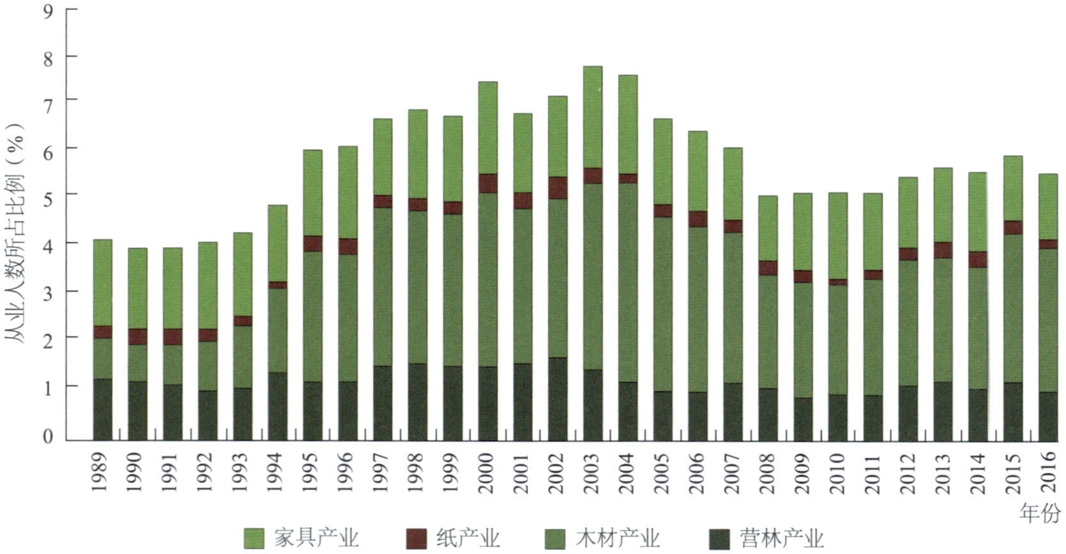

彩图3-1　1989—2016年爱沙尼亚各林业部门从业人数所占比例

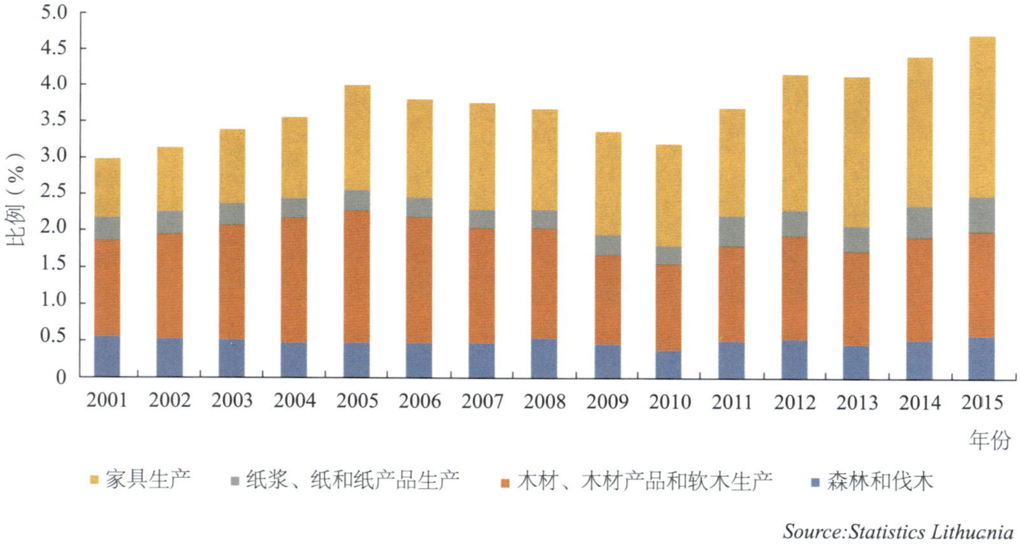

彩图11-1　2001—2015年立陶宛林业行业占总附加值份额

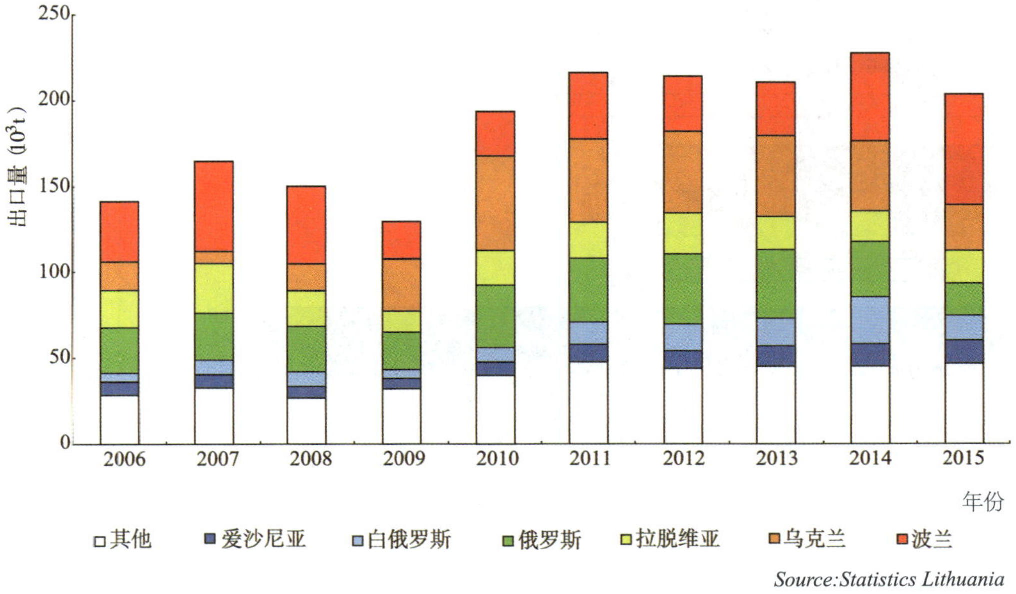

彩图11-2　2006—2015年立陶宛家具出口量

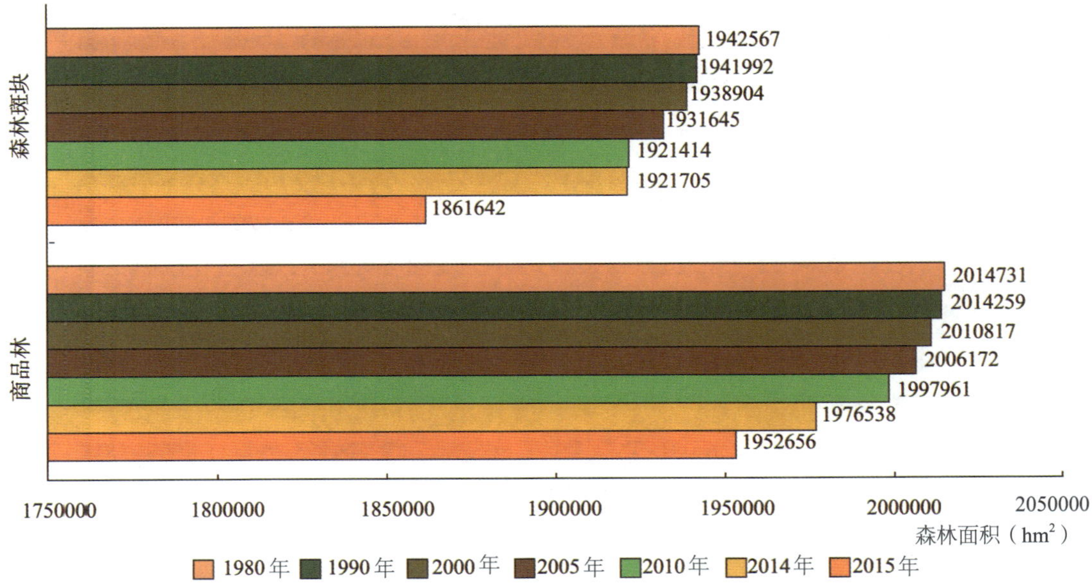

彩图15-1　1980—2015年斯洛伐克商品林和森林斑块的面积变化趋势

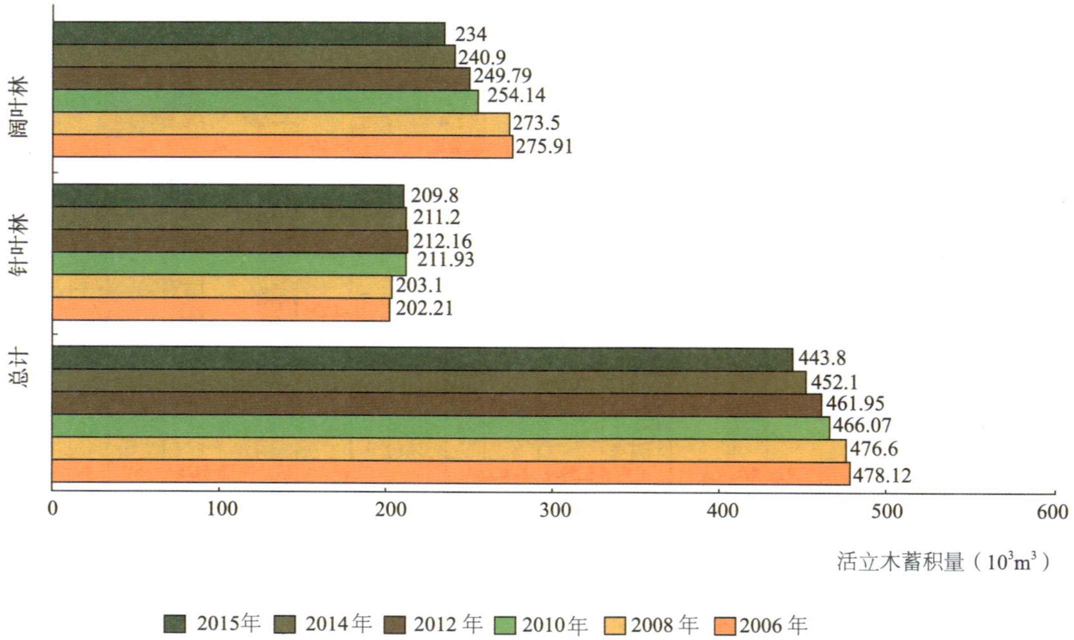

彩图15-2 主要森林类型的总活立木蓄积量

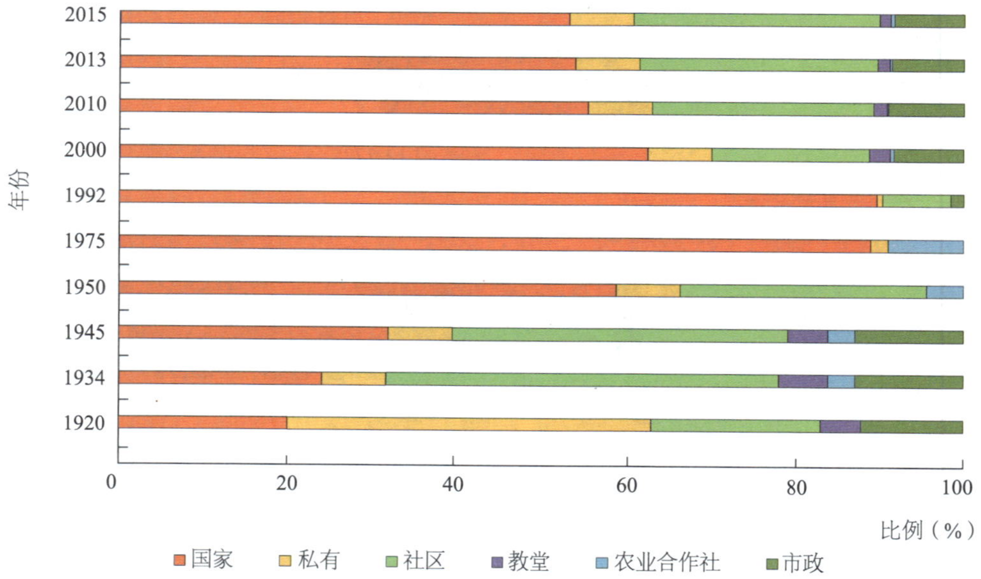

彩图15-3 1920—2015年斯洛伐克非国有企业经营森林的基本情况